Die Frau in der Literatur

Annette von Droste-Hülshoff

»*Mein lieb lieb Lies!*«

Die Briefe der Annette von Droste-Hülshoff
an Elise Rüdiger

Nach den Handschriften herausgegeben und
mit einem Nachwort versehen von
Ursula Naumann

Ullstein Taschenbuch

Die Frau in der Literatur

Ullstein Buch Nr. 30269
im Verlag Ullstein GmbH,
Frankfurt/M – Berlin

Originalausgabe

Umschlagentwurf:
Theodor Bayer-Eynck
unter Verwendung einer Illustration
von Claude Monet

Frontispiz: Ullstein Bilderdienst

Printed in Germany 1991
Gesamtherstellung: Ebner Ulm
ISBN 3 548 30269 6

Januar 1992

Die Deutsche Bibliothek –
CIP-Einheitsaufnahme

Droste-Hülshoff, Annette Freiin von:
„Mein lieb lieb Lies!“ : Briefe der Annette von Droste-Hülshoff an Elise Rüdiger / nach den Hs. hrsg. und mit einem Nachw. vers. von Ursula Naumann. – Orig.-Ausg. – Frankfurt/M; Berlin: Ullstein, 1992
(Ullstein-Buch; Nr. 30269: Die Frau in der Literatur)
ISBN 3-548-30269-6
NE: Rüdiger, Elise [Adressat]; Naumann, Ursula [Hrsg.]; GT

Inhalt

BRIEFE

I

[Rüschhaus, 2. oder 9. März 1839?]
Samstag, Abends

Sie schreiben mir so schöne lange Briefe, mein gutes Herz, und ich komme mir ordentlich niederträchtig vor, daß ich Ihnen wieder so einen erbärmlichen Wisch von einem Zeddel zuschicke, aber »das unerbittliche Schicksal will es so« – meine Tante Metternich ist nämlich seit diesem Morgen hier, – die gutmüthigste und lebhafteste aller Frauen – und ich habe es nur mit Hülfe einer derben Lüge zuwege bringen können, daß sie mich jetzt auf einige Minuten von sich gelassen hat. – Sie sehen also wohl, liebe Elise, daß ich mir die Freude versagen muß, die Sie mir für morgen zugedacht haben, da die Tante selten hieher kömmt, und für dieses Mahl nur wenige Tage bleibt. – Sonntag Abend fährt sie freylich nach Hülshoff, und kehrt erst am Montag Abend zurück, aber ich gestehe Ihnen, daß es mir zu beschwerlich werden würde, den Hin- und Rückweg so schnell hinter einander zu machen, (zu Ihnen meine ich) um so mehr da ein kleines gewöhnliches Uebelbefinden es mir an diesem Tage noch sehr erschweren würde. – denn Montag Abend müste ich doch wieder unfehlbar auf meinem Posten seyn. – Ich gebe indessen keineswegs die Hoffnung auf Ihre liebe Frau Schwester kennen zu lernen, sondern da ich aus Ihrem Briefe schließe, daß Dieselbe noch in die nächste Woche hinein bey Ihnen bleiben wird, so denke ich meine Tante, die am Donnerstag *definitif* von hier abreißt, bis Münster zu begleiten, und dann einige Tage dort zuzubringen, – Wir kommen am Nachmittage, und mein erster Gang soll zu Ihnen seyn »Herr *Lieutenant* ich melde mir!« wo Sie mir dann schon meine *Ordres* für diesen oder einen andern Abend, kurz ganz nach Ihrem Belieben, zukommen lassen werden. – Gott gebe nur, daß Ihre Frau Schwester ihre Abreise nicht

als früher bestimmt, und so feste *Arrangements* darüber getroffen hat, daß dem Schaden (Schaden für mich) nicht mehr abzuhelfen ist, was mir übrigens leid seyn würde; – dennoch komme ich am Donnerstage jedenfalls, da ich die Sache bereits so nett und sauber eingeleitet, und in die schönste Richtigkeit gebracht habe, was, wie Sie wissen, immer einige Schwierigkeit hat. – Daß ich Ihre Zeilen nicht eher beantwortet liegt daran daß ich sie erst heute erhalten, weil Schücking am Mittwochen nicht hier war, da dem Professor Schlüter, der mit von der Parthie seyn wollte, die paar Sonnenstrahlen, die uns dies dämmrige Jahr zukommen läßt, schon zuviel für seine armen Augen waren, – so hat Schük. mir Ihren Brief denn erst jetzt durch die Botenfrau geschickt. – Tante Ittchens Brief hat mich sehr gefreut, – welcher lebhafte Geist, – und welche glückliche Gabe aus Allem; – einem bischen Vorstadts-Grün und Blumen, und was dazwischen wohnt und weidet – sich die reinste Poesie ziehn zu können! – ich habe sie herzlich lieb, das können Sie ihr nur vorläufig sagen, und ich antworte ihr dann auch selbst bald. – und nun *adieu*, mein gut Liebchen, *adieu* bis Donnerstag,
Ihre Annette.

NB. es hat hier in der vorigen Nacht gespuckt, so daß ich mich wirklich erschreckt habe, ich erzähle Ihnen das mündlich.

[Adresse] Der / Frau Ober-Regierungsrathinn Rüdiger, / gebornen Freÿinn von Hohenhausen / Hochwohlgeboren / Münster / auf der Rothenburg.

2

[Abbenburg, den 1.–3. September 1839. Sonntag–Dienstag.]
NB. lesen Sie diesen Brief für sich allein. –
Apenburg, d. 1. September 39.

Was sagen Sie dazu, daß ich Ihrem Manne schreibe? so gehts, Elise, wenn man zu arglos ist! Sie thun Ihre frommen Augen lange nicht weit genug auf – warum lassen Sie so gefährliche junge Personen in Ihr Haus? und sollte es auch etwa wahr seyn, daß mein fünfzehnter Geburtstag schon einige Wochen vorüber wär, so leben wir ja in der Zeit des *Rococo*, und ich will und werde meine Rechte so gut geltend machen, als sonst irgend ein altes Uhrwerk. – aber ernstlich, liebes Herz, geben Sie einliegenden Brief Ihrem Herrn Gemahle, er betrifft unsren guten Schücking – mit Hassenpflug das ist leider Nichts – er hat mein Schreiben erst ganz vor Kurzem vorgefunden, als er, nach einer längeren Abwesenheit, zurück kehrte, und war schon vorher längst mit einem *Secretair* versehen, – Artigkeiten hat er genug geschrieben, sein Brief schwimmt in Freundschaft und Erinnerungen, doch was nutzt mir das? – ich weiß nun zwar, daß er sich Schückings gelegentlich erinnern wird, aber wann? – das könnte doch zu lange werden – so denke ich vorläufig auf was Anderes, spanne hier und dort andre Stricke an, und denke Einer wird doch am Ende wohl halten. – Sie sehen daß ich, weit entfernt Ihrem Schützlinge das nöthige *Interesse* zu versagen, vielmehr entschlossen bin, ihn nie im Stiche zu lassen, soweit meine Kräfte reichen. – s'ist schändlich wie jetzt Alles so ordentlich und regelrecht geht, nicht mahl Generale und Minister können ihren Kindern mehr ein tüchtiges *Avancement* machen, da war es vor Zeiten besser, wo man seine Günstlinge gleich mit der vorläufigen Bestallung in der Tasche abschickte, die nur unterzeichnet werden durfte, – Ich habe mich recht geplagt, bey Ihrem Gemahle eine schöne Handschrift zu *produciren*, doch ist's schlecht gelungen, da man hier nicht mit christlicher Dinte schreibt, sondern mit einer Art graulichen Kothes, den man erst sorgfältig abputzt, so oft man eintunkt. – ich hoffe daß Rüdiger meinen Brief nicht an Schücking zeigen wird –, er ist geschrieben, wie er nicht anders seyn konnte, dennoch, fürchte ich, würde unser Freund schwerlich damit zufrieden seyn, – ach! dieser arme junge Mensch sieht noch nicht halb ein, wie wenig ihm alles das, dem er seine besten Kräfte zugewendet, und mit Recht darauf stolz ist, in der Welt voran helfen kann! – sonst war es anderes, als noch ein Kenner der mittelalterlichen Sprache eine weiße Krähe war, der Jedermann nachstellte, und die neuerrichteten Lehrstühle nur auf *Subjecte* warteten, die sie besetzen könnten, aber jetzt – nachdem diese Gegenstände zwanzig Jahre lang, auf allen Universitäten vorgetragen sind, giebt es überall tüchtige Leute in diesem Fache, und nur die ausgezeichnetesten Gelehrten können sich auf die sehr wenigen Lehrstühle Hoffnung machen – sind doch selbst die Gebrüder Grimm noch ohne Brod, nachdem sie die Stellen fahren lassen, die ihnen jene glückliche Anfangs*periode* gegeben. – so wird unsrem Freunde auch wohl die trockenste *Prosa* durchhelfen müssen, wenn er nur hinlänglich davon besitzt, was ich oft, mit betrübtem Herzen, bezweifle. – ich will getreulich dazu thun was ich kann – geben Sie ja den Brief Ihrem Gemahle, es wäre möglich daß er ihm (Sch.) bedeutend nützlich würde, obgleich ich nur unbestimmte Aussichten habe, die sich jedoch mit einiger Hoffnung auf Erfolg verfolgen lassen. – Daß meine letzte Unterredung mit Schücking ihn so tief gekränkt hat, thut mir wirklich von Herzen leid, obwohl ich es nicht anders erwarten konnte, und doppelt leid, weil sie sich, durch den schlechten Erfolg meines Plans, als für den Augenblick überflüssig erwiesen hat, doch ist es immer gut, daß er mahl aufmerksam gemacht wurde, auf das was ihm am Meisten bey Andern schadet, und mir überall, wo ich für ihn sprechen wollte, als das gröste Hinderniß entgegen getreten ist. – Uebrigens bin ich ihm wirklich gut, erkenne seine bedeutenden Eigenschaften gern und willig an, und werde jederzeit, nach Jahren so gut wie heute, für ihn thun was in meiner Macht steht, – sind Sie nun zufrieden, gute, barmherzige Seele? – Hier ist, seit einigen Tagen, Alles so laut und überfüllt, als es früher still und leer war, – Verwandte, Freunde, und Fremde, machen das Haus zu einem wahren Ameishaufen. – ich kann weder schreiben noch lesen, noch mit Ruh spatzieren gehn, und weiß kaum wo mir der Kopf steht. – Malchen Hassenpflug ist auch seit zwey Tagen hier, ich werde übermorgen mit ihr nach Cassel fahren, dort acht Tage bleiben, und sobald ich zurück bin, wird gepackt, und wahrscheinlich schon nach einigen Tagen die Rückreise angetreten – in vierzehn Tagen, oder etwas darüber, hoffe ich also wieder neben Ihnen zu sitzen. – ich freue mich sehr sehr, darauf, und habe Sie Alle mehr entbehrt als Sie wohl denken. – Sie, liebes freundliches Herz, und unsre Bornstedt, dann Junkmann, Schlüters, auch Schücking, nach dem es mich ordentlich verlangt, da ich weiß daß ich ihm weh gethan, und nun einen Drang fühle, dieses durch Etwas recht Freundliches und Wohlthuendes wieder auszugleichen, nur weiß ich nicht recht wie! – Ob ich der guten Bornstedt noch werde ihren sehr schönen und sehr langen Brief beantworten können, wird mir jetzt sehr ungewiß, so guten Willens ich immer war, und noch bin – solche leichte Papierschiffchen als wir zwischen Münster und Rüschhaus segeln lassen, möchten sich doch zu einer größeren Fahrt nicht eignen, und etwas Besseres glaube ich kaum mehr leisten zu können – morgen muß ich packen, in Cassel komme ich nun mahl zu gar gar Nichts, und nachher sehe ich noch nicht ab, wie wir, in vier bis fünf Tagen, alle die Abschiedsbesuche zwingen wollen, auch könnte ich dann nur meinen Brief in der Tasche mitnehmen. – sonst habe ich jetzt Allen geschrieben denen ich Antwort schuldig war, und begreife kaum, woher ich den Stoff genommen, da hier, bis vor einigen Tagen, auch ganz und gar Nichts passirte. – Essen, Trinken, Schlafen und spatzieren Gehn fällt auch anderwärts vor, und pflegte bisher nicht unter die poetischen Stoffe gerechnet zu werden, – meine Briefe mögen auch ledern genug ausgefallen seyn, und dieser wird eben nicht besser werden, Herzchen, denn ich weiß noch immer Nichts, was Sie interessiren könnte, da Sie Keinen von Allen Denen kennen, die jetzt die Apenburger Windstille in einen *passablen* Sturm umgesetzt haben. – nur von Malchen Hassenpflug habe ich Ihnen schon erzählt, – sie hat mich lange warten lassen, und die Freude war groß bey der Ankunft – sie ist doch gar lieb und schön! mir war ordentlich wunderlich zu Muthe, als sie die Treppe hinauf kam, und ich das stolze *noble* Gesichtchen immer deutlicher erkannte, was in diesem Augenblicke, durch eine Bewegung der Liebe und Freude schöner war als je. – wir giengen auf meine Stube, und traten zusammen vor den Spiegel, weil sie ihr Haar ordnen wollte, – ich fuhr beschämt zurück, so miserabel nahm ich mich neben ihr aus, – ich sagte ihr dies auch, und sie antwortete, noch weinend vor Freude »Du bist wohl toll! ich denke eben, wie garstig ich neben Dir aussehe« so blind macht die Freundschaft das gute Ding! – soll es Einem nicht freuen, wenn man so geliebt wird? denn dies war keine Ziererey, sondern ein unwillkührlicher Ausbruch, von beyden Seiten, so klar die Wahrheit leider nur auf Einer Seite stand. – ich sprach gleich sehr viel, und sie so wenig daß es mich ängstigte, und ich fragte, ob ihr Etwas fehlte, »Du weist«, sagte sie, »daß ich nicht sprechen kann, wenn ich sehr bewegt bin« – ach! Sie müsten sie kennen, Elise, ich wollte Alle kennten sie die mir lieb sind, und glauben Sie mir, es ist etwas recht Gutes was ich meinen Freunden da wünsche, so viel Geist, Talent, und Gemüth findet man selten vereint, und noch obendrein in einer so edeln äußern Form. – nun kennt sie aber Niemand unter Euch als *Caravachi*, den Sie aber nicht darum befragen sollen – ich mag gar nicht daß er sie über seine lederne Zunge spatzieren läßt, denn sein Gemüth ist doch, im Grunde, so trocken und zäh wie eine Schuhsohle, einen so artigen süßen Brey er zuweilen darüber fließen läßt. – Ich rede so offen zu Ihnen, Elise, und hoffe Sie sind vorsichtig mit meinen Briefen, denn Sie sind mir zu lieb, gutes Herz, als daß ich anders als recht eigentlich an Sie schreiben könnte, – ein Brief fürs allgemeine Beste wäre wohl klüger, da es Ihnen vielleicht selber Spaß machen würde ihn mitzutheilen, aber ich kann so nicht schreiben, wenigstens nicht an Sie. – Ich lese eben Ihren Brief nach, und wie Sie von Schücking schreiben, »die Welt werde noch viel an ihm ändern« – Gott gebe daß sie ihn so gut und rein läßt, als wofür ich ihn bis jetzt halte, – ich bin in der That so entfernt von aller Abneigung gegen ihn, daß ich vielmehr mich einer Art mütterlichen Gefühls nicht erwehren könnte, wenn ich auch wollte, was allerdings in meiner großen Liebe zu seiner verstorbenen Mutter, und meinem Bewustseyn einiger körperlicher Aehnlichkeit mit ihr seinen Grund hat, – es läge mir sehr nah, täglich für ihn zu beten, obgleich ich es bis jetzt noch nicht gethan habe, und dieses gleichsam strenge *Interesse* ist es wohl eben was mich hart erscheinen läßt. – Daß Sie und Schlüters sich näher getreten sind freut mich ungemein, der Gewinn ist von beyden Seiten, und dieses neue Verhältniß wird Ihnen täglich im Werth steigen – lassen Sie Sich nur nicht durch die, sonst so gute, Bornstedt wieder irre machen, sie hat mahl nicht das rechte Auge für Schlüters, – es ist ja nichts Ungewöhnliches, daß die besten und geistreichsten Menschen sich zuweilen nicht verständigen können, wenn sie so durchaus verschieden sind, während ein Dritter sehr wohl in der Mitte stehn, und Jedem sein Recht geben kann. – ich rathe Ihnen sogar sich gar nicht mit der Bornstedt über Schlüters einzulassen, denn sie hat zuviel Witz, und gebraucht ihn zu schrankenlos, als daß sie nicht Ihr sehr richtiges Gefühl über diese, zwar einfachen, aber dennoch äußerst bedeutenden, und überaus guten Menschen, stören sollte – böser Wille ist nicht dabey, sie legt nur ihren Gedanken eben keinen Zaum an, während Alles was Schlüters sagen, die gröste Gewissenhaftigkeit und Milde athmet, und sie folglich der B. ganz wehrlos gegenüber ständen, läge nicht eben in ihrer rührenden Güte ihr bester Schutz – übrigens übertreffen sie die B. so weit an klarem Verstande, als sie ihr an Phantasie und Witz nachstehn, so kann man Beyde gleich lieben, und findet bey Jedem, was dem Andern fehlt. – Von Junkmann hatte ich kürzlich einen Brief, – wohl ist er sehr trübe, und was das Schlimmste ist, ohne eigentlichen Grund, so daß man sieht es liege in seiner Gesundheit, – dies anhaltende Kränkeln macht mich doch sehr besorgt, sein Körper ist nicht fest genug dergleichen so jahrelang zu tragen, ohne große Zerrüttung – äußere Umstände thun wohl dazu, jedoch ist seine Lage, obwohl bewegt, doch keineswegs *desperat*, weder was die Lebens- noch Herzens-Bedürfnisse angeht – dies sieht er auch zuweilen ein, und ist dann fast hoffnungsreicher, zu andern Zeiten wieder niedergeschlagener, als nöthig – sein Brief ist in zwey Tagen geschrieben, die auch abstechen, wie Nacht und Dämmerung, – einmahl lag er zu Bett, das andre Mahl war er leidlich wohl, und spatzieren gegangen, da liegt die Auflösung! – ich wollte sie wär anderwärts zu finden, denn ich fürchte diese Körperschwäche mehr, als jedes andere Leiden worüber er klagt – daß er nach Coesfeld geht halte ich für sehr gut, dort müssen diese ewigen Aufregungen, wenigstens theilweise, aufhören, und Ruhe ist das Einzige was vielleicht seine Nerven noch herstellen kann. – sonst verliere ich ihn sehr ungern aus der Nähe, nicht um seiner Unterhaltung willen, die fast immer zerrissen und unwohlthuend ist, sondern recht eigentlich seiner Person wegen – denn ich habe ihn wirklich lieb, sehr lieb, – Schlüter und ihn – diese sind mir, unter den nicht blutsverwandten Männern, die Werthesten, – doch hat Schlüter noch den Vorzug – hier weiß ich Niemandem zu dem ich mich in gleichem Grade gezogen fühlte. d. h. unter den Männern. – eine sehr liebenswürdige Erscheinung hier ist indessen unser Pfarrer Reckmann, auch ein Bekannter von Schlüter und Junkmann – Sie glauben nicht wie vollkommen dieser dem Bilde des ächten Geistlichen entspricht – eine wahre Johannes-Natur! – so ganz ohne Welt, und doch so voll Höflichkeit des guten Herzens, – so eckig und ungeschickt in seinen Manieren, und doch tritt aus jeder Bewegung und Miene der klare milde Charackter hervor. – dabey höchst lebendig und glühend für seine Pflichten. – Tag und Nacht arbeitend und sorgend in seinem Berufe, zehrt er sich auf wie eine Kerze, und ist bereits wenig mehr als Haut und Knochen. – es ist rührend ihn so zu sehn, mit seiner hecktischen Röthe auf den Wangen, – Schlütern liebt er in einem solchen Grade, daß er glühend roth wird, wie ein Liebhaber, wenn man von ihm redet – im vorigen Jahre habe ich ihm die *Couverte* von Schlüters Briefen geschenkt, auch Eins von Junkmann, und das sind große Schätze für ihn, – dieses Mahl habe ich ihm die Freude nicht machen können, da Schlüter mir noch nicht hieher geschrieben hat, doch habe ich noch ein *Couvert* von Junkmann, womit ich ihn nächstens überraschen will. – auch Münzen schenke ich ihm zuweilen, und er glaubt schon eine herrliche Sammlung dadurch zu besitzen – Kupfermünzen – denn die silbernen würde er gleich den Armen geben, und dazu habe ich sie doch nicht so mühsam zusammen gebracht! – es ist mir selten eine zugleich so kräftige und kindliche Natur vorgekommen. – leider sehe ich ihn selten, da er sich gar wenig Zeit abmüßigen kann. – Am vorigen Sonntage wurden die heran gewachsenen Kinder aus der Schule entlassen, und Reckmann hielt zwey Reden, – Eine für die Kinder, die andre an die Erwachsenen, über den Text »Wer Einen von diesen Kleinen ärgert, dem wäre es besser, daß ihm ein Mühlenstein an den Hals gehenkt würde, *et cet*« Alles in der Kirche weinte, und auch ich konnte mich der Thränen nicht enthalten, um so mehr da ich dachte, wie oft ich ihn noch wohl so sehn würde? – ich fürchte es geht rasch mit ihm zu Ende; – sonst habe ich hier so recht Niemanden, außer meinen Verwandten, deren indessen recht Viele, und darunter mir sehr Werthe sind. – bisher bin ich zumeist allein gegangen, oder vielmehr gelaufen, denn ich trinke Brunnen, und werde deshalb, *bongré malgré*, umgetrieben wie ein Wagenrad, – die Gegend ist leidlich, das Wetter war zumeist schlecht, also Vergnügen wenig dabey, aber es hilft, meine Brust ist freyer, und man sagt ich sey mager geworden, was bey meiner *Constitution* immer gut ist – Bergluft bekömmt mir immer besser, als mein guter münsterischer Nebel, – in der Schweiz war mir wohler als seit Jahren – hierbey fällt mir die Bornstedt wieder ein. – nach ihrem Briefe schien es mir, sie sey mit meinem Schwager nicht so recht fertig geworden, nun schreibt aber meine Schwester der Mama ganz *brillant* darüber, – die Beyden haben sich ja zärtlich geliebt – wenigstens mein Schwager die Bornstedt – das muß hintennach gekommen seyn, nachdem der Bornstedt Brief schon abgegangen war. – Jenny schreibt: die Beyden hätten sich herrlich zusammen geschickt, und überhaubt dieser Besuch Laßbergen die größte Freude gemacht. – auch ihr selber gefielen beyde Damen sehr, doch die Bornstedt am Meisten; – und sie hat sich schwer von ihnen getrennt. – Die B. hat soviel von Münster zu erzählen gewußt daß Jenny'n das Herz ganz aufgegangen ist vor Freude, – mit unserm Bruder habe sie nicht halb soviel anfangen können, schreibt sie. – die arme Hexe ist übrigens jetzt recht leidend, durch ihre Umstände. – es thut mir leid, daß die Bornstedt sie grade in dieser Lage hat kennen gelernt, wo sie *mechant* aussieht – das vorige Mahl wenigstens war sie über die Maaßen garstig, – das Gesicht voll großer brauner Flecken, und eine Figur wie ein Pferd was sich auf die Hinterfüße stellt. – vorher, und auch nachher, war sie eher eine hübsche Frau, eben durch ihre Gestalt, und ihr noch sehr feines *teints* – fragen Sie doch die Bornstedt ob sie wieder so getiegert und unförmlich, und so verzogen im Gesichte ist? – die Aehnlichkeit mit meiner Mutter wird übrigens von Allen gefunden, auch von mir, – daß die B. noch so entzückt vom Bodensee seyn sollte, nachdem sie tiefer in die Schweiz gedrungen, glaube ich kaum, – sein Wasser ist wohl klar und grün im Vergleich zu unsern lehmichten Flüssen, gegen die übrigen Schweizerseen aber erscheint er trübe und farblos, – doch geben seine Größe und die Unzahl der Städtchen und Burgen an seinen Ufern ihm wieder eine Art Uebergewicht, dessen er auch sehr bedarf, denn trotz dem gefiel er mir nicht mehr, nachdem ich einen ächten Bergsee gesehn. – daß die Damen aber das Appenzeller Land und meinen lieben *Sæntis* nicht besucht, kann ich ihnen kaum vergeben, – dort giebt es wunderschöne Punkte, z. B. das Bad Pfeffers in seinem Felsenschlunde, wo man Nichts sieht als Klippen und Tropfstein, und fast eine Viertelstunde lang, über zwey schmale Bretter, am thurmtiefen Abgrunde hingeht, wenn man nicht etwa auf halbem Wege, den Hals gebrochen hat, – und dann das Wildkilchli am Säntis, dicht unter dem Schnee; in einer doppelten Höhle, von denen die Eine des Eremiten Klause enthält, die andre die Kapelle, Kanzel, Betstuhl, Altar, Alles aus dem Felsen gehauen, und diese Doppelhöhle in einer Klippenwand, fünfmahl so hoch wie Lamberti-Thurm, ohngefähr grade in der Mitte, wie eingesprengt, zu der man nur durch in der Luft hängende Gallerien gelangen kann, und grade drunter ein See, so blau wie *Ultra marin*, – das ist wohl schön, und sehenswerth! – dabey der schönste gewandteste und in jedem Betracht poetischste Menschenschlag der ganzen Schweiz, vor Allem die Frauen, die nicht auf die Alp ziehn, sondern alle die Stikkereyen in weißen *Musselin* verfertigen, die Herr Helft und *Consorten* im Send ausbieten – man kann nichts Lieblicheres sehn, als diese mitunter bildschönen Geschöpfe, in der reizenden Landestracht, Alle ziemlich geschmückt, der Fremden wegen, mit schneeweißen Händen, und die kleinen Rahmen mit der reinlichen Arbeit vor sich, – dabey *gracieusses* zum Verlieben, jedem Vorübergehenden zunickend, und auf jede Frage mit einer witzigen Antwort bereit. – so Etwas findet sich in der ganzen Schweiz nicht wieder. – machen Sie der Bornstedt nur hintennach den Mund recht wäßrig, sie verdient es wohl, dafür daß sie grade meine Lieblinge so schnöde behandelt hat, die doch am Wege standen. – ich dachte ein Zeitlang die Bornstedt sey rein verloren gegangen, als ich auf keinen meiner ihr anvertrauten Briefe Antwort erhielt, und schwankte nur zwischen den Alternativen, verunglückt, ermordet, oder entführt – das Letzte schien mir am wahrscheinlichsten, denn das Erste hätte der liebe Gott nicht übers Herz bringen können, und das Zweyte wohl kein lebender Mensch. – wie es mit ihrem Grafen in Baden-Baden übrigens auch mag gestanden haben, das sagt sie uns nicht zur Hälfte, ich werde ihr aber die Daumenschrauben ansetzen, wenn ich zurück bin, sagen Sie ihr dieses nur, daß ihr alter Schatz, aus *depit amoureux*, gleich blind zugegriffen, und gleichsam die Katze im Sacke gekauft hat, damit hat er Niemanden größeres Leid zugefügt, als vielleicht sich selber, – wenn die Sache gut geht, so mag er Gott danken, der zum Glück aller Narren Vormund ist, – er scheint die *Extreme* zu lieben, – von einer Schriftstellerinn zu der Haushälterinn eines Schulzenhofes! – ich muß schließen, beste Elise, und müßte es, gieng das Papier auch nicht zu Ende, – dieser Brief ist nämlich in Absätzen geschrieben, wir haben heute das Uebermorgen des Anfangs, und ich fahre in einer Viertelstunde ab nach Cassel, – wenn noch Briefe für mich ankommen, so werden sie nachgeschickt. – ich denke hierbey an den Brief mit dem mich Ihr Herr Gemahl vielleicht beehren wird, den sonst werde ich schwerlich noch Einen bekommen, außer vielleicht von Schlüter, da meine Rückreise so nahe bevor steht. – Grüßen Sie Alle die meiner freundlich gedenken, Schlüters, die Bornstedt, Junkmann, Schücking, Besser, Lutterbeck (wenn Sie ihn kennen und sehn) und vor Allen Ihre liebe gute Tante, von der Sie mir dieses Mahl kein Wort geschrieben haben, – vergessen Sie meiner nicht, wenn Sie ihr schreiben, ich bitte darum – und nun *adieu*, mein gutes Herz, bleiben Sie mir so gut als ich es Ihnen immer seyn werde, *adieu*, auf baldiges Wiedersehn im *Salon*.

Ihre Annette.

2 *

[Abbenburg, den 1. September 1839. Sonntag.]

Ew Hochwohlgebohren

Werden über meine Kühnheit erstaunen, daß ich es so gradezu wage Ihnen zu schreiben. – Die Sache betrifft jedoch unsern guten Schücking, für den Sie sich ja eben so sehr *interessiren* als ich selbst. – Mein Ihnen bekanntes Vorhaben mit Hassenpflug ist nämlich mislungen, durch den Umstand daß dieser längere Zeit von Luxemburg abwesend war, um seine sowohl öffentlichen als Privatangelegenheiten in Sigmaringen zu ordnen und beendigen, so daß er meinen Brief erst jetzt, bey seiner Rückkehr, vorgefunden, nachdem die nachgesuchte Stelle längst besetzt war. – Ob Hassenpflug nun späterhin Etwas für Schücking thun wird, bleibt dahin gestellt, – ich habe allerdings einigen Grund es zu hoffen, doch könnte dieses vielleicht erst nach Jahren eintreten, und unser Freund bedarf schnellerer Hülfe, wenn seine Gesundheit nicht zu Grund gehen soll. – Männer vom Fache und anerkannten Kenntnissen, mit denen ich darüber geredet, sagen mir nur: »Das Einschieben eines Fremden in irgend ein öffentliches Amt werde jetzt nirgends mehr zugelassen, wolle oder könne Schücking seinem angebohrnen Landesherrn nicht dienen, so bleibe allerdings das was ich nachgesucht, nämlich eine Privatstelle bey irgend einem einflußreichen Manne, das einzig Mögliche, wo dann Schücking wohl seines eigenen Glückes Schmied werden, und durch persönliche Zuneigung seines Prinzipals, und dessen Anerkennung seiner Thätigkeiten, späterhin in eine gute *Carriere* kommen könne.«

Nun ist es mir gelungen einige Freunde für diese Sache zu *interessiren*, die nicht ohne freundschaftlichen Einfluß auf mehrere, amtlich sehr gut gestellte, Männer sind, und mir ernstlich versprochen haben, bey vorkommenden Gelegenheiten seiner nicht zu vergessen, nur verlangen sie hierzu einen weit genaueren Bericht über Schückings Kenntnisse, namentlich in den Brodstudien, als ich leider zu geben im Stande war. – »Auf die schönen Wissenschaften komme es hierbey gar wenig an, die neueren Sprachen ausgenommen, welche fast in jeder Stellung von Nutzen seyen.«

Ich muß also das Versäumte an Erkundigungen nachholen; und weiß nun Niemanden, auf dessen Einsicht und Offenheit ich mich lieber verlassen möchte, als Ew Hochwohlgebohren. Bey Schückings übrigen Freunden fürchte ich ein übel berechnetes Mitleid, was sie mehr oder Anderes sagen ließ, als sich nachher bestätigen möchte, wo dann die für mich und Andere entstehenden Unannehmlichkeiten das bey Weitem geringere Uebel wären, Schückings Aussichten aber durch eine Entlassung, und das persönliche Misfallen eines bedeutenden Mannes, noch um Vieles verschlimmert werden könnte die verlorene Zeit ungerechnet. Ich hege übrigens keinen Zweifel an unseres Freundes Fähigkeiten, die ich, nach dem Urtheile so vieler Stimmen, wohl als ausgezeichnet annehmen darf, nur fürchte ich immer, sie seyen mehr theoretische als praktische Fach zu *rangiren.* –

Wollten Ew Hochwohlgebohren mich nun mit einigen Zeilen beehren, die den gewünschten Aufschluß enthielten, so ließe sich wohl Manches versuchen, nur müßte ich dann um baldige Antwort bitten, da meines Bleibens hier wohl nicht über vierzehn Tage mehr seyn wird, und doch aber von hier aus Alles am Besten eingeleitet würde. –

Im Vertrauen auf Ew Hochwohlgebohren gütige Nachsicht mit diesem Briefe sowohl als seinem Inhalt unterzeichne ich mich
Ew Hochwohlgebohren
ergebene Dienerinn
Annette von Droste-Hülshoff, Apenburg erster September
[Adresse] Dem / Herrn Ober-Regierungsrath Rüdiger / Hochwohlgeboren / in / Münster.

3

[Den 18. oder 25. Juni 1840.]
Rüschhaus Donnerstags

Ihren lieben langen Brief, meine gute Elise, fange ich nur auf einem kleinen Blatte zu beantworten an, da ich auf dem Punkte bin nach Hülshoff zu gehen, – regnete es nicht augenblicklich, so müste ich mir die Freude Ihnen zu schreiben noch verschieben, da bis hierhin die *Indiana* meine Zeit aufgezehrt hat, und ich jetzt fort soll, doch wird der dicke Regenschauer den ich da, zum Glück ziemlich langsam und melancholisch, heran schwimmen sehe, mir wohl noch ein Stündchen zulegen, wo ich Ihnen, mein gutes Herz, für Ihre Liebe und Freundlichkeit danken, und Sie meiner unveränderten treuen Liebe versichern kann, – Sie sind mir sehr lieb, Elise, viel lieber als Sie es wissen, und auch lieber als ich Ihnen bin – ich sage das nicht, um einen zärtlichen Widerspruch aus Ihnen heraus zu locken, sondern damit Sie einen Maasstab haben, nach dem Sie meine Neigung beurtheilen können, – ich bin gewiß daß Ihre Gedanken nicht so oft bey mir sind, als die meinigen bey Ihnen, und daß Sie mein Wohlseyn nicht in dem Grade am Herzen tragen, – das soll kein Vorwurf seyn, sondern ein unumwundenes Aussprechen meiner Gefühle für Sie, – fragen Sie L[evin], der weiß wohl wie werth Sie mir sind, und wie lebhaft ich wünsche fortwährend um Sie seyn zu können, – die Umstände gestatten dieses nicht, um so erfreulicher sind mir Ihre Besuche, vor Allem wenn ich denken kann, daß Sie so recht allein um meinetwillen kommen – diese Woche bin ich nun nicht hier, und einen Theil der nächsten nicht, doch werde ich suchen Montag oder spätestens Dienstag wieder einzutreffen, gradezu gesagt, um den Mittwochen nicht zu versäumen, – Sie sehen hieraus daß Sie mir in Beziehung auf L. Unrecht thun, ich weiß den Werth einer solchen

Freundschaft sehr wohl zu schätzen, und möchte sie um Vieles nicht hingeben, und darum lege ich auch Werth auf jeden der, vielleicht noch sehr wenigen, Tage, wo ich ihrer in diesem herzlichen und ruhigen *laisser aller* genießen kann, – meine Onkel, Carl und Werner Haxthausen, treffen wahrscheinlich schon gegen das Ende der nächsten Woche hier ein, – meine Schwester gegen die Mitte des nächsten Monats, – dann giebts Kreuz- und Quer-fahrten nach allen Seiten, wahrscheinlich auch eine, mindestens wochenlange Abwesenheit, da wohl ein allgemeiner Zug ins Paderbörner Land und was daran gränzt statt finden wird, so ist mir der Sommer und Herbst, wenn auch einerseits durch das Wiedersehn meiner Nächsten erfreulich, doch in Beziehung auf meine Freunde sehr gestört, und das ist mir immer ein arger Kummer, da die Verwandten uns nahe bleiben, und wohnten sie hundert Meilen weit, weil wir sie jederzeit aufsuchen können, – das findet Jeder natürlich und *animirt* uns dazu, dagegen bedarf es bey Freunden gleichen Geschlechts dringender Gründe, und bey Denen eines andern giebt es gar keine. – so kann eine Trennung von zehn Meilen leicht eine lebenslängliche werden, und wird in der Regel eine jahrelange, – Sie fühlen wohl, meine sehr liebe Freundinn, daß ich, für dieses Mahl, hauptsächlich in Beziehung auf L. rede, und ich drücke mich so klar und unumwunden aus, weil mir zuweilen scheint, als dächten Sie ich betrachte diese, in der That schöne und rührende, Anhänglichkeit wie einen Blumenkranz, an dessen Duft und Farben man sich eine Weile erfreut, und ihn dann gleichmüthig bey Seite legt, wenn uns scheint daß er anfängt zu welken, oder auch nur wenn wir uns satt daran gesehn haben, – ich denke Sie glauben das jetzt nicht mehr – L. kann auf mich rechnen, als eine Freundinn fürs Leben, und für jede Lage des Lebens, besonders seit mir die, sehr seltne, Ueberzeugung geworden ist, daß sein Gefühl (für Freunde) nicht an der ärgsten aller Freundschaftsklippen scheitert, sondern in völliger Reinheit und Kraft daneben her segelt – wenn ich dieses nicht sehr hoch anschlüge, so müßte es mir an Erfahrung oder Gefühl fehlen, – erstere habe ich leider zur Genüge, und letztres denke ich, trauen Sie mir doch zu – auf Sie kann ich auch rechnen, nicht wahr, meine alte Elise? – antworten Sie mir nicht hierauf, ich weiß es doch, wir müssen nur erst so recht gründlich bekannt und unbefangen mit einander werden, worin es immer noch etwas hapert – Ihrer Seits meine ich – es dünkt mir oft, als liege doch immer noch eine Art von Zwang und Befangenheit auf Ihnen, wenn wir zusammen sind, – ich schreibe das nicht damit Sie mir darauf antworten sollen, sondern nur damit Sie wissen, daß ich es fühle, und so herzlich gern beseitigen möchte, – antworten würde Sie erst recht beengen und, da Sie vielleicht den Grund selbst nicht wissen, unsicher machen, und da hätte ich meinen Zweck, mich Ihnen so viel als möglich nahe zu bringen, und zum Lohn für meine Neigung die Ihrige einzutauschen, erst recht verfehlt – ich reiche Ihnen meine Hand, bis nach Münster herüber, mein gutes Herz, und will, wenn ich mahl werde meine ganze Person herüber getragen haben, oder Sie die Ihrige hieher, Ihre Vertheidigung der B[ornstedt] mit den besten Vorsätzen des Eingehens in Ihre Ansicht anhören, mehr kann ich nicht versprechen, und das ist auch schon, wie mich dünkt, mehr als halb gewonnenes Spiel für Sie, – ich gestehe Ihnen daß ich neulich auch innerlich arg gereizt war, durch die Aussicht auf einen fatalen Klatsch, bey dem für mich mehr auf dem Spiel stand, als Sie wohl in dem Augenblicke übersahen, nämlich nicht nur das Aufgeben eines mir sehr werthen Verhältnisses, sondern auch meine ganze so langsam und mühsam erkämpfte Freyheit, (insofern ich die *passive* Nachsicht der Meinigen mit meiner Weise zu seyn und mich zu den Menschen zu stellen so nennen darf) die ich vielleicht nie, oder wenigstens erst nach einer hübschen Reihe von Jahren, wieder erlangen würde – so sagte ich zwar damals nichts, was ich nicht noch heute als meine wirkliche Ansicht wiederhohlen würde, aber dennoch stellte ich Alles auf die Spitze, und mir war weder das Gute gegenwärtig, was sich dagegen in die Wagschaale legen läßt, noch die mannigfachen Bedrängtheiten jenes armen Geschöpfs, die nicht nur das Mitleid in Anspruch nehmen, sondern auch die Gerechtigkeit, da eine solche Lage wohl dem Besten einen bittern gehässigen Ton geben könnte, – und es Demjenigen, dessen ganze Existenz von dem Wohlwollen Anderer (sowohl des Publikums als Einzelner) abhängt, nothwendig unendlich schwer werden muß, sich ganz frey von Doppelsinn und einem gewissen mistrauischen Neide gegen Andre zu erhalten. – Gott weiß wie ich selbst in ihrer Lage wäre! – sie hat eine lange Reihe von Sorgen, Kränkungen, getäuschten Erwartungen, durchgemacht, und hat doch manchen weichen gutmüthigen Augenblick daraus gerettet, ich fürchte mich hätte so etwas gänzlich abgestumpft und verhärtet – da haben Sie mein demüthiges Bekenntniß – erinnern Sie mich daran, Elise, wenn mahl wieder der *Censor* in mir die Ueberhand nimmt; – Was Sie mir von Schlüter schreiben, und ich auch später gehört habe, bekümmert mich sehr, – wenn diese unselige Kur nur zu etwas nutzt! sonst wollt' ich der Geyer hohlte sie! – ich fürchte immer, über dem Bestreben das kleinre Uebel auszutreiben, holt man das größere herein. – so wie ich mich überhaupt, seit langem, der Angst nicht erwehren kann, daß die vielen schwächenden Mittel, womit man ihn, seit länger als zwanzig Jahren herunter bringt, seinen Körper endlich zerstören, und ihn einem frühen Tode zuführen werden – seit dieser Kur nun gar, die gewiß wieder hauptsächlich in *Fontenellen*, Blasenpflastern, Blutabzapfen, *et cet.* besteht, kömmt er mir oft so armselig und schwach vor, daß ich lieber weinen möchte als mich freuen, wenn ich ihn sehe – sein Verlust wär, in mancher Hinsicht, unersetzlich für Viele, namentlich auch für mich. – indessen man kann nichts darin thun, und muß hoffen, daß die Aerzte, (sein eigner Onkel ist ja Arzt) – das Maaß seiner Kräfte besser kennen und berechnen wie wir, – das ist mein Trost, und einen andern habe ich auch nicht, wenn ich ihn so elend und schattenartig sehe. – Daß Ihnen Thereschen immer mehr zusagt ist mir sehr lieb, sie verdient es vollkommen, – Sollten Sie sie erst so recht genau kennen, Sie würden erstaunen über die Tiefe des Gefühls bey dieser Ruhe und Klarheit, – die Letzteren fühlt man bald heraus, oder sie liegen vielmehr für ein gesundes Auge offen da, aber das Erstere erwartet man nicht, wenigstens nicht zur Hälfte in dem Grade, man ist es bey so überaus frommen Menschen zu gewöhnt, von der allgemeinen Menschenliebe die *Individuelle* am Ende fast vor die Thür gesetzt zu sehn, aber Thereschen kann, bey diesem Ueberfluß von Milde und Theilnahme für einen Jeden, doch im Einzelnen lieben, als gäbe es nur den einen Gegenstand auf der Welt, – das ist sehr selten und sehr liebenswürdig – aber sie wird auch geliebt, wie es in der Bibel steht »von ganzem Herzen, aus ganzem Gemüthe, und aus allen seinen Kräften« –

ich lege noch ein Blatt zu, da es fortfährt zu regnen, – hört es nicht bald auf, so kann ich heute nicht fort, und gehe dann Morgen in aller Frühe, – Daß Sie ihr *billet* für Adelen nicht mit geschickt haben, ist einfältig genug, es würde sie sehr gefreut haben – holen Sie es noch nach, ich schreibe ihr noch nicht so bald, sondern erst nach dem dritten Briefe ihrer Seits – den ersten habe ich erhalten, bey ihrer Ankunft in Jena, sie hat sich, unter Weges, sehr übel befunden, hat einen Tag in Cassel müssen liegen bleiben, wo sie Malchen Hassenpflug kennen gelernt, die ihr sehr gefallen, ist endlich doch ziemlich wohl in Jena angekommen, und läßt Sie Alle herzlich grüßen. – da sie nun wahrscheinlich in ein Bad muß, und zwar dann sogleich, so soll ich den zweyten Brief abwarten, unmittelbar vor ihrer Abreise, und dann den dritten, vom Badeort aus, mit der nöthigen Adresse. – Sie sehen, unter drey Wochen ist an kein Antworten zu denken, und so haben Sie hinlänglich Zeit, Ihre komische Bescheidenheit bey den Ohren zu nehmen, und zur *raison* zu bringen – daß Ihr Beyden Euch einander so gut gefallen habt, ist doch ein braver Einfall von Euch – ich wollte alle meine Freunde hielten es so, dann hätte ich ein gutes Theil Scheerey weniger in der Welt – aber da sind einige Figuren darunter, die sich einander so unausstehlich gegenüber sitzen können, daß ich es keiner Parthey übel nehme, wenn sie die andre höchst widerwärtig findet. – das sind menschliche Kümmernisse! (»Leidenschaften« sagte ein Weserschiffer zu Herstelle, und wirklich sind es Leiden und Leidenschaften zugleich.) – o weh! so eben kömmt meine Mutter, und sagt, daß mein Bruder sagen lassen, er werde von Münster hierüber kommen, und ich könne ihn jeden Augenblick erwarten, – so muß ich eilends schließen, und meine Lümpchen packen – und so viel Schönes hatte ich noch im Sinne über die *Indiana!* was soll nun aus dieser ungebornen Weisheit werden? Sie vor Allen bedaure ich, Sie! Elise! – Sie erleiden einen *reellen* Verlust! –

Doch ich muß mich trösten mit den hundert herrlichen Eichenhainen, die im Keime von den Schweinen gefressen werden, und was dergleichen poetische Gedanken mehr sind. – nur noch Eins. – von dem gütigen Anerbieten Ihres Gemahls wird meine Mutter wahrscheinlich Gebrauch machen, und, vor dem Vierten, Ihnen einen Brief an den Onkel oder die Tante zustellen lassen – ich selbst bin etwas zu faul, um meine sehr schwache *Correspondenz* dorthin bey dieser Gelegenheit aufzufrischen; – Schücking wird Ihnen aber einen Brief Junkmanns an den dortigen Hauslehrer bereits gegeben haben, – die Adresse ist unvollendet, und ich habe sie zu ergänzen vergessen – wollten Sie dieses gefälligst nachholen? – es heißt »zu Neuhaus, bey Neustadt an der Saale, in Franken.« und nun *adieu, adieu*, in eiligster Eile
Ihre Nette.

PS. vergessen Sie nicht, daß ich vor nächstem Mittwoche nicht zu Hause bin, und also weder Brief noch Bücher in Empfang nehmen kann.

4

[Rüschhaus, Juli 1840?]
Sonntag, Abends um 9 Uhr

Ich komme so eben todtmüde von Hülshoff, und darf doch nicht eher zu Bette gehn, bis ich Ihnen, meine gute Elise, eine Last aufzubürden wenigstens versucht habe – werden Sie nicht böse darüber, ich kann nicht anders, und habe einen unerbittlichen Treiber hinter mir, – Einer meiner Onkels vergeht nämlich in glühender Sehnsucht nach – Schuhsohlen, und zwar dünnen, feinen, von schönen jungen Damen in Gesellschaft oder auf Bällen getragen, denn er ist ein Mann von Geschmack; – die Sache ist, daß er sehr hübsch drechselt und schnitzelt, und seine Kunstproduckte nachher mit den rauhen Sohlen, wie man sie früher nur unter den Pariser, jetzt aber unter allen Zeugschuhen findet, polirt. – es ist ihm schwer welche zu bekommen, weil die meisten Damen zu eitel sind alte, zerrissene, niedergetretene, und beschmutzte Schuhe in Herrenhände und wären es auch nur die eines alten Junggesellen, kommen zu lassen; – jetzt ist er eben ganz auf dem Trocknen damit, so daß er mehrere sehr hübsche Sachen deshalb nicht vollenden kann, und quält mich aufs Blut um eine Beysteuer. – haben Sie also vielleicht einige recht alte Schlurren (das sind grade die Besten) so helfen Sie mir aus der Noth – das Aeußere macht keinen Unterschied, er nimt sie mit dem grösten Danke in allen Formen, – glatt wie Pfannekuchen, und Fetzen an [all]en Seiten drum her, das ist Alles gleich – und ich werde ihm ja auch nicht sagen, von Wem sie sind, – oder hat die Bornstedt welche? – wenn ich auch nur Ein Paar bekomme, – ich selbst habe ihm meinen Vorrath schon früher gegeben, und habe jetzt eben gar nichts – aber Sie müssen mir Nichts schicken, was Sie noch brauchen können, sonst erhalten Sie es mit *Protest* von mir zurück – und wenn Sie

nichts haben, ist das auch weiter kein Unglück, er muß dann seine Netze selbst anderwärts auswerfen, das ist es all. – nur hätte ich das, was Sie mir etwa geben oder verschaffen können, gern gleich, da der Onkel morgen (Montag) hier kömmt, und am folgenden Abend ganz fortreißt – ich habe deshalb dem Bothen, der doch nicht vor Zwölf oder Eins aus Münster geht, eingebunden sehr früh zu Ihnen zu gehn, und d[ann] wieder vorzukommen, zu der Zeit die Sie ihm bestimmen – Noch muß ich bemerken daß das obere Zeug daran bleiben muß, weil nur mit Hülfe von Diesem die Sohlen gehörig zu fassen und zu handhaben sind – scheuen Sie sich nicht etwas ganz niederträchtig/Schlechtes zu schikken; er ist es nicht anders gewohnt und erfährt nie, von wem die Almosen kommen, die ihm seine Verwandten prokurieren; das ist eine Bedingung, die gewöhnlich von den Damen gemacht wird. Und wenn Sie nichts haben, so ist es auch gut; indes darf uns beiden kein graues Haar darum wachsen, nur geben Sie dem Boten dann einen mündlichen Bescheid; denn einen schriftlichen verdiene ich nicht auf diesen Wisch, der keineswegs als Antwort gelten soll auf Ihren lieben, guten, langen Brief. Adieu, mein Herzchen, ich kann und kann nicht mehr vor Müdigkeit.
Ihre treue Annette

[Adresse] Der / Frau Ober-Regierungsrathinn Rüdiger, / gebornen Freÿinn von Hohenhausen / Hochwohlgeboren / Münster / auf der Rothenburg

5

Rüschhaus, Samstag 10ten *Octobre* 40.

Was fällt Ihnen ein, meine alte Elise? wollen Sie auf Ihr hohes Pferd steigen, *a la Bornstedt?* – Wenn mir nun als ausgemachte Gewißheit gesagt war, Sie würden auf eine Zeitlang nach Minden gehn, und zwar binnen der nächsten acht Tagen? – wenn ich nun zwar binnen dieser Zeit zweimahl von Ihnen gehört, durch meine Mutter und Junkmann, die mir aber Beyde nichts Anderes drüber sagen konnten, als daß sie ihnen nicht von der Reise geredet, nachher aber, seit drey Wochen, keine barmherzige Seele zu mir gekommen ist, die mich anders hätte berichten können? – wenn ich nun zudem noch zweymahl bei Ihnen angeschickt, und jedesmahl die Botenfrau mit der Nachricht zurück gekommen, daß sie alle Thüren verschlossen, und weder von Ihnen noch Ihrem Mädchen eine Spur gefunden? – was sagen Sie nun? – bin ich eine verkannte Unschuld oder bin ich es nicht? – ich habe jetzt selbst Lust auf mein hohes Pferd zu steigen, und Sie können dieses nur dadurch verhindern, daß Sie so bald wie möglich herüber kommen, und unbeschreiblich liebenswürdig sind. – Ernstlich – kommen Sie recht bald, wenn Sie es einrichten können, z. B. schon in der Woche die jetzt anfängt, wir rücken mit jedem Tage dem Winter und den grundlosen Wegen näher, und die Dauer meines Aufenthalts hier ist so ungewiß. – aus mehreren Gründen muß ich den eigentlichen Winter in Hülshoff zubringen, – einer der Triftigsten ist, daß ich nicht, wie früher, Sonntags hier Messe haben kann, da Herr Wilmsen, der sonst jeden Sonnabend herüber kam, erklärt hat daß dieses, da er jetzt 72 Jahr alt sey, ihm in Zukunft nur bey guten Wegen und gelindem Wetter möglich sey. – also im Winter gar nicht, wo man doch nur den Wechsel von hartem Frost und kothigem Thauwetter hat. – heute ist der gute Mann hier, aber nur zufällig, auf dem Rückwege von Münster, sonst bin ich schon seit zwey Sonntagen in die Pfarrkirche gegangen – eine halbe Stunde weit, und ein Weg zum Versinken, wogegen die beyden Ihnen bekannten Kämpe, hier vor Rüschhaus, noch wie elastisch sind. – es hat mich furchtbar ermüdet, und würde mich auf die Dauer von selbst nach Hülshoff treiben, wenn ich nicht auch späterhin wegen eines kranken Kindes dorthin müste, – ich sage Ihnen das mündlich. – Ich zweifle auch nicht, daß man es mir bereits sehr übel genommen hat, daß ich nicht längst dort war, und doch wage ich nicht auf einige Tage hinzugehn, weil ich sicher weiß, daß man mich dann nicht fortläßt, und mein Winteraufenthalt sogleich seinen Anfang nimmt, was mir doch noch zu früh wäre, da ich so Vieles in der Arbeit habe; an dessen Vollendung dort, wo die Kinder mich den ganzen Tag belagert halten, nicht zu denken ist. – das Schlimmste ist, daß mein Bruder den Vorzug, den ich dem einsamen Aufenthalt in Rüschhaus vor dem unruhigen bey ihm gebe, mir noch jedesmahl wo er sich merklich machte sehr übel genommen hat; – jetzt ist er in Berlin, wird aber in vierzehn Tagen, höchsten drey Wochen, wieder zu Hause seyn, wo ich dann fürchte, daß er sogleich hieher kommen, und mir vielleicht etwas Ungenehmes sagen wird, was mich dann leicht bestimmen könnte auf der Stelle mit ihm zu gehn, denn gegen dergleichen bin ich vielleicht nur zu empfindlich. – Sie sehn nach Allem, liebe Elise, daß wenn Sie wirklich zu mir kommen und mögen, die erste Zeit zugleich die beste und sicherste ist. – Sie bleiben dann, hoffe ich, ein paar Tage, da wir ja gar nicht wissen können, wann uns ein so ungestörtes freundliches Beysammenseyn wieder vergönnt werden wird. – um Begleitung dürfen Sie nicht verlegen seyn, Sie können ja nur ganz einfach mit der Botenfrau kommen und auch wieder gehn, – ich habe mir schon den Kopf zerbrochen, und nicht begriffen, warum wir nicht früher darauf gekommen sind, – meine Schwester und ich sind, auch in Ihren Jahren, sehr häufig mit dieser Frau ge-

gangen, und meine Mutter, die doch sonst sehr streng ist, nahm nicht den mindesten Anstoß daran; – vielleicht war der Grund, daß diese Frau nicht vor Zwölf oder Eins wieder aus der Stadt zu gehn pflegt, und Sie gewöhnlich auch am Abende wieder zurück wollten, wo Ihnen dann die nöthige Begleitung fehlte. – Kämen Sie aber z. B. nun gleich nach Tische hieher, – blieben den folgenden Tag und die Nacht darauf, – so könnten Sie dann am nächsten Morgen, so früh Sie wollten, mit ihr fort, – ich darf Ihnen nicht erst sagen, daß wenn Sie länger bleiben können, dieses mir um so lieber ist. – wollten Sie nicht der Frau entweder einige Zeilen oder einen mündlichen Bescheid mitgeben, wann ich Sie etwa erwarten darf? denn ich setze voraus daß es Ihnen wirklich Ernst ist zu kommen. – Was Sie hier zu erwarten haben, wissen Sie, – nämlich sehr wenig – ein freundliches Gesicht, und das Bewustseyn mir Freude gemacht zu haben, ist das Beste darunter. – *adieu*, mein gutes Herz, ich schreibe in großer Eil, was Sie dem Briefe wohl anmerken werden, denn die Botenfrau hat für gut befunden mir die Nachricht von Ihnen erst Abends spät zu bringen, so ist es jetzt schon nach Tische, und Herrmann muß noch über Land, um diesen Brief im Rüschhauser Post*bureau* niederzulegen. – nochmals *adieu* und gute Nacht.
Ihre Nette.

PS. die Botenfrau soll diese Zeilen früh zu Ihnen bringen, und kann dann um Mittag wieder vorkommen, wenn Sie etwa schreiben wollen – grüßen Sie die Bornstedt und Schlüters. – ich habe gestern durch Junkmann zuerst gehört, daß Sie nicht verreist seyn – der gute Jüngling ist auch, seit meiner Mutter Abreise, nur dieses einzige Mahl bey mir gewesen. –

6

[Meersburg, den 29. und 30. Oktober 1841.
Freitag und Samstag.]
Meersburg d. 29ten *octobre*

Ich müßte mir ganz niederträchtig schlecht vorkommen, daß ich Ihnen, mein gutes Herz, erst heute schreibe, da ich Ihren Brief schon seit drey Wochen habe, wenn mich nicht der Umstand tröstete (freylich, an sich nicht tröstlich) daß auch meine arme Mama eben so lange hat warten müssen, und ich erst heute den ersten Brief an sie zur Post gegeben, der (ein Zeichen der Schwierigkeit Zeit zu stehlen) in acht Absätzen geschrieben ist. – Es ist hier bisher so kunterbunt zugegangen – Jedermann hat seine Schuldigkeit thun, und uns begrüßen wollen, – alle Tage Besuche geben oder nehmen, und, wenn noch ein Stündchen übrig blieb, in der Gegend umher *galoppiren*, um die schöne Landschaft recht mit Löffeln einzunehmen, – mein Lebtage hätte ich nicht geglaubt, daß ich so viel Strapazen verdauen könnte – aber Abends war ich auch so hin, daß ich mich mit Gewalt aufrütteln mußte, um nicht in den Kleidern aufs Bett zu fallen. – liebste Elise, Sie müssen bedenken welches Dachsleben ich in Rüschhaus führte, um diesen einzigen Grund als vollwichtig gelten zu lassen, und doch ist er für mich so stark gewesen als hundert andre zusammen. – aber gut hat mir dieses gezwungene *Exercitium* gethan, ich gehe jetzt drey Viertelstunde Weges ohne zu ächzen wie ein Wagenrad, und denke es, so Gott will, noch weiter zu bringen, – heute haben wir indessen schlechtes windiges Wetter, Keiner kömmt zu uns und wir zu Keinem, so kann ich mahl wieder auf dem Kanapee hocken, und meiner guten Elise erzählen, wie wir es hier so treiben, – Vorerst die neuste Neuigkeit, (wenn sie Ihnen nicht vielleicht schon alt ist) Schücking ist hier, und wird einige Zeit bleiben, um meines Schwagers

Bibliotheck zu ordnen. – Sie denken wohl der Gedanke sey von mir ausgegangen, aber keineswegs, obschon ich wollte ich hätte ihn gehabt, denn es ist ein guter Gedanke, der Schücking in ein *Clima* bringt, dessen seine Brust sehr benöthigt war, ihm für einige Zeit Unterkommen giebt, ihn wieder an regelmäßige Beschäftigung gewöhnt, und endlich ihn mit vielen nützlichen Büchern und noch nützlicheren Personen in Berührung bringt. – Jetzt muß ich Sie bitten, wenn Sie Junkmann sehn sollten, ihm einzuknüpfen, daß er der Mama ja nicht sagt, daß dieser Plan bereits im Reifen war als wir Rüschhaus verließen. – die Sache verhält sich so: – Laßberg ist ein arger Geheimnißkrämer, der selbst seiner Frau erst spät sagt was er vorhat, die dann verschwiegen seyn muß wie das Grab, bis er den Moment zur Veröffentlichung angiebt – dieses ist aber ein bittrer Verdruß für meine Mutter, wenn sie sich zuweilen wochenlang abgesorgt und mit der Jenny überlegt hat, und erfährt nun hintennach, daß am ersten Tage, mit Jennys Vorwissen, schon Alles geordnet war, sie verschmerzt dieses immer sehr schwer, und Jenny braucht deshalb viel Vorsicht dergleichen Verstöße zu vermeiden. – so wuste sie (Jenny) längst daß Laßberg dem Sch., von dem früher ich und später sie ihm manches Gute geschrieben, diese Beschäftigung aufzutragen wünschte, aber sie sagte mir erst ganz kurz vor unserer Abreise davon, als grade Junkmann da war, dem ich es ohne Arg erzählte – kaum war er fort, als sie mir strenge Verschwiegenheit einschärfte, und mich dadurch nicht wenig in Verlegenheit setzte, – nachher habe ich es dann auch Keinem weiter gesagt, – glaubte aber doch Sch. einen Wink geben zu müssen, damit er seine Effeckten, namentlich seine Papiere, so ordnete, das fremde Augen und Hände darüber kommen könnten, falls die Sache zu Stande käme, und er von Darmstadt *direct* nach Meersburg müßte. – Sch. fürchtete nun daß er um den ganzen Darmstadter Aufenthalt kommen möge, worauf er sich so lange gefreut, reißte deshalb schleunigst ab, um vieles früher als er vorgehabt, und war doch kaum dort warm geworden, als er den förmlichen Antrag, mit der Bitte nicht zu zögern, erhielt – so daß er vierzehn Tage nach Uns hier anlangte. – dieses ist die wahre und eigentliche Geschichte seiner Flucht, wie Sie es nennen, die wirklich etwas Hals über Kopf war, – da Jenny nun, in ihrem Briefe nach Hülshoff, nicht die Unwahrheit gesagt, aber wohl die Wahrheit umgangen, und geschrieben hat »Laßberg habe den Sch., auf Veranlassung des Guten was sie von ihm gesagt, von Darmstadt kommen lassen« (so daß es aussieht, als habe sie in Rüschhaus selbst noch nicht davon gewußt) mich auch bewogen hat in einem Briefe an Mama meine Ausdrücke auf ähnliche Weise zu stellen, z. b. zu sagen »ich habe nichts von der Sache erfahren, bis sie zur Ausführung bereit gewesen« (was allerdings wahr ist) so wäre es höchst fatal, wenn Mama hintennach erführe, daß selbst Junkmann darum gewußt, und sie nicht. – ich bitte Sie also dieses zu verhüten, – Sie können Thereschen Schlüter nur den Auftrag geben, und ihr den Grund gradezu sagen – hätte Jenny gewußt daß ich ihr Geheimniß so schlecht bewahrt, sie würde ein kleines *Piquirtseyn* nicht gescheut, und Mama ganz offen geschrieben haben, nun aber erfuhr ich vom Briefe erst als er längst fort war, und dieses fortgesetzte Heimlichthun könnte Mama mit Recht beleidigen – übrigens bekömmt dem Sch. die Luft hier überaus gut, er sieht vortrefflich aus, und fühlt weder Schwäche noch Beklemmung mehr, – nützliche und angenehme Bekanntschaften hat er auch schon gemacht, – zu den ersten rechne ich mehrere Personen vom Sigmaringischen Hofe, und solche die am Badischen Hofe starke *Connexionen* haben. – Allen hat er sehr gefallen, und ich hoffe sie werden sich seiner zur rechten Zeit erinnern, – unter den letzteren (angenehmen Bekanntschaften) zeichnet sich Uhland aus, der mehrere Tage hier war, und, was mich sehr freute, von Schücking bereits wußte, zu ihm in die Bibliothek gieng, und ihn als Bruder im *Apollo* begrüßte. – Sch. ist so *rajonnant* darüber, daß er gleich ein Gedicht auf Uhland gemacht hat, was sehr gelungen ist. – übrigens stand ihm anfangs die trockne Arbeit schlecht an, und ich glaube, daß er manchen Seufzer über den Bodensee gesandt habe, jetzt aber hat es sich gemacht, er ist zufrieden, und ich freue mich ihn allmählich seinen Widerwillen gegen ordentliche Geschäftsarbeit und eine Anstellung (in der doch am Ende sein einziges Heil liegt) verlieren zu sehen. – die vielen seltnen Bücher machen ihm auch große Freude (da Laßberg es gar nicht so genau nimmt, wenn er auch täglich einige Stunden ließt, statt zu arbeiten) und die Gegend, der Bodensee, die Alpen, die alte Burg, mit ihren Thürmen, Wendelstiegen, ganzen Reichen von unterirdischen Gefängnißgewölben, – wo die Gefangenen ihre Namen und alte Sprüche mit spitzen Steinen in die Felswand gekratzt haben – und nicht weniger als fünf verfallenen Gängen in den Berg, deren Ausgang uns unbekannt ist, haben ihm einen unbeschreiblichen Eindruck gemacht. Wir hatten anfangs alle Mühe, ihn von Unternehmungen auf die Berggänge (die bis unter den Spiegel des Bodensees führen sollen) abzuhalten, seit er aber Eins der Löcher mit einem Steinwurf sondirt und erst auf Thurmtiefe Grund gefunden hat, ist ihm die Lust vergangen, und er will, wie er sagt, seinen besten und einzigen Hals doch lieber nicht *risquiren.* – Am Strande spatziert er aber täglich eine Stunde, und freut sich wie ein Kind, wenn die Wellen ihm entgegen branden und spritzen, und über dicken hohen Wolkenschichten die Kuppen der Alpen wie Ossians Geister hervorschaun; – sonst ist er den ganzen Tag in der Bibliotheck, bis zum Lichtanzünden, und arbeitet nachher bis zum Abendessen (acht Uhr) an eignen Produckten, Gedichten, Aufsätzen *et cet*, oder geht ins Museum, wo viele Zeitschriften gehalten werden, um *au courant* der Litteratur und Politik zu bleiben, zuweilen, wenn er zu Keinem von diesen aufgelegt ist, kömmt er auch zu uns ins Wohnzimmer, wo dann Münster und vor allem Ihr *Salon*, meine gute Elise, immer und immer wieder zur Rede kommen. – Sie sehen es geht ihm wohl, und dieser Aufenthalt, der wohl bis zum

Frühlinge dauern mag, wird ihm ganz gewiß körperlich, geistig, und hoffentlich auch in Beziehung auf seine Zukunft, erspriesIich seyn. – den ersten Theil des »Swift« hat er auf seiner Reise gut untergebracht, und denkt hier den zweyten zu schreiben – auch der *»Cölner Dom«* ist gedruckt, und ein Exemplar davon bereits hier (ich habe es noch nicht gelesen) das *Honorar* wird sich aber nach dem Absatze richten. – so mache ich mir die Hoffnung, wir werden unsern Freund ganz hergestellt, mit einem guten Thaler in der Tasche, und so Gott will lichteren Aussichten in die Zukunft in Münster wieder anlangen sehn. – Nun zu mir selbst: – Bis jetzt habe ich eigentlich noch gar keine Lebensweise gehabt, sondern werde getrieben wie ein Mühlenrad, und auch wie dieses durch Wasser und Felshänge, von denen keines übersehn seyn will, – da sich indessen die landschaftliche so wohl als Visitenreise ziemlich abgehaspelt haben, hoffe ich fortan auf ruhigere Zeit, denke recht recht fleißig zu seyn, und harre mit Ungeduld auf meinen Koffer, der eine künftige Aufgabe für hier enthält: mein »bey Uns zu Lande auf dem Lande« soweit es fertig ist, nebst *Material* – das viel beschrieene Lustspiel, um zu versuchen ob sich noch was daraus machen läßt – und endlich sämmtliche geistliche Lieder, die ich jedenfalls hier durcharbeiten und ins Reine schreiben werde. – sagen Sie dieses unserm lieben Schlüter, ich weiß es wird ihn freuen, – dieser liegt mir täglich in den Gedanken, und ich ängste mich, daß Junkmann nicht schreibt, der mir sogleich und fortgesetzt Nachricht von ihm versprochen hat. – man wird doch in der Fremde erst recht gewahr, wie lieb und nothwendig Einem seine Freunde sind! – ich denke jetzt zehnmahl mehr an Alle, namentlich an Sie, gutes Herz, und meine Schlüters, als da ich sie in Rüschhaus noch binnen einer Stunde mit einem Briefe abreihen konnte. – Schreiben Sie mir doch bald, Elise, und recht ausführlich von Allen, besonders Schlüters, und ganz besonders mein Professerchen. – und was macht Lutterbeck? - wie helfen sich Spricks fort? –

auch von der Bornstedt schreiben Sie mir ja, und welchen Fortgang ihr Brautstand nimmt. – in Königswinter erzählte mir die Tony Lützow (Verfasserinn der »getrennten« sowie der »gemischten Ehe«) daß die Bornstedt ihr das Leben der h. Catharina, nebst *Subscriptions*listen für den Ludgerus geschickt, ferner daß sie einige Unterschriften gesammelt, und diese derselben gesandt habe, mit dem Zusatze »es sey ihr leid, daß ihr (der Bornst.) Name so ganz unbekannt am Rheine sey, sonst würde sie wohl mehr ausgerichtet haben« – obwohl mich dieses nicht wundert, da am Rheine, und vor Allem in und um Bonn, eine solche Fluth von Schriften und berühmten Leuten ab und zu strömt, daß kleine Lichter, wie ich und die Bornstedt, unmöglich in Betracht kommen können, so that mir dieser Vorfall doch leid, was ich aber alle Mühe hatte, der Lützow begreiflich zu machen, die so bescheiden ist, daß sie gar nicht denkt Jemand wisse von ihr, obwohl ihre Bücher in Jedermanns Händen sind, – ich wollte Sie kennten sie, – so still, nonnenhaft, und dabey voll Geist und durchbrechendem Leben, wohnt sie mit Schwester und Tante in Königswinter in einem ganz ganz kleinen Häuschen, wo alle Zimmer aussehn wie geschmückte Nonnenzellchen – ein Anger vor dem Hause ist in ein *boulin green* mit Blüthensträuchern und *Georginen* verwandelt, unmittelbar von da ein Pfad zum Drachenfels hinauf, wo auf halben Wege ein Gartenhaus am Hange, von dessen Terasse man die reizendste Aussicht auf Strom, Gebirg, und Ruinen hat, Tonys liebster Aufenthalt ist, wo sie sich ausdenkt, was nachher daheim zu Papier gebracht wird, – sehr klein ist Tony, um einen halben Kopf kleiner als ich, ich habe sie aber vor zehn Jahren noch sehr schön gekannt, und noch jetzt hat sie die schönsten tiefblauen Augen die mir je vorgekommen. – was an ihren Schriften ist weiß ich nicht, da ich sie nicht gelesen, aber gewiß ist daß sie eine bedeutende *Celebritæt* erlangt hat, und sich dessen nicht im Geringsten bewußt ist. – soweit von diesem liebenswürdigen Persönchen, und nun zu Uhland, dessen Aeußeres keineswegs vorteilhaft ist, und der doch gefällt, wiederum durch große Bescheidenheit, Einfachheit und einen überwiegenden Zug von Güte, sonst ist er häßlich, seine Gestalt stämmig, fast gemein, feuerrothes Gesicht, und dazu stammelt er, was ihn so verlegen macht, daß er zuweilen aus Angst von einem Fuße auf den andern springt, aber plötzlich fährt ein geistiges Blitzen über sein Gesicht, oder ein unbeschreiblicher Zug von Milde und Theilnahme, daß man ihm gern die Hand drücken möchte, wenn man nicht dächte es bringe ihn in die gröste Verlegenheit. – Er und Laßberg haben sich sehr lieb, und beyde sprangen (da Laßberg, seit seinem Falle vor fünf Jahren, hinkt) auf die komischste Weise vor Freude im Zimmer umher, als sie sich begrüßten, dann gieng es bald an gelehrte Gespräche, in die Bibliotheck *et cet,* und wir Frauenzimmer kamen gar nicht in Betracht, hatten aber doch mitunter das Zuhören, – d.30ten, Schücking ist heute mit dem Dampfboote nach Constanz, und zog ganz begeistert ab die alte *Concilien* – und *Auto da fe* – Stadt zu sehn, hierbey fällt mir Freiligrath ein, der ist jetzt ein ganz ordentlicher Mensch geworden, dreht jeden Heller in der Hand um, arbeitet wie ein Pferd, trinkt keinen Tropfen Wein den er selbst bezahlen muß, und bekömmt wenig andern, kurz die Frau hat Wunder gethan, Als Schücking da war hat er ihn indessen auf eine schlaue Weise (und sich selber mit) tracktirt, nämlich ihn jeden Tag zu einem andern Freunde geführt, wo ein Gläschen Wein zu hoffen war, und sich auch allemahl einstellte, – die Frau ist groß, regelmäßig schön aber verblüht, von vornehmen geregelten Anstande, und hat Sch., der auf herzlichen Empfang und Handschlag rechnete, zuerst unangenehm *imponirt,* nachher hat sich dies gegeben, er findet [sie] sehr unterrichtet, talentvoll, und vornehm liebenswürdig, scheint sich aber doch nie recht heimisch bey ihr gefühlt haben. – Nun eine Bitte, mein gutes Herz, – es giebt ein altes Buch über Westphalen, in lateinischer Sprache, von einem Werner Rolewink – den Titel weiß ich [nicht] genau (ich glaube *de moribus Westphalo-*

rum) doch kommts darauf nicht an, da Rolewink, soviel ich weiß, nur dieses eine Werk geschrieben hat – nun sagt mir Schücking, daß dieses Buch nicht so gar selten bey Versteigerungen vorkomme, und so wünschte ich es denn sehr für meinen Schwager zu haben, der mich mit Güte und Geschenken überhäuft, und dem man nur in diesem *Genre* eine Freude wieder machen kann, und zwar besonders mit dem Rolewink, den er sich wünscht, – wollten Sie wohl Einen unsrer Freunde, (vielleicht Lutterbeck) in meinem Namen bitten, das Buch, wenn es vorkömmt, für mich zu erstehn? – um Weihnachten hätte ich es gern, das wird sich aber wohl nicht so machen. – es ist auch jetzt eine deutsche Uebersetzung davon herausgekommen, und Schlüters werden wissen wo sie zu haben ist – im Nothfalle müste ich mich mit dieser behelfen, die aber freylich für Laßberg nicht halb dasselbe wäre, – Schücking meint, ein altes lateinisches *Exemplar* finde sich in der Theißingschen Leihbibliotheck, aus der man jedes Buch kaufen könne, – das wäre schön, und schnell zum Ziele! – Schlüter und Lutterbeck besitzen das Buch beyde selbst, und werden Ihnen am besten das Nöthige sagen können, – sollten Sie es erhalten, so schicken Sie es mir nicht gleich, sondern schreiben nur, und ich werde es dann mit unseren andern Sachen, die noch nachgeschickt werden müssen, besorgen lassen. – das Werkchen ist klein, und kömmt vielleicht, wenn das Glück will, sehr billig, doch würde ich nöthigen Falls 1 bis 1½ auch 2 Thaler dafür geben. – Sind Sie böse, daß ich Sie plage? – Wegen der Bornstedt bin ich sehr besorgt, und würde gern, wenn sie es mir nicht so streng und heftig untersagt hätte, über ihren Schweizermann (der mir immer verdächtiger wird) reinen Wein zu erhalten suchen, – schlimm ists, daß ich nur Einen Bekannten dort habe, einen Arzt, dessen bürgerliche Stellung von dem Wohlwollen seiner Mitbürger abhängt, und der deshalb nur sehr ungern, und unter dem Siegel der strengsten Verschwiegenheit, mit der Sprache heraus gehn würde, wo ich dann so weit wäre wie zuvor, und die Angst und *Scrupel* in den Kauf hätte – wärs nicht möglich Kellermann, (der ja schon einmahl geschrieben hat) zu einer Anfrage bey einem der dortigen Pfarrer zu bewegen? – mich dünkt ein solcher Mann würde es doch seiner Würde und Pflicht entgegen halten, zweydeutige Antworten zu geben. – reden Sie doch mit Schlüters darüber, ich fürchte das arme unbesonnene Wesen geht sonst einem tiefen Elende entgegen. – Ich darf diesen Brief nicht länger spinnen, sonst geht er um einen Posttag später, tausend Dank also, meine gute herzige Elise, für alle Liebe, die Sie mir aus Ihrem warmen Herzen zollen, und die gewiß so voll und aufrichtig erwiedert wird, als Sie es wünschen können, – ich denke täglich an Sie, und rede sehr viel von Ihnen, – *adieu*, 1000 Grüße an Alle, Schlüters, Junkmann, Lutterbeck, die Bornstedt, die *Lombard*, – Ihren Herrn Gemahl ja nicht zu vergessen, – Allen Allen meine besten Grüße, – Ihre treue Nette.

[Am Rand] Ich habe diesen Brief nachgelesen, und nun kömmt er mir kalt vor, und gar nicht so herzlich wie mir gegen Sie zu Muthe ist – das kömmt von der Eil und ewigen Unterbrechung – ich zerrisse ihn gern, und schrieb einen andern, aber Gott weiß ob ich dazu Zeit hätte, – denken Sie sich hinzu, mein Liebchen was nicht darin steht, und was Sie doch in mir vorhanden wissen. *adieu*.

7

[Meersburg, den 14. bis 18. Dezember 1841.
Dienstag–Samstag.]
Meersburg d. 14ten *Decembre*

Als Ihr kleines Zeddelchen in Scheeles Briefe ankam, meine theuerste Elise, war ich in so großer Angst und Spannung um die Meinigen, daß es mir unmöglich war in dieser Stimmung zu schreiben – meine Mutter hatte bey unsrer Abreise ein Unwohlseyn, Schwindel, plötzliche Uebelkeiten, – die mich doch sehr besorgt machten, so daß ich nur sehr ungern und halbgezwungen gieng, seitdem war die letzte Nachricht von Haus der plötzliche Tod unsrer Anna, (meines Bruders Töchterchen) und auf diesen Schrecken nun seit anderthalb Monaten keine Zeile! – Sie können Sich meine Angst nicht denken, – ich stand morgens im Finstern auf, und wartete Stundenlang an der Treppe auf den Postboten, damit man mir keinen Brief mit übeln Nachrichten unterschlagen könne, und ich glaube wenn es länger gewährt hätte wäre ich krank oder verrückt geworden. – Gottlob! der Brief ist da und Alles gut, – Am selben Tag erhielt auch Schücking ein dickes Paket von seinem Onkel, worin dieser ihm alle Briefe schickte, die indessen für ihn eingelaufen waren, – die meisten schon steinalt, – auch der Ihrige war darunter, und hat Sch. sehr erfreut, der äußerst besorgt über den Mangel an Nachrichten war, – er trieb mich oft an zum Schreiben, aber ich hatte eine unüberwindliche Scheu einen Brief an die Heymath abgehn zu lassen, während ich nicht wuste wie es dort stand, und in mehr als einer Beziehung das Schlimmste fürchtete. – Sch. Paket enthielt überhaupt nur Angenehmes, sein Onkel schreibt, daß die Tante Nanny (Mutters Schwester) Paulinchen zu sich nehmen werde, ferner: daß er nicht begreife woher das Gerücht komme als ob Sch. Wirth über ihn *raisonnirt* habe, – es sey vielmehr Alles in der besten Freundschaft und Ordnung, das Quartier schon nach dem ersten Briefe von Darmstadt aufgesagt und bezahlt, Herr Deppenbrock habe erklärt, »da er dasselbe doch im ersten halben Jahre nicht zu vermiethen denke, könnten Sch. *Meubles* und sonstige Effeckten darin bleiben, *et cet.*« – Ein anderer Brief war von der *Redaction* der Staatszeitung, und meldete die Annahme eines Aufsatzes, was auch noch etwa 30 r. einbringen wird, – kurz das Paket war eine wahre vorläufige Weihnachtsgabe. – Frühere Briefe waren nicht so angenehm, Freiligrath schreibt sehr betrübt, daß allerley Kabalen wahrscheinlich das Herauskommen der *Brittania* verhindern würden, für ihn ein harter Schlag, da er seine nächste *Existenz* auf die Herausgabe dieses Blatts gegründet, und auch wohl darauf seine Frau genommen hat – [Der folgende eingeklammerte Satz ist durchgestrichen] (er schickt Sch. die dafür bestimmten Arbeiten zurück, um sie wo möglich anderwärts unterzubringen.) Scheeles Brief enthielt die traurige Nachricht von der misglückten *Operation* unsers armen lieben Schlüters, und Dralle, der im Schuldthurm sitzt, und Sch. Swift in den Klauen hat, den er sehr großsprecherisch vortrefflich anzubringen versprach, hat auf drey Briefe gar nicht geantwortet, obwohl Sch. den Swift jetzt sehr vortheilhaft unterbringen könnte. – ich fürchte nur, dieser *panier percée*, den seine Vormünder jetzt absichtlich in der Noth stecken lassen, hat ihn verkauft, das wäre doch ein abscheulicher Streich! – Uebrigens geht es Sch. sehr gut; er ißt was ihm schmeckt ohne Magendruck, läuft Stunden weit, bergab bergan, ohne daß seine Brust es spürt, und hat alle Aussicht mit einem Gesichte so rund und roth wie ein Apfel heimzukehren. – Etwas Heimweh hat er wohl mitunter, ist aber doch zu glücklich im Gefühl der wiederkehrenden Gesundheit und der gesicherten Lage, jetzt wo seine *Productionen* so mancher Unfall trifft, als daß er nicht im Ganzen recht heiter und behaglich gestimmt seyn sollte. – Er geht täglich zwey Stunden spatzieren, und hat die Abende ganz für sich, (von halb Fünf bis Acht) die er bald mit uns, seltner im Museum, am öftersten in seinem Zimmer, mit eignen *Productionen* beschäftigt, zubringt. – recht sehr hübsche Gedichte hat er gemacht, und ist jetzt an einer Novelle, deren Held *Joricks la Fleur* ist, und die ganz allerliebst wird. – ich glaube er hat sie fürs Morgenblatt bestimmt. – NB. die oben durchstrichenen Zeilen enthielten eine Unrichtigkeit, Freiligrath hat die dort berührten Arbeiten noch, schrieb aber doch von anderweitigem Unterbringen, wenn es mit der *Brittania* schief gehe. – auch ist Sch. ungehalten über das was ich Ihnen von Dralle geschrieben, den er wohl für einen Windbeutel und nachläßigen *Commissionair*, aber selbst in der Noth keines solchen *perfiden* Streichs fähig hält als ich ihm ohne Weiteres zugelegt; er läßt Sie bitten nicht darüber zu reden; und meint, unsre münsterischen Freunde würden die Sache sehr hoch nehmen, und gleich von gerichtlicher Klage *et cet.* reden, was ihm äußerst unangenehm wäre. – Liebes Herz, ich schreibe Ihnen, wie Sie sehen, keinen schönen Brief, sondern einen ausführlichen, was Ihnen aus so weiter Entfernung wohl lieber ist als schöne Phrasen und Beschreibungen, die Sie in jedem geistreichen Buche viel besser lesen können. – Man lebt hier recht angenehm und überaus ungenirt, kann so viel Einsamkeit oder Gesellschaft haben als man mag, – Zwey weibliche Erziehungsanstalten, die eine von zwar etwas prosaischen aber recht gescheiten und unterrichteten Klosterfrauen, die andere von vier sehr gebildeten und angenehmen Damen geleitet, würden mir, und ein Schullehrerseminar, an dem 5–6, mitunter recht talentvolle und unterichtete junge Leute, von Schückings Alter, als Lehrer angestellt sind, würden auch Sch. wohl einen ganz brauchbaren Umgang gewähren können, wenn wir uns nicht Beyde in den Kopf gesetzt hätten, in diesem Winter etwas Ordentliches *au propre Cru* zu leisten, und also immer zu wenig Zeit haben. – Eben merke ich erst, daß ich Ihnen noch gar nicht für Ihre gütige Bemühung wegen des Rolewink gedankt habe, – es wäre mir äußerst lieb, wenn

Sie das Buch wirklich sollten erhalten haben, doch kam Ihr Zeddel zu spät um noch für den Weihnachtsabend darauf rechnen zu können. – das macht aber nichts, ich habe schon etwas Anderes für Laßberg, und bin noch so tief in seiner Schuld, daß es mir immer ein wahrer Fund bleibt, wenn ich etwas für ihn Passendes auftreibe. – doch möchte ich jetzt das *horrende Porto* über die Briefpost nicht daran wenden, und bitte Sie mir den alten Westphalen aufzuheben, bis ich ihn mit mehreren für Laß. bestimmten Sachen kann zusammen packen und einem *Spediteur* übergeben lassen, – wann dies geschieht weiß ich nicht, da manche der übrigen Gegenstände nur zu gut von mir verwahret sind, so daß ich zur Verrätherinn an dem wohlversteckten Schlüssel meines Schreibtisches werden müste, was mir doch hart wäre, – am Ende werde ich den ganzen Kram wohl erst bey meiner Zurückkunft als Dankbeweis absenden. – Nun zur Beantwortung Ihres lieben Briefs: zuerst dem lieben Tante Ittchen tausend Dank für ihr treues immer gleich freundliches Andenken, sie thut dennoch nicht mehr als ihre Schuldigkeit, denn ich habe sie auch von ganzem Herzen lieb. – An die Bornstedt denke ich hingegen nicht allzu gern, sie thut mir zu Leide, was sie kann, und hat die bewuste Klatscherey, die ganz ungezweifelt von ihr ausgegangen ist, auch schon nach Hülshoff getragen; – Mama schreibt: »daß Sch. bey Euch ist wuste ich schon durch die Hülshofer, denen es die Bornst., die gleich nach Annas Tode auf acht Tage hingefahren war, erzählt hatte. – Wie mag diese die Sache wohl ansehn? ich fürchte wie ein verabredetes *Rendezvouz*, das wäre doch sehr traurig!« Ich kann dieses nur wie eine sehr milde Art mir beyzubringen was die B. wirklich gesagt hat ansehn, und zugleich diese Milde nur meiner Abwesenheit und der Furcht, meine Genesung durch Aerger rückgängig zu machen zuschreiben, wär ich gesund und in Rüschhaus, so hätte es gewiß sehr harte *Scenen* gesetzt, deren *Resultat* unfehlbar unerfreulich und trennend gewesen wär, und noch weiß ich nicht ob nicht ernste Ermahnungen und Beschränkungen meiner warten, wenn ich zurück komme. – diese Person ist doch eine wahre Pest für Münster, und ich fürchte ihr Schweizer läßt sie uns auf dem Halse, was ich am Ende noch wünschen muß, da ich von dieser Ehe nicht mehr erwarte als von einer wurmstichigen Nuß, – Staub und Bitterkeit. – Sch. hat geglaubt mit jenem Zusammentreffen, zu dem er sich schwer entschloß, genug gethan zu haben, und hat ihr keinen Abschiedsbesuch gemacht, – ich habe ihr einen Brief nicht beantwortet, welcher der Art war, daß ich bei der Antwort nur zwischen Verstellung und derben Wahrheiten zu wählen hatte – so ist sie uns Beyden tödlich Feind, – dazu kömmt daß sie durchaus nicht fähig ist sich ein rein freundschaftliches Verhältniß zwischen Männern und Frauen zu denken, dagegen es ihrer Natur sehr nahe liegt einen Misbrauch ihres Briefes zu argwöhnen, wo sie denn wohl glaubt das *prævenire* spielen und meinen *Credit* schwächen zu müssen. – *Basta* hiervon! – ich wollte Berlin hätte noch das Glück sie zu besitzen! – Die *Lombard* halte ich keineswegs für falsch, glaube nicht daß sie Jemanden Liebeserklärungen macht, und dann hinterm Rücken schlecht von ihm redet, vermuthe sogar, daß es nur einer geringen Aufforderung bedürfte, um Alles was sie von Einem denkt grade ins Gesicht zu hören – dennoch, meine ich, fühlt sie sich in Münster im Ganzen zu vereinzelt und unbehaglich, als daß sie sich nicht zuweilen sollte anzuschließen suchen, ohne grade gewaltsamen Herzenszug. – so mag es kommen, daß sie mitunter schärfere Urtheile hören läßt, als die äußere *Intimitæt* zu gestatten scheint. – die Folge jedes Anschließens *faute de mieux*. Auf mein lieb Elischen kann dieses indessen unmöglich anwendbar seyn, mich dünkt, außer der Born. kann Niemand eine falsche Ader gegen Sie haben. – Sie glauben nicht wie lieb ich Sie habe, Elise, und welche Freude es mir macht, wenn ich immer so eine erfreuliche Eigenschaft nach der andern bey Ihnen hervor tauchen sehe; so jetzt Ihre schriftstellerische Gabe, mit der Sie die Born. zehnmal todtmachen können. – der Anlaß zu dieser Entdeckung war nicht grade angenehm, *Gutzkow* hat Ihre Erzählung zurück geschickt, doch mit Worten, die bey einem so blasirten und übermüthigen Schriftsteller wohl so viel gelten als bestimmtes Lob. Er schreibt: »die Anekdote [etwa die Hälfte der hier folgenden Seite ist schräg weggeschnitten] [ich liege] wach im Bette, und mache im Dunkeln Gedichte [. . .] die ich nicht in die Sammlung gegeben habe, und mit denen die zerstreut [. . .] gekommen sind, könne ich es wohl bis Frühjahr zu einem zweyten Bändchen bringen, – [. . . am] Tag schreibe ich an meinem größeren Buche, und Abends bey Licht wird das bereits Fertige (später auch die geistlichen Lieder) abgeschrieben. – Sie sehn ich bin fleißig. – außerdem renne ich täglich ein paar Stunden spatzieren, und hoffe mit der Zeit so mager und behende wie eine Peitschenschnur zu werden. – der Anfang ist bereits gemacht, meine Gestalt fällt ab, und meine Brust erweitert sich – diese *miraculeuse* Luft weiß die Gaben verständig zu vertheilen, ich werde mager, Sch. stark, so hat Jedes was ihm Noth thut. – Vom Bücherstaub hat Sch. nicht zu leiden, sie sind immer so sorgfältig abgefegt und vielfach benutzt worden, daß kein Stäubchen darauf lag. Wenn Sie irgendwo Sch. lobend erwähnt finden, so schreiben Sie dieses nur ja ab, und schicken es her. – das Museum hält zwar manche *Journale*, aber nur Süddeutsche und vom Auslande; und es ist Sch. kein kleiner Verdruß, daß sein Name nirgends vorkömmt. – Doch war ihm die *Recension* in den litt. Blättern von Brockhaus schon bekannt. – Meinen Sie wir lebten hier wie in der Wildniß? – haben wir nicht ein Liebhabertheater, was neulich »den Wildfang« aufführte? – haben wir nicht eine Bürgermeisterstochter die so gut Klavier spielt wie die Bornstedt? – und ein versoffenes *Genie* von Professor, eine Musicklehrerinn im Institut, und noch einen schöngeistigen hübschen Klaviermeister, der unsre Zwillinge *C.* und *Fis.* lehrt, die sie alle Drey zehnmahl in die Tasche stecken, und besser spielen als Jemand in Münster? – Sie glauben nicht wie ich mich hierüber gewundert, und wie es meinen norddeutschen Stolz gedemüthigt hat. – außerdem kommen alle Augenblicke steyermärkische, *et cet.* Musikbanden, die *Concerte* geben, und Laßberg, der fortwährend *brillanter* Laune ist, macht die schönsten Lustfahrten mit uns nach Schlössern, Klöstern, *et cet.* längs dem Bodensee (zu denen Sch. immer eingeladen wird) kurz wir haben mehr anmuthigen Zeitverderb als uns lieb ist; *Adieu*, beste Elise, ich gäbe Ihnen gern Grüße an alle Freunde, Schlüters, Lutterbeck, das gute Annchen, aber ich denke dieser Brief darf nicht von sich reden machen, er wäre, durch die ewige Erwähnung Sch. ganz dazu geeignet, dem dummen Klatsch erst recht Hände und Füße zu geben, und wenn Sie beym Vorlesen [es folgt die Rückseite des beschnittenen Blattes] [. . .] Betracht heilsam [. . .] sonst die Herzlichkeit und Anspruchlosig[keit . . . über]müthig gemacht, so daß er sich für den ersten Mann Deutsch[lands . . .] auf fatale Weise prahlte, wozu er um so weniger Grund habe, da mit der [. . .]lichkeit auch seine Dichtergabe täglich abnehme, – Sch. meinte sogar, betrübten Herzens, er werde schwerlich mehr etwas Ordentliches machen, was ihn bey Ruhm und Brode erhalten könne, und war sehr erfreut neulich in der Karlsruher Zeitung ein neues Gedicht von ihm zu finden, was noch recht schön war. – Behalten Sie dieses aber ja für Sich – ich glaube nicht das Sch. sich je gegen Jemanden außer uns Beyden, so offen über Freilig[rath] äußern wird, – vielleicht ändert er auch, bey einem späteren Zusammentreffen mit Freilig. seine Meinung, will dann nichts von dem früher Gesagten wissen, und ich käme schön mit ihm an, wenn ich es ausgebracht hätte. – Haben Sie Sch. Dom noch nicht gelesen? er (Sch.) hat sich, des schweren *Porto's* wegen, nur zwey *Exemplare* herüber kommen lassen, wovon er das Eine m i r zum Namenstage geschenkt, das andre wohl Ihnen bestimmt hatte, – nun kann er aber nicht umhin es Laßb. auf den Weihnachtsteller zu legen, da er erfahren hat, daß dieser und Jenny ihn sehr hübsch beschenken werden, und gar nichts Anders zur Gegengabe hat, – suchen Sie den Dom also vorläufig zu leihen, er ist sehr *brillant* und geistreich geschrieben, – Sie werden Sich daran freuen; – daß ich, nach meinem Geschmacke, Sch. Styl etwas einfacher, und vor Allem freyer von aus fremden Sprachen geborgten Worten wüßte, ist schon oft unter uns beredet worden, doch mag in einem Werke, das zur Begeisterung aufregen soll, die überreiche Sprache am rechten Orte seyn, – fremde Ausdrücke sind viele gestrichen, aber doch noch zu viele geblieben. das ist indessen Nebensache, und das Buch gewiß recht schön – Schreiben Sie mir doch ja, was man von Schlüter hört, wenn er wieder in Greffrath ist, – ich möchte ihm gern schreiben, und doch wage ich es grade jetzt nicht, – der Moment ist so schwankend, man trifft so schwer das rechte Wort, – Hoffnung oder Trost – und verletzt ohne es zu ahnden – wenn Alles abgeschlossen ist, zum Guten oder Schlimmen, will ich gleich schreiben, und thue dann, im schlimmen Falle, wohl am Besten seiner armen getäuschten Hoffnungen garnicht zu erwähnen – jetzt aber würde dies theilnahmlos aussehen. – Nun will ich aber wirklich schließen, – immerfort wollen mir Grüße an Freunde aus der Feder laufen! und doch sind kaum zehn Zeilen die Sie mittheilen könnten, so bleibt es am Sichersten Sie verbrennen den Brief, und sagen keiner Seele daß Sie ihn erhalten – *adieu*, mein liebstes Herz, meine Gedanken sind sehr viel bey Ihnen, und es geht wohl kein Tag hin, wo wir nicht von Ihnen reden – *adieu* – mit immer gleicher Liebe, Ihre Annette.

[Am Rand] d. 18ten, endlich sind Gedicht und Brief an *Coppenrath* fertig, – bitte, besorgen Sie es doch, Sch. hat die Stelle vom »Morgenstern« ausgemerzt. – Wir haben Beyde etwas für Sie zu Weihnachten, können es Ihnen aber nicht schicken – wir bringen es mit, – nur zwey Kleinigkeiten.

8

Rüschhaus, Samstag d. 10ten Septem. [1842]

Sie hatten recht, liebstes Herz, wenn Sie glaubten, daß ein Brief von Levin an mich unter Weges sey – hier ist er, – und da er eine Menge Aufträge enthält, die, wie es scheint, keinen Aufschub leiden, und ich alle Fußreisen unter dem Regenschirm, als schädlich, höchst mühsam, und überaus unpoetisch, vollkommen verabscheue, auch ein Theil der Aufträge Sie und Rüdiger betrifft das Uebrige aber Junkmann, den Sie sehr leicht sprechen können, ich aber sehr schwer, so nehme ich mein Bündel, und lege es Ihnen hiermit unterthänigst zu Füßen, in der Hoffnung daß Sie huldreichst aufheben werden. – Ernstlich, liebste Elise, darf ich Sie darum bitten? – wenn ich mich auch durch schlüg, durch Regen und Koth; so könnte ich den beyden Herrn doch nichts Anderes sagen, als was Sie ihnen, mit unendlich geringerer Beschwerde, daraus vorlesen können, – wär L. nicht so schusselig, und durchaus unfähig dieselbe Absicht vier Seiten lang fest zu halten, so wäre dieser recht ein Brief zum Zeigen; (wie er denn auch offenbar seyn soll) und man könnte die sämmtliche Freundschaft damit ergötzen, – nun aber ist ihm hier und dort doch eine fremde Feder angeflogen, z. B. was über den Fürsten darin steht *et cet.*, und wenn er darauf berechnet ist, in meiner Abwesenheit vielleicht erbrochen zu werden, (was ich Schük. als sehr möglich geschildert habe, falls er nicht die bestimmte Nachricht meiner Ankunft und bleibenden Aufenthalts abwarte) so ist er doch noch kein Meisterstück. – Es ist übrigens jammerschade, daß der einzige Brief, den ich wirklich mit völliger Sicherheit hätte erhalten, und wo Lev. so recht Alles hätte sagen und klagen können, durch meine eigne Schuld in diese ungenügende Form gezwängt ist, – ich hätte wirklich den fünften Brief noch schreiben sollen, – aber ich hatte total vergessen, wie streng ich ihm früher eingeknüpft meine Ankunft abzuwarten, oder vielmehr glaubte dieses durch Laßbergs Bothschaft so gut wie aufgehoben. – sobald ich die Feder von diesem Papier nehme, wandert sie auf Eins, was nach Ellingen reißt – haben Sie mir deshalb noch Aufträge dorthin zu geben, so soll die Ueberbringerinn wieder vorkommen, – sie geht Morgen in aller Frühe beichten, (wahrscheinlich lesen Sie dieses im Bette) und nachher, zwischen Zehn und Elf, an Ihrem Hause vorüber wieder zurück. – Lev. Lage macht mich übrigens trostlos, obwohl er gesteht »meist heiter, und körperlich sehr wohl« zu seyn – seine Traurigkeit ist auch gewiß nur *momentan*, sonst würde er sie in diesen Augenblicke, wo ihm alles Vergangene so recht vor Augen treten mußte, schärfer heraus gehoben haben. – aber das Uebrige! – Gottlob, scheint sein moralisches Gefühl noch völlig unabgestumpft, aber es ist traurig genug täglich sich innerlich empören zu müssen. – wäre es nur nicht so unmöglich, daß er auf andre Weise leben – nur schlichtweg leben – sich nähren und kleiden – könnte; so würde ich ihn tausendmahl weg wünschen – aber er kann es nicht, er ist körperlich unfähig zu jeder anhaltenden Anstrengung, und ohne diese giebt es nirgends Brod mehr in der Welt. – auch dieses Amt würde er, machten die törichten Ansichten des Fürsten es nicht zu einer halben *Sinecure*, gewiß nicht aushalten; – man muß Geduld haben, und auf Gott vertrauen, der seinem Geschöpfe nicht jeden andren Ausweg wird verschlossen, und den einzigen möglichen als eine Falle geöffnet haben, um es zu verderben. – Ist es nicht schon sonderbar, daß Lev. zweymahl nacheinander (zuerst in Meersburg) zu Geschäften aufgefordert wird, die jedem Andern so sauer und angreifend sind, und nur allein von ihm, wie Gott »den Wind für das geschorene Lamm mäßigt« fast nichts verlangt wird? – so hoffe ich daß er Fürst (so roh und herzlos er mir übrigens erscheint,) zu viel Achtung vor der Unschuld seiner Kinder haben wird, als daß er sie nicht entfernen würde, wenn es auf ein offnes *scandaleuses*

Leben mit der Person, in Ellingen selbst, los gehn sollte, – doch denke ich mir eher, er wird fortan immer allein in Mondsee liegen, und die Kinder ganz Sch. überlassen, was keine Verschlimmerung wäre. – und wenn er sie heurathete? – nun, dann muß Sch. freylich mit ihr zusammen leben, aber sein Verhältniß zu ihr ist dann von selbst natürlich und ruhig festgestellt, in der kalten Ehrerbietung, die er der Frau seines Herrn jedenfalls schuldig ist, und Jeder wird den Mann, der sich der armen verlassenen Kinder unter dieser seltsamen Stiefmutter mit Kraft und *Consequenz* annimmt, höchst achtungswerth finden. – Ich werde es Sch. aufs äußerste einknüpfen, sich jedenfalls fest zu den Kindern zu halten, und sogar seine Sorgfalt für sie etwas leuchten zu lassen, denn nur dieses kann ihm eine ehrenwerthe Stellung sichern, – vielleicht ist die Person auch nicht grade frech oder bösartig und *intriguant*, Sch. erwähnt wenigstens nie etwas davon, sondern wundert sich nur über den miserablen Geschmack des Fürsten. So wäre es immer möglich, daß sie eine zwar etwas *bornirte* und gemeine, aber sonst nicht grade störende Hausfrau würde. Sie denken wohl, ich nehme Alles von der besten Seite, – freylich wohl, was soll ich auch anders machen, und alle diese *Chancen* sind doch wirklich möglich, und eigentlich doch nur das Schlimmste, – daß der Fürst mit ihr in Ellingen ein offenes ausgelassenes Sündenleben anfangen, und doch die Kinder dort behalten sollte – sehr unwahrscheinlich – ich denke mir auch, die mütterlichen Verwandten würden sich drein legen, die gräflich-Thürheimsche Familie ist doch unendlich mächtiger, als die paar Onkel Schuster oder Schneider, die der Fürst vielleicht noch hat. – Ich wollte der älteste Knabe wäre statt fünfzehn siebenzehn Jahr, dann gieng das Universitätsleben auf der Stelle an – wie früh dieses eintreten kann, wird übrigens sehr von Sch. Unterricht abhängen, und ich werde ihn aufmerksam darauf machen, so wie Sie mir überhaupt wohl glauben, daß ich ihn jetzt weniger wie je aus den Augen lassen, und durch Sorge und Herzlichkeit in einem fortwährenden Vertrauen und Offenheit zu erhalten suchen werde, – Gott weiß wie er mir am Herzen liegt! – ich habe wieder recht gefühlt, daß er mir, mit allen seinen Schwächen, doch wirklich lieb ist wie ein eignes Kind, und mein Brief an ihn wird sehr lang, sehr offen, und so herzlich seyn, als hätte er, statt mir einen peinlichen *Commissions*brief zu schreiben, neben seinem Mütterchen auf dem Kanapee gesessen, und ihr sein ganzes Herz eröffnet. – Mein *Portrait* werde ich ihm lassen, Sie haben ganz recht, – es kann im Grunde ja nichts schaden, und ist ihm eine tägliche Mahnung. – auch meine Briefe könnte ich ihm allenfalls lassen, trotz des schlimmen kleinen Wörtchens, was bey poetischen Personen so verschiedenen Alters doch nicht grade unerhört ist, und höchstens lächerlich gemacht werden könnte, wenn nicht so viel von einer andern Sache darin stände, – nun aber muß ich sie wiederhaben, denn ich kann mich auf eine Auswahl und theilweise Verbrennung durch ihn durchaus nicht verlassen, – es ist ihm nicht möglich einen alten Brief mit Aufmerksamkeit wieder zu lesen, geschweige so viele. – deshalb nutzen sie ihm auch ferner gar nicht mehr, sonst wäre es mir sehr erwünscht, wenn er Manchen davon behielt. –

Wenn Sie, wie ich hoffe, Sch. Aufträge statt meiner übernehmen, so schreiben Sie Sich den Artikel, den er von Jedem wünscht, lieber zusammen auf einen Zeddel, – er hat Alles so *confus* durcheinander geworfen, daß man leicht etwas übersieht. – an meinen Onkel kann ich mich nicht wenden, der steckt jetzt, glaube ich, in Berlin, und bis über die Ohren in seinem neuen Geschäfte, wo er gewiß weder Zeit noch Lust hat einen langen Aufsatz für L. zu machen. – erfahre ich aber von meiner Mutter, die ich jetzt in der nächsten Woche erwarten darf, daß er im Paderbörnischen ist, so will ich ihm gleich schreiben, und auch L. benachrichtigen, – vielleicht hat er dort, zu Hause, fertiges Material aus früherer Zeit liegen.

Sie wissen doch wozu das Alles soll? – zu dem Werke

»Deutschland im 19ten Jahrhundert« was der Professor Bauer in Stuttgart herausgiebt, und worin Reuchlin die Gegend des Bodensees, und Sch. Westphalen übernommen haben. – Daß Sch. behauptet, gar kein Material zu haben, ist mir etwas empfindlich, es scheint beynahe er hat meinen letzten Brief mit der langen sauren Ausarbeitung nicht bekommen, denn wenn er diese auch unbrauchbar gefunden hätte (was, nebenbey gesagt, nicht möglich ist, da sie wenigstens eine große Menge Material und Angaben enthält, über Gebräuche *et cet* die er nicht entbehren kann) so hätte er ihrer doch wohl mit einem Worte erwähnt – oder schweigt er über diese fremden Federn in der Voraussetzung, daß der Brief gezeigt wird? – ich werde ihn darum befragen, und, falls er verloren gegangen ist, ihm eine neue Abschrift schicken, da ich das *Concept* zum Glück bewahrt habe. – Um Schlüters Besuch hat mich das schlechte Wetter nun gebracht, – aber ich denke, es wird ja nicht immer regnen, und dann freue ich mich herzlich, sehr herzlich auf Sie und die beyden lieben Junkleute, – aber kommt bald, recht bald, – meine Mutter will gegen die Mitte September (also den 15ten) abreisen, und dann ist sie am 17ten hier, – früher kömmt sie wohl nicht, aber viel zusetzen wird sie auch nicht, da sie mich hier weiß, und doch wohl denkt, daß ich mich nach ihr sehne. – dann kämt Ihr zwar doppelt angenehm, weil Mama Euch alle Drey sehr gern hat, aber wir sind doch nicht so recht unter uns. – und hört! – kommt doch zu Mittag, aber hübsch früh, daß die Ueberzahl an Kartoffeln noch gar werden kann, – und übrigens habt Ihr ja gesunde Mägen und keine feinen Zungen, die das Beste was ich geben kann, verschmähen, wenn es zufällig sehr schlecht seyn sollte. – Ich behalte noch kaum Raum zwey Worte über die Bücher zu sagen, die, so spannend sie geschrieben sind, mir doch keine großen Vorzüge vor andren französischen Romanen zu haben scheinen – viel Geist – viel Styl – und abwechselnd das Natürlichste und Rührendste mit dem Crassesten, – man schreibt jetzt gar keine dummen Bücher mehr, aber das Einfache, anspruchslos Schöne und Gediegene ist doch auch selten. – Auch das Buch des D[r.] Jung habe ich mit Vergnügen gelesen, es ist so geistreich, wie dergleichen Abhandlungen jetzt zu seyn pflegen, und das ist mir längst genug für Unterhaltung und Nutzen. – aber sie schießen wie Pilze aus der Erde, und, was schlimm ist, was der Eine weiß gemacht hat, macht der Andre schwarz, und was wir zuletzt gelesen haben, scheint uns immer das Richtigste. – Den Almanach behalte ich, mit Ihrer Erlaubniß noch etwas, – ich habe ihn grade zu Etwas nöthig und werde ihn bestens aufheben. *Adieu*, lieb Herz, Gruß an Junkmann – an Annchen – an Ihren Gemahl – an Luise *Delius* – kommen Sie ja recht bald. Ihre Nette.

[Am Rand] Den Brief von Sch. müssen Sie mir später zurück schicken –

Vergessen Sie nur nicht seine Grüße auszurichten, besonders an Junkmann, wegen des empfangenen Briefs. – Vorlesen können Sie den Brief überall, wären ein paar Zeilen und ein paar E. s. daraus, so könnte ihn Jeder selbst lesen.

Vergessen Sie doch nicht, aus den Büchern für [Sch.] das für Laßberg zurück zu behalten.

Levin Schücking an Annette von Droste-Hülshoff

Ellingen, den 29. August 1842

[...]
Auf der Hohenhausenschen Auction hab ich Bücher gekauft; dieselben liegen, wie mir Frau v. Hohenhausen schreibt, bei ihrer Tochter in Münster, und ich soll auch an diese den Betrag dafür einsenden. Nun habe ich neulich respondendo nach M. geschrieben, und da ich nicht gern so bald einen zweiten Brief nachfolgen lassen mag, bitte ich Sie, den anliegenden Betrag von sechs Thalern ihr zukommen lassen zu wollen. Von den Büchern ist eins Manuscript. Damit möchte ich Laßberg eine Freude machen, und deshalb geht mein Ansuchen dahin: ob Sie von Münster aus ihm dasselbe (eine Wiedertäufergeschichte – ist was dran?) bald zukommen lassen zu wollen die Gnade haben? Die übrigen Bücher erbitte ich mir nebst einem Exemplar des Bornstedtschen Ludgers, und ferner:

Ich werde wegen meines Westphalens gedrängt und habe gar kein Material. Können Sie mir nicht den Junkmann breit schlagen, daß er den Brief von Ihnen, worin Sie die Romantik eines Vorwerkslebens (glaub ich) so schön geschildert haben, mir zur Benutzung überläßt? Ferner denk ich mir, wenn Sie einmal Rüdiger sprächen, daß er vielleicht manche Quelle für die Abtheilungen: Industrielle Verhältnisse, Statistisches, Verdienste und Fehler der jetzigen Regierung, mir angeben, oder für mich erhalten könnte. Der alte Hüffer hat auch gewiß Manches, was er Rüdiger gern mittheilte. Junkmann würde mir Materialien wegen der Eisenbahnen geben können; Wirksamkeit der Landstände und Gesetzgebung sind Punkte, die ich auch berühren möchte, wenn ich die Quellen hätte. Ich möchte in dieser Beziehung wohl Ihren Herrn Onkel August um Materialien bitten, – was meinen Sie dazu? Bitte, erkundigen Sie sich einmal, und wenn Einer oder der Andre etwas Taugliches hat, so würde es mich sehr glücklich machen, wenn es mit den in Münster liegenden Büchern von irgend einer mitleidigen Seele eingepackt und mir baldmöglich direct hierher geschickt würde.[. . .]

9

Rüschhaus Cæciliatag Dienstag d. 20sten [22.] Nov. 42.

Wie haben mich die Zeichen Ihrer Liebe gerührt, mein gutes treues Herz! – wahrlich, wenn die Liebe noch nicht existirte, Sie würden sie erfinden. – Dank, Dank, für den Frühling, den Sie mir in meine Winter-Einsamkeit schicken – ich meine nicht nur die Blumen, auch Ihre Worte sind immer wie ein Mayregen, der mein schroffes Gemüth erweicht, und tausend Keime weckt. – ich wollte wir wohnten zusammen, mein Elischen, daß Sie mich täglich mit Ihrer Milde und Begeisterung ein wenig anspritzten, es würden gute Gedichte darnach wachsen, und wohl noch Besseres als Gedichte, – jetzt muß ich mich an Ihre Blumen halten, die, auf dem Tische vor mir, aus einem *bowlingreen* von Moos mich fast so freundlich ansehn als hätten Sie ihnen den Auftrag dazu gegeben. Vorgestern hatte meine arme Mama wieder ihr Herzklopfen, vom Nachmittage an, bis zum nächsten Abend um Vier, sonst hätte ich Ihnen auf der Stelle geantwortet, und heute Früh hat uns der Onkel Fritz überrascht, der erst eben mit seinen drey Schimmelchen fort trottet, sammt der Mama, die, sobald ihre Anfälle vorüber sind, Gottlob frisch ist wie vorher – es ist doch ängstlich mit diesem Krampfe, der, seit einem Jahre, so regelmäßig jeden zehnten Tag wiederkehrt! – Die Andern hier sind schon gewöhnt daran, mir wird aber noch todtangst, dabey, und da sie Nachts durchaus Niemanden im Vorzimmer leiden will, habe ich um so weniger Ruhe im Bette, und muß mich halb krank horchen, ob sie nicht klingelt. – Tante Ittchen ist doch jetzt wohl bey Ihnen – sagen Sie ihr tausend Liebes von mir – ich komme herüber sobald ich kann, d. h. sobald es weder in der Luft stöbert noch auf dem Boden schwimmt, – daß der Onkel jetzt da ist verdoppelt die Anlässe dazu, und hoffentlich die Gelegenheiten auch. – Daß Sie Sich den Michelis nicht angeholt, daran haben Sie sehr wohl gethan, auch wenn Rüdiger ihm nicht einen so ungraziösen Rückweg zugedacht hätte, ich glaube, Wen er mahl gepackt hat, den läßt er so leicht nicht los, und fange an ihn immer mehr für einen entschiedenen Fanatiker zu halten, – dieses aber ganz unter uns, ich stehe ihm durch die Tante zu nahe, und zudem ist es nur meine Privatansicht seiner ganzen Erscheinung, die sich weder auf spätere Handlungen noch Worte stützt; – hier war er noch nicht wieder, wird aber gewiß nicht ausbleiben, – wenn Sie denken wir würden Freunde, so fühle ich immer mehr daß Sie in einem dicken Irrthume sind, – ich hielt ihn für ungewöhnlich schlau und *consequent*, was mich als Beobachtung *interessirte*, jetzt höre ich aber so viele Stückchen von der tacktlosen Zudringlichkeit, mit der er den Leuten die Beyträge abzwingt, daß dieser schwache *Nimbus* ganz zerflossen ist, und eben nichts Interessantes übrig bleibt, wenn auch einiges Achtungswerthe. – Lieb Herz, Sie heißen Elisabeth so gut wie ich, und ich war eben ganz betrübt Ihnen nichts geschickt zu haben, als Ihre Liebeszeichen ankamen, – ich lebe in den Tag hinein, und hatte so auch meine Heilige schändlich vernachlässigt, als ich Mittags ein Dutzend feiner Schnupftücher unter meinem *Couvert* fand, – zuerst dankte ich der guten Mama, dann fielen Sie mir sogleich ein, und welche Freude ich mir hatte entgehn lassen, und grade da beschämten und erfreuten Sie mich mit Ihrem Andenken. die Schreibmaterialien mag ich kaum gebrauchen, sie gehn mit der Gelegenheit doch auf, und ich möchte sie gern immer behalten, – wie wunderlich wird es mir seyn mit einer gleichsam glühenden Feder zu schreiben, mich dünkt es kann nur Lava daraus fließen, – Werther hat vielleicht sein Tagebuch mit einer ähnlichen geschrieben, – Aber was sagen Sie von meinem lieben Reuchlin? ein Pietist soll der seyn? bey Gott ist kein Ding unmöglich, außer daß sich Einer selbst die Nase abbisse, aber sonst hätte ich eher das Gegentheil befürchtet, – sein Aeußeres ist so frölich, rasch, entschlossen, seine Unterhaltung so heiter, kunstliebend, mittelalterlich, daß ich immer dachte Helm und Speer würden ihm besser stehn wie der schwarze Rock. – ich habe ihm leider noch nicht geschrieben, will aber nächstens daran, – meine Trägheit ist gränzenlos, Niemand weiß mich *mobil* zu machen, außer Sie. – Ich habe gestern an Jenny geschrieben, und L[evin]s Lob geblasen, – ich sage Ihnen, mit Virtuosität! – er hats gewiß nöthig, der faule Schlingel! – auch des verfehlten Manuskripts (Kerssenbrock) habe ich erwähnt, so kann er den Dank erndten und das Buch dazu behalten. – Ich muß Ihnen auch noch danken, daß Sie bey dem Pakete meinem Ungeschick unter die Arme gegriffen haben, lassen Sie mich doch Ihre Auslage wissen, lieb Herz, denn der Eine Thaler wird fast für Paulinchen drauf gegangen seyn – Von dem Immermanns Album habe ich nur Freiligraths Gedicht gelesen, was seinen früheren nicht gleich kömmt, ich glaube man hat ihn zuviel über seinen glänzenden Styl gehudelt, und dadurch einer Einfachheit zugehetzt, die ganz außer seinem Talente liegt – an das Uebrige konnte ich nicht kommen, da ich das Buch nicht aufzuschneiden wagte, vollends mit Messern die Hermann, mit Aexten und Sensen zusammen, auf der Stallschwelle wetzt, – können Sie mir das Buch später leihen? : den Merlin kenne ich übrigens schon. – Ich bin sehr neugierig auf Ihren Aufsatz, (über Frauenzimmer-Schriftstellerey) und meine dieses sey grade Ihr Fach, in dem Sie gewiß Bedeutendes leisten können, – wenn ich in Münster bin, müssen wir uns einen ganz ruhigen einsamen Abend dafür ansetzen, und ich freue mich recht darauf! Es steht nur bey Ihnen berühmt zu werden, in der Erfindung werden Sie nie bedeutend *excelliren*, aber in jeder Art von Abhandlung gewiß den Besten gleich kommen, z. B. der *Jameson*. – Hierbey fällt mir Adele wieder ein, die so herzlich ihres Besuches in Münster und Aller die sie dort gesehn gedenkt. – Ihnen einen besondern Gruß, – der Bornstedt ganz besonders keinen, »diese Person sey gewesen, sey, und werde seyn gemein und fatal, trotz ihrer großartigen Reden und Pfauenradschlagen, und habe sich zwischen den Uebrigen miserabel ausgenommen«. Adele mag im Götheschen Hause, und auch bey ihrer Mutter, manchen falschen Pathos widerwillig niedergeschluckt, und die beyden alten Belorbeerten sich derb genug darüber ausdrücken gehört haben, das sind so die rechten Orte wo die Bornstedte ihre Schleusen aufziehn; – *NB.* ich habe Jennyn gebethen Nachrichten von Luzern einzuziehn, die aber freylich dann nur Sie und ich wissen dürfen. – Was Sie mir von Schnittger schreiben hat mich weder geärgert noch überrascht, – ich hatte es ihm längst vom Gesichte gelesen. – auch ist Wahres darunter, was ich weder ändern kann noch mag, es ist mir schon in der Kindheit durch meine Erziehung angeflogen, und allmählich zur andern Natur geworden, aber wer sich giebt wie er ist wird immer Freunde und Entschuldiger finden, während das Gegentheil wenigstens innerlich vereinsamt, da der Widerhall eines falschen Anklangs in Freude und Kummer ein leerer trostloser Schall bleibt, der das Herz eher austrocknet als erfrischt – mir wenigstens wäre es so, und ich kann mir nichts elenderes denken, als mich z. B. an Dingen freuen zu müssen die mich kränkten – dergleichen bringen im Leben die *Convenienzen* doch wohl mit sich, und das ist eben ihre dunkelste Seite. – Einen herzlichen Gruß an Luise Delius, der sieht man auch an, daß sie Alles fühlt was über ihre Lippen kömmt, und wo ihr Mund nicht spricht da reden ihre ehrlichen Mienen, deshalb ist sie mir auch so gar sehr angenehm. – wollte Gott ich müßte nichts Schlimmeres zur Schau tragen! – ich möchte überhaupt gern in ihrer Haut stecken, Luise ist auch *le bois dont on fait les anges.* – Sagen Sie mir doch wie es dem Präsidenten Scheibeler geht, es interessirt mich um Ihrer Nanny willen – ich denke besser, weil Sie seiner gar nicht erwähnen. – Mein Mütterchen ist jetzt in Münster, möchte Sie gern besuchen, wenn es seinen nothwendigen Gängen so viel Zeit abzwacken kann, und ich schreibe Ihnen zwischen Elf und Zwölf, bey einem tief tief herabgebrannten

Lichte und dem einsamen Ticken meiner Uhr, – draußen schneits ein wenig – ich habe eben das Fenster geöffnet, und die Bäume rauschten mir so hohl und feucht entgegen, daß mich dünkt ein Gespenst von gutem Geschmacke kann unmöglich zu Hause bleiben. – das sind echte *Cæcilia*-Abende für die Eulen, – wären mehr als Eine hier in der Nähe, so würde ich auch mehrere hören, jetzt habe ich an dieser Einen genug, und will zu Bette gehn, denn im Zimmer ists kalt, mein Ofen, in den ich eben geguckt, so öde und düster wie ein Todtenkeller, – grauen Sie Sich nicht? – ich kann mich nicht grauen, und das ist mir von Herzen leid, nichts Angenehmeres wie so ein kleines poetisches Haarsträuben! – Gute Nacht, mein lieb Kind, – ich hoffe Sie träumen ganz andre Dinge, von Lichterglanz, und schöner schöner Musik, weit schöner wie sie mit Holz und Pferdehaaren hervor zu bringen ist. – Sie waren doch im *Concert*? – Viele Grüße an Schlüters, sagen Sie diesen lieben Leutchen soviel Herzliches von mir als Ihnen nur einfällt, es wird immer richtig seyn. – gute Nacht, mein klein Thierchen.
Ihre Annette.

[Adresse] Der / Frau Oberregierungsrathin Rüdiger / geborene Freÿin von Hohenhausen / Hochwohlgeboren / in / Münster / auf der Rothenburg.

10

[Rüschhaus, den 27. November oder 4. Dezember 1842.]
Rüschhaus, Sonntag.

Ach, liebes Elischen, ich wollte Sie hätten mir die Gedichte nicht geschickt, und noch mehr wünschte ich, Sie und Ihr liebes Tantchen hätten sie selbst nicht! – Der junge Mann ist Ihnen befreundet, – er brennt wahrscheinlich von schönem jugendlichem Lebensmuthe und Dichterhoffnungen, denen man so gern Erfüllung wünschen möchte, – seine Tendenz ist so ehrenwerth – und doch ist sein poetisches Talent so gar gar gering, daß Sie Beyde Sich werden Ihre Nägelchen halb abkauen müssen, um Ihre Kritik so zwischen Süß und Sauer durchschlüpfen zu lassen. – Ich, meinerseits, glaube ich, würde mich damit begnügen, ihm die häufigen Sprach- und auch nicht seltenen Vers-fehler zu verbessern, nebst dem Rathe, sich fortan mehr zur Prosa zu halten, die, einige sehr verfehlte Stellen ausgenommen, ihm im Ganzen doch mehr zuzusagen scheint. – Auch über den Sonettenkranz ließ sich wohl etwas Angenehmes sagen, hätte ich ihn allein oder wenigstens zuerst gelesen, so hätte sich meine Ansicht vielleicht ganz anders gestaltet, vieles darunter sticht fast so grell vom Uebrigen ab, wie das von Sch[ücking] geschickte Gedicht der Michels von ihren früheren Produckten. – ich habe einen Zeddel dort eingelegt, damit Sie Sich den mir entwischten guten Eindruck, ohne langes Blättern, zu Nutze machen können wenn Sie wollen. – der andre (erste) Zeddel ist ein Warnungszeichen, »Gedichte lyrischen Inhalts« – damit müssen Sie ja nicht zuerst anfangen; – das Uebrige sind Idyllen (*versificirte*) und zwar ein sehr großes Uebriges, denn es nimmt reichlich die erste Hälfte des Ganzen ein – *Punctum* hiervon! lesen Sie Selbst! –

Die Erzählung Ihrer lieben Mutter habe ich dagegen mit großem Vergnügen zu Ende gelesen, aber ganz zuerst, weil dies mich zumeist *interessirte*, und daher kömmts, daß, nachdem ich mir nachträglich das *Album* und den Beda in den Kopf gepfropft hatte, ich im Augenblick des Schreibens darauf vergessen konnte, es fiel mir aber gleich ein wie der Brief fort war, und ich hätte ihn gern wieder gehabt – die einfache Klarheit der Darstellung, die ernste reine Tendenz, haben mich in dieser Erzählung ungemein angesprochen, und ich bedaure nur daß sie so kurz ist, obwohl sie keine Lücken läßt, aber doch gar viel freyes Feld, was man noch von einer so guten Feder beackert gewünscht hätte. – Nun aber, mein klein Herz, Sie sind mir böse gewesen? – das hat mich hintennach recht erschreckt, – lieber Gott! ich bin so ungeschickt, so wenig gemacht mit einem so zarten Wesen wie Sie zu verkehren, daß ich mich selbst prügeln möchte, wenn ich mich nur klüger damit schlüg, – Mein lieb Thierchen, wenn ich dergleichen wie neulich sage, dann ists, aufrichtig gestanden, auch nur Eifersucht, – meine Liebe ist aber so empfindlich, und viel tyrannischer als die Ihrige, ich möchte Sie gern sehr an mich reißen, und wenn mir dann einfällt, wie viel tiefer in der Natur gegründet andere Ansprüche sind, wie ich mir, vernünftiger Weise, gar nicht einbilden darf ihnen die Wage zu halten, dann kann mich *momentan* eine unmuthige Trauer überkommen, die Sie mir nicht zu streng anrechnen dürfen; – hätte ich Sie nicht so lieb dann passirte es mir nicht. – Sie wissen gar nicht was Sie mir sind, Elise! –

Schlüters poetischer Zorn ist allerliebst, – war es Ihr Exemplar oder ein ihm eignes? im ersteren falle würde es sich zum Tragi-komischen neigen, und ich hätte ein *Logenbillet* darum gegeben hintennach sein verlegnes Gesicht zu sehen; grüßen Sie ihn herzlich, – Gott gebe daß ich vor Freitag kommen kann, mein Befinden gefällt sich wieder in allerley Unregelmäßigkeiten, und durchkreuzt meine Vorsätze nach Belieben. – Was Sie von der Bornst[edt] schreiben ist wahrhaft furchtbar, – ich meine von wegen des Wiederkommens, – ich kann es mir nicht denken, sie geht ja überall besser hin, – überall wo man von ihrer *manquirten* Heurath nichts weiß, und sie nicht mit zwey Dritteln der Gesellschaft *brouillirt* ist. – unter diesen Umständen nach Münster zu kehren, würde weit über die Kräfte meiner christlichen Demuth gehn, und der ihrigen traue ich eben auch nicht mehr zu. – Sie meinen ihr Nikolaus belüge Sie? – ich glaube vielmehr alles Lügen hat ein Ende gefunden, Alle sind gegenseitig im Klaren, und jener Brief ist nur ein Versuch den, in jeder Beziehung unvermeidlichen, Rückzug möglichst anständig zu *motiviren*. – hierbey fällt mir das Morgenblatt und die Gall ein, – jene Aehnlichkeit muß wohl wirklich da seyn, denn sie hat mir unter dem Lesen (gegen meinen Willen, ich hätte die Gall gern gerettet) immer deutlicher vor Augen geschwebt, – klüger ist die Gall, auch feiner, aber ihre Erzählung rollt doch auch zumeist um Herrn, die sich ihr zu Gefallen fast auf den Kopf stellen. – auch in der »Maske« ist die Seelenverwandtschaft nicht zu verkennen, – dieselbe Freude an *Salons*geschichten und kleinen Schlauheiten. – ist sie einigermaßen hübsch und angenehm, so könnte sie L[evin] sehr gefährlich werden; – ob es zu wünschen wäre? – vielleicht! – unter zwey Uebeln das kleinste! – aber was sagen Sie zum »Torfteufel«? (Morgenblatt) – der Stoff ist so mager daß er fast gar nicht vorhanden ist, aber die Behandlung doch höchst humoristisch, und zwar in dem trocknen schwerfälligen Humor, der meiner westphälischen Masse grad am meisten zusagt, – keine geistreichen Witze, keine *Pointen*, wo der Schriftsteller heraus guckt, sondern nur die reine Lächerlichkeit der *Situation*, der unfreywillige Witz der Albernheit. – haben Sie mehr vom Verfasser gelesen? – können Sie mir sagen wie er sich in einem ergiebigerem Felde macht? – Sternbergs Alfieri scheint mir sehr glücklich für den Theatereffeckt berechnet, übrigens geziert und natürlich durcheinander, (mich dünkt er hat *Shakespeare* sehr im Auge gehabt) – man ließt sich aber auf die Stelzen hinauf, und als mir, mit dem ersten Ackte, die Thür vor der Nase zugeschlagen wurde,

war ich grade nahe daran ihn doch recht hübsch zu finden. – NB. meine Mutter hat in dem überschickten *Manuscript* gelesen, – die ersten 10–12 Blätter, – und das was mich vielleicht ungerecht ungünstig stimmte, die veraltete *Hexameter*-Form, und der gleichfalls veraltete Voßens-Luisenstyl, hat bey ihr sehr angenehm gewirkt; – sie hat sich nur an einzelnen Ausdrücken gestoßen, und sonst mit Vergnügen gelesen. – freylich thun die Erinnerungen der jugendfrischen, lustigen oder romantischen Stunden, in denen sie Aehnliches gelesen, viel dazu, doch mag es uns Jüngeren eben so gehn, auch unsere Freuden und Begeisterungen schlafen in den neueren Formen; – *adieu*, eben tritt die Bückersche ins Zimmer, Brief und Paket zu holen, – Gruß an Tante Ittchen. –
Ihre ganz treue, und Sie ganz ganz
lieb habende Annette.

II

[Rüschhaus, den 21. März 1843, Dienstag.]

Die Bückersche hat mich gestern in große Angst versetzt, – Gott! wäre ich doch gesund und bey Ihnen! – wie [...] anderes denken, und bin desperat, daß ich grade jetzt auch liegen muß, wo ich Ihnen doch gewiß auf die eine oder [...] wenn ich nur herüber dürfte, – Ihr trüber Brief hatte zwar einen tröstlichen Nachsatz, und ich hoffe wir haben [...] Reelles zu befürchten, aber es ist schon betrübt genug, daß es so viel ausstehn muß, und dieses Zu[...] verdorben und von allen Seiten getrübt wird. – Mir ist, seit drey Tagen, bedeutend besser, und ich fang [...] Fortgang der Genesung zu hoffen, – sobald ich kann komme ich – ich muß nur leider sehr vorsichtig seyn, [...] die mich so herunter gebracht haben, und die der kleinste *Diæt*- oder *Subordinations*-Fehler her [...] So eben bringt ein Bothe von Hülshoff gute Nachrichten, – Linchen hat einen Knaben [...] neunten, Alles ist sehr glücklich gegangen – Mama geht Morgen hin, und bleibt zur Kind[taufe...] ihren tiefsten[?] *Choq* nach[.] vorüber ist – um halb drey.

[Von der Adresse des abgeschnittenen Blattes noch lesbar] Regierungs Räthin Rüdiger geboren

12

Hülshoff, Dienstag 9ten May 43.

Gestern erhielt ich Ihren Brief, mein lieb Herz. und bin gleich Ihrem Wunsche nachgekommen, – wenn das Gedicht so schön wäre, wie es aus einem vollen Herzen kömmt, so müste es Eins meiner besten seyn, ich fühle aber, daß es Manchem zu einfach, zu sehr im gewöhnlichen Redetone scheinen wird. Sie aber, die Sie Ittchen wohl noch lieber gehabt haben wie ich, begreifen wohl daß ich nicht anders konnte. – sie stand mir zu nah, und unser Verlust ist zu neu, als daß mich nicht jede pompöse Floskel, die mir etwa zufällig in die Feder lief, hätte anekeln sollen. – Ich weiß Sie denken wie ich, ob aber der Herr Püttmann, das ist eine andre Frage, und Sie müssen Selbst wissen, ob Sie ihm das Gedicht schicken oder nicht. – im letzteren Falle habe ich es für Sie gemacht, als ein Zeichen meiner Liebe und Theilnahme, im ersteren möchte ich Sie bitten gleich unter dem Titel Geburts- und Sterbejahr zuzusetzen, auch möchte es nicht überflüssig sein in einer Anmerkung einige ihrer gedruckten Arbeiten, z. B. Erzählungen, anzuführen, da diese am Rhein wahrscheinlich wenig bekannt, und manche Andeutungen deshalb unverständlich seyn möchten. – Ueber das, allerdings sehr flüchtig geschriebene, Stammbuchblatt lasse ich Ihnen ebenfalls freye *disposition*, – es ist ansich ohne poetischen Werth, das kümmert mich aber nicht, sobald Sie glauben dieses öffentliche Zeichen meiner Anhänglichkeit würde Ittchen, wenn sie noch lebte, freuen. – nur müßte dann, in der vorletzten Zeile, das Wort »immergrün« durch »wandellos« ersetzt werden, da auch im Nachrufe von »immergrünem Sinnlaub« die Rede ist. – vergessen Sie dies ja nicht, es sieht sonst aus wie eine ärmliche Widerholung, und schadet beyden Gedichten mehr wie sie vertragen können. Ich bin wieder zwey Tage recht unwohl gewesen, lieb Herz, jetzt zwar besser, doch will Werner von meiner morgigen Rückkehr nach Rüschhaus nichts hören, behauptet ich würde mich todtkrank machen, und es wird somit theils von meinem morgigen Befinden theils vom Wetter abhangen, ob ich meinen Kopf durchsetze oder nicht. – Ein Brief von Ihnen hierhin könnte also leicht Gefahr laufen sehr spät oder gar nicht anzukommen, da ich vielleicht schon fort bin wenn dieser Bothe zurück kömmt, wo Linchen dann, da selten Gelegenheit nach Rüschhaus ist, die Briefe in ihren Schreibtisch legt, und mitunter ganz darauf vergißt. – das arme Ding hat den Kopf so voll, daß man es ihr nicht verargen kann. – Warten Sie mit Brief und Besuch, bis ich Ihnen von Rüschhaus meine Ankunft wissen lassen, was gleich am nächsten Tage geschehn soll, und zwar hoffentlich jedenfalls noch binnen dieser Woche. Sie müssen aber schon vorläufig schreiben, damit die Bückersche nicht leer zurück kommt, denn meine *Annonçe* wird doch schwerlich viel zu beantworten enthalten, vielleicht sogar nur mündlich seyn, da ich gewiß todtmüde ankomme. –

Meine Mutter hat Nachricht von den Ihrigen, der Onkel Fritz ist gottlob keineswegs krank, dringt aber sehr auf unsre Herüberkunft – ich denke es zieht sich noch eine Weile hin, meine Mama scheint mir durchaus nicht eilig. – ich bin ganz gern dort, mag aber auch nicht fort, – mir fehlt die *Illusion* der Jugend Alles wieder auf dem alten Flecke zu finden, – Nur Monate Trennung, und es ist so Vieles anders geworden, wie Einer, der sich so allmählich mit hinein gelebt hat, uns gar nicht nachfühlen kann. – O Scheiden! Scheiden! wie viele Verse und Prosa sind über dich ergangen, und noch immer nicht genug! – das angenehme Scheiden, z. B. von Krankheiten, engen Schuhen, und lästigen Gästen, nehme ich aus, doch müßten letztere sehr schlimm seyn, wenn nicht mahl eine Zeit kommen sollte, wo man sie, wenigstens auf eine Viertelstunde, wiedersehn möchte, die Erinnerungen jüngerer und weniger enttäuschter Jahre steigen täglich im Werthe, und es giebt kaum ein so schlimmes Gesicht das nicht irgend ein liebes zum Gesellen hätte. – Es ist kläglich, daß mir hierbey die Bornstedt einfällt – sie hat es also verstanden die *Lombard* zu entzücken? – meinetwegen! – ich wollte ihr Schweizer wäre ein Engel, und sie erbte *Millionen*, mit der Bedingung Beydes recht weit von uns zu *consumiren*! – und doch könnte es kommen daß mir unter Fremden, in einem Anfalle von Heimweh, ihr Gesicht wie ein Stern aufgieng. – *NB.* Jenny schreibt »dein Gedicht auf unser Glaserhäuschen, was im Morgenblatte steht, macht hier viel *Sensation, et cet*« – Wie ist das? ich habe es ja gar nicht eingeschickt? L[evin] war anfangs sehr dafür, nachdem er aber seinen Namen in »Eugen« verändern muste, dagegen. – Sie halten ja das Morgenblatt, es wird dort wohl »die Schenke am Berge« heißen. – L., der eine Abschrift besaß, muß es jetzt eingeschickt haben – um das Honorar zu vermehren? – das will ich doch nicht glauben! – vielleicht hat er dem Morgenblatt Beyträge versprochen, zu denen ihm Zeit und Lust gefehlt, und *faute de mieux* ihm vorläufig hiermit den Mund stopfen wollen. – Ich habe übrigens hier, außer dem Ihrigen, noch keinen Brief erhalten. –

Liebes Herz, wünschen Sie, der Gesellschaft halber, daß ich in Zukunft dem Cölner *feuilleton* steure, so schreiben Sie der *Redaction*, für den Augenblick könne ich keine Gedichte liefern, (außer dem Nachrufe) da ich eben daran sey sie zu sammeln und folglich die einzelnen nicht zu sehr (vorher) veröffentlichen dürfe, – nachher aber sey ich nicht abgeneigt die späteren Nachzügler, wenigstens theilweise, dem *feuilleton* einzusenden« – *adieu*, mein liebes Lies, – ich möchte Ihnen gern Alles recht machen, wenn ich es nur träffe – ich schieße leider die meisten Mahle vorbey. – aber meine Liebe ist Ihnen doch immer recht – nicht wahr.
Ihre treue Annette.

[Am Rand] Gruß an Luischen – Gruß an Nanny. –

13

[Abbenburg, Juli 1843]

[...] äußerlich und innerlich, so Vieles in ihr umgestaltet, wofür sie, in unserm früherem Zusammenleben den Berührungspunkt bey mir nicht zu finden wußte, daß ein persönliches Zusammenseyn durchaus nötig geworden sey, um die alte Liebe nicht zu verwirren, und uns wieder klar gegen einander zu stellen« – Begreifen Sie, Elise, daß mich bey dieser Feyerlichkeit ein kleiner Schauder überläuft? – mich, die zwar Gott täglich bittet ihre Fehler zu mäßigen und ihre Schwächen zu leiten, aber sich zu dieser *religiosen* Höhe, auf der ich Malchen jetzt vermuthen muß, durchaus nicht hinauf schwingen kann. – Gott behüte mich nur vor Heucheley in einer so heiligen Sache! – ich fühle denn doch daß ich gar leicht halbwegs hinein kommen könnte, aus Scheu eine so überzarte Seele zu verletzen; – ich bitte, seyn Sie aber hierin verschwiegen wie das Grab, vor allem auch gegen Ihre liebe Mutter und Tante Minna, – es ist nämlich höchst wahrscheinlich, daß Malchens Schwester, Hanne, mit diesen in nähere Beziehung treten wird, – sie gehört demselben engeren Kreise an, in dem sich Ihre liebe Mutter in Cassel bewegen wird, und ich würde mich wirklich sehr grämen, wenn ein von mir über Male gesprochenes Wort je dorthin gelangen könnte, – ich bin Malen alle Treue und die tiefste Verschwiegenheit schuldig, und es ist schon unrecht, daß ich gegen Sie, mein Herzblatt, keinen reinen Mund über meine geheimen Empfindungen halte. – Die Hanne Hassenpflug werden Sie übrigens nächstens Selbst kennen lernen, sie wird uns in Rüschhaus besuchen, und fast mit uns zugleich dort ankommen, da mögen Sie dann Selbst entscheiden, ob sie Ihnen für den näheren Umgang Ihrer verehrten Mutter passend scheint. – sie ist so heiter wie die Male ernst, – eben so rund und wohlhäbig von

Aeußerem, wie Jene schön, düster und gleichsam *ascetisch* – ist recht gescheut, und unterhaltend, recht brav, sehr unvorsichtig im Reden (dieses vorläufig zur Warnung) und weiß Einem (wie ich glaube ohne Absicht, nur um das Gespräch zu *animiren*) auszufragen ehe man's denkt; – dabey ist sie strenge Protestantinn, und läßt sich gar gern in theologische Abhandlungen ein; – doch Sie werden Sie ja selbst sehn, und vielleicht gefällt sie Ihnen sehr, wie sie denn auch wirklich viel Lobenswerthes hat – namentlich Verstand, Gutmüthigkeit, und heitre Laune, und nur Einen großen Fehler, Mangel an Verschwiegenheit, den ich jedoch nicht Klatscherey nennen mag, da sie, wie ich glaube, arglos schwätzt, nur um als alte Jungfer sich wenigstens durch Unterhaltsamkeit angenehm zu machen. – auch hiermit muß ich Sie aber bitten vorsichtig zu seyn, denn die Hanne legt großen Werth auf das Urtheil Andrer, und wird nachher in Cassel nicht rasten, bis sie haarklein erfährt was von Münster über sie verlautet. – ich habe selten zwey so unähnliche Schwestern gesehn! – Wie es sich mit unserer Schweizerreise näher gestaltet, läßt sich nur bestimmen wenn wir erst wieder in Rüschhaus sind, doch hoffe ich sicher, wir kommen noch im September fort, – meine Tante Arnswaldt können wir jetzt täglich erwarten, und sie bleibt nur acht Tage, so denke ich, sind wir wenigstens gegen Mitte Augusts wieder zu Hause und haben übrig Zeit zum Ausruhen und zum Packen; – den schlimmsten Streich könnte uns das Wetter spielen – d. h. Ihnen, denn uns, die wir den Weg nur als nothwendiges Uebel betrachten, kömmts nicht viel darauf an, ob wir die Burgen und Felsen für dieses mahl in der Strahlenkrone oder Nachtmütze sehn, aber Sie, lieb Herzchen, wären dann schmählich angeführt, um Genuß und Erinnerung betrogen, und ich könnte blutige Thränen darüber weinen, – doch ich denke wie Herr Wilmsen »die Wolken müssen sich endlich müde regnen« und der September wird doch seinen 5000jährigen guten Ruf zu retten suchen. – Daß man von der Bornstedt nichts hört ist zwar einerseits bequem, anderseits aber doch beängstigend – es kömmt mir aber vor, als hätten bey meiner Abreise irgendwo die Glocken geläutet, sie werde zur Tante Bismark gehn – Glaublich wär's wohl, denn da die Tante sich soviel mit der Brautgeschichte befaßt, und gleichsam Luisens Ehre zu ihrer eignen gemacht hat, kann sie, dünkt mich, jetzt kaum umhin, sich durch eine Aufnahme mit offnen Armen vor denen die sie verhöhnen zu heben. – und der Bornstedt muß dies doch jetzt auch als ein köstliches Asyl erscheinen, – die Zeiten der Wahl sind vorüber. – Aber dann sollen Sie sehn, Elise, dann erleben wir eine zweyte *Conversion*, einen *eclatanten* Rückschritt, vor dem Altare wie mit der Feder, – Ludgerus und Catharina werden in den Bibliotheken ein angstvolles Leben führen, während ihre Nachfolger umher stöbern, um ihnen, wie Magnaten vor der Hinrichtung, die *Decoration* abzureißen. – Nennen Sie das eine Posse oder eine Tragödie? – Mir wär's übrigens gleich, wenns so kommen sollte, sie kann ziemlich alle Religionen durch*changiren*, ohne sich sonderlich zu versündigen, – Ueberzeugung giebt's nicht bey ihr, nur Phantasie, und der muß sie, selbst wider Willen, folgen. Wir bekommen hier eine Menge *Journale* – die Modezeitung – das Morgenblatt – den Telegraphen – Vaterland – Ausland – Königsberger Litteraturblätter – Wenn ich sehe, wie so Alles durcheinander krabbelt um berühmt zu werden, dann kömmt mich ein leiser Kitzel an meine Finger auch zu bewegen – Geduld! Geduld! – – aber wenn ich dann wieder sehe, wie Einer kaum den Kopf über dem Wasser hat, daß schon ein Anderer hinter ihm einen Zoll höher aufduckt und ihn niederdrückt, – wie Heine schon ganz verschollen, Freiligrath und Gutzkow veraltet sind – kurz, die Celebritäten sich einander auffressen und neu *generiren* wie Blattläuse, – dann scheint mirs besser die Beine auf den Sopha zu strecken, und mit halbgeschlossenen Augen von Ewigkeiten zu träumen. – mir kömmt ein stattlicher Bürger vornehmer vor, wie ein verjagter und mit

Koth beworfener König, und ich finde nichts kläglicher als einen *çidevant* berühmten Poeten dem jetzt jeder räudige Kläffer nach den Waden fährt – Sie glauben nicht wies mich ärgert, Freiligrath schon so häufig als »ephemere Glanzerscheinung« »Seifenblase die geplatzt ist« *et cet* bezeichnen zu hören, und doch kommen diese Stimmen von allen Winden, und es ist förmlich Mode sich von ihm loszusagen – der arme Winterkönig! der doch gewiß gemeint hat mit achtzig Jahren in seinem *Dictator*-Mantel schlafen zu gehn! – Ach, Elise, Alles ist eitel! was hilfts mir, daß die Buchhändler meinen auch mich kurze Zeit dem Publikum als Zugpflaster auflegen zu können, um mich nachher, wie eine verbrauchte spanische Fliege, bey Seite zu werfen, – Das Abendblatt hat mir Anträge gemacht, recht vorteilhafte – »das gewöhnliche Honorar sey zwey, höchstens drey *Louisd' ors per* Bogen, ich könne aber darüber hinauf fordern, so hoch ich wolle, die Bedingungen seyen lediglich mir selbst anheim gestellt, *et cet*, – ferner »Ich dürfe nicht zürnen, wenn es mich dem Publikum vorläufig als Mitarbeiterinn zu bezeichnen wage, und nur ein bestimmter Befehl meinerseits könne es daran verhindern« – Ich habe bis jetzt weder Zeit noch Lust gehabt den Brief zu beantworten, – vor zwanzig Jahren würde er mir den Kopf verrückt haben, jetzt sehe ich schon *en perspective* den Augenblick, wo man sich meine Beyträge verbitten oder auf den geringsten Preis herab drücken würde – so steht mein Entschluß fester als je, nie auf den *Effect* zu arbeiten, keiner beliebten Manier, keinem anderen Führer als der ewig wahren Natur durch die Windungen des Menschenherzens zu folgen, und unsre blasirte Zeit und ihre Zustände gänzlich mit dem Rücken anzusehn, – ich mag und will jetzt nicht berühmt werden, aber nach hundert Jahren möcht ich gelesen werden, und vielleicht gelingts mir, da es im Grunde so leicht ist wie Columbus Kunststück mit dem Ey, und nur das entschlossene Opfer der Gegenwart verlangt; – Lassen Sie uns hiervon abbrechen, und auf *Ordinaires* zurück kommen – doch noch

Eins: Wissen Sie daß Menzel, der Freiligrath *en bagatelle* behandelt, und Schücking *ignoriert*, lobt – Wen? – L. Wiese's Mährchenwald und Beda Weber (den Schlüter in den Ofen gesteckt) – *Punctum!* – Tony Galieris hat kürzlich geschrieben, sie ist noch ohne Stelle, meint aber immer noch nur die Hand ausstrecken zu dürfen, und schreibt ganz ruhig, »wenn ich nun diesen Herbst eine Stelle annehme« – das ist auch ein starker Glaube in Israel! und ich hoffe daß er Berge versetzen wird sonst sehe ich nicht wohinaus, mit so vielen verfeinerten Bedürfnissen, und so gar Nichts ihnen genug zu thun. – Lieb Herz, glauben Sie nicht, daß ich aus Mangel an Theilnahme den Inhalt Ihres letzten Briefs so wenig berührt habe, – was Sie betrifft ist mir wie ein Tropfen meines eignen Bluts, aber ich bin, wie Sie wissen, etwas furchtsam mit Dinte und Papier, und wage höchstens mich selbst auszusetzen, die durch eine freye Stellung (verhältnismäßig) und etwas harte Haut geschützt wird. – Das Geschwätz jener heiligen Frau will mir doch fast *malitieus* vorkommen, – ich halte sie für nicht dumm genug zu so großer Unvorsichtigkeit, und es juckt mir in den Fingern sie ein Bischen aus den Sattel zu heben. – Mit Ihrem Briefe seyn Sie übrigens doch zufrieden, er war ja sehr gut, aber Sie gehören zu den über*scrupuleusen* Personen, die Alles Geschriebene hintennnach gereut, außer wenn Sie es nicht genau mehr erinnern, und ich bin gewiß, wenn man Sie verpflichtete jeden Brief acht Tage liegen zu lassen, so würde nie einer abgeschickt, – aber daß Sie leiden, mein kleines einziges Herz, weiß Gott, daß thut mir weher als obs mir selbst geschähe, und wenn Sie Sich nach mir sehnen, so thue ich es doppelt, für Sie und mich zugleich. – Geduld! die paar Wochen gehn auch hin, und wie wollen wir uns dann freuen und wohl seyn lassen in Ihrem oder meinem Stübchen! – Lieb Lies, wissen Sie wohl, daß Sie jeden Abend im Bette bey mir sind? Das ist meine Haupt-Elisenzeit, – wenn ich das Licht gelöscht und die Augen halb geschlossen habe, dann wird ihr gutes Gesichtchen oft fast so deutlich wie eine Vision, und ich sage Ihnen Alles was mich den Tag bedrängt hat, – klage, schimpfe, lache – wies fällt, – ein Stubenkamerad müßte mich für verrückt halten, und ich denke oft selbst nicht viel besser von mir. *adieu*, mein einzig Lieb. – kommen Sie doch ja gleich wenn wir in Rüschhaus sind, auf der Rückreise werden wir, so nahe bey Hause, schwerlich in Münster anhalten, aber den andern Tag werde ich Frau Bücker mit einem Silbergroschen beflügeln. Ihre treue Nette.

15

[Rüschhaus, den 4. und 5. September 1843. Montag und Dienstag.]

Rüschhaus, Montag d. 4. Septem. 43.

Ich bin heute allein, mein Liebchen, und so träge, daß ich mich höchstens zu einer angenehmen Anstrengung entschließen kann, was soll ich da Lieberes wählen als Ihnen zu schreiben? – Sehr ernst und eigen gestimmt bin ich auch; denn ich habe gestern und heute bis Mittag Papiere durchgesehn und verbrannt, und damit manches Stück Vergangenheit hinter mir geworfen, was, freylich schon seit Jahren mit Gras überwachsen, doch unter dem Lesen wieder so frisch aus dem Grabe stieg, daß ich wollte, ich hätte lieber blind zugebrannt, dann wäre es wenig gewesen, – jetzt ists mir wie ein halber Mord – man ließt alte Briefe so selten, und thut für seine Ruhe wohl daran, denn es giebt nichts Schmerzlicheres. – die Todten bekommen wieder Seele und Leib, – wir müssen sie zum zweiten Mahle begraben, – und die Lebenden älter und kälter Gewordenen sehen uns frisch und jugendwarm an, berühren so hundert kleine längst vergessene Stichworte, bey denen uns doch einmahl das Herz gewaltig gepocht hat, daß wir über sie und uns weinen möchten, daß wir miteinander so ledern geworden. – Was ist aus meinen Jugendfreundinnen geworden? – die Eine Hälfte ist ganz in Haus, Wirthschaft, Mann und Kindern aufgegangen, – die Andre jetzt grämliche alte Jungfern, an denen weder Götter noch Menschen Freude haben können, und in denen nicht mehr Poesie ist wie in einer getrockneten Pflaume. – es ist doch gut wenn man die Leute nicht zu früh kennen lernt! das Verblühen des, sowohl körperlichen wie geistigen, Jugenddunftes ist gar zu schmerzlich mit zu erleben, und am Ende wüßte man doch mit den jungen Dingern nichts anzufangen, wenn sie wieder so neben

Einem ständen, und wäre weit entfernt, sich mit ihnen zu liieren, – Euch Drey die ich noch habe – Sie, mein Bestes und Liebstes, – Adele, und Male Hassenpflug, – habe ich, Gottlob, in einer Reife kennen gelernt, die lange Jahre vorhalten kann, – hoffentlich für immer – obwohl Sie eigentlich hierbey sehr zu kurz kommen können – denn sie sind gar jung gegen mich, und es kömmt vielleicht uns Beyden eine Zeit, wo Sie, Selbst noch im Besitz aller Fähigkeiten, mich als eine arme bröcklichte Ruine nur mit Mitleid und Nachsicht ansehn, und dabey mehr leiden werden als ich selbst – Mir ists mit Manchem so gegangen, denn ich habe mich früher immer gern zu Aelteren gehalten. – Mein armer alter Sprickmann! – Doch genug hiervon! – »Laßt die Zeit kommen wie den Tod« – der obendrein vielleicht früher kömmt, und die ganze Jeremiade überflüssig macht, aber mir war nun mahl so zu Muthe, und gegen Wen soll ich mein Herz entladen, wenn nicht gegen Sie, mein anderes Ich, oder vielmehr meine abhanden gekommene Hälfte, da Sie grade Alles haben, was mir fehlt, und was mir so wohl thut, als eine Art von Eigenthum in Ihnen an mich zu schließen. – Gleichgültig bin ich Ihnen vorgekommen? – Lieb Lies! das Herz hätte mir springen mögen, daß ich Sie wieder hatte, in meinem eigenen Rüschhaus (in dem für uns so viele Geister umgehn,) und daß ich dabey denken mußte, »vielleicht noch einmahl so – und nachher, was Gott will und ein rundes Jahr so gnädig ist, uns übrig zu lassen« – aber ich werde leicht schroff, wenn sich die Bewegung in mir zum Unerträglichen steigert. – Ich kann Ihnen nicht sagen, wie mir ist! – ich genieße jedes Abendroth, jede Blume im Garten wie eine Sterbende, – die letzte Schweizerreise hat mich zu viel gekostet! – wären Sie nur die drey Wochen noch hier! wir wollten keine Minute verkommen, keinen Schmetterling unbemerkt fliegen lassen, und für ein ganzes Jahr voraus leben. – Es ist heute recht herbstlich, die Sonne bereits untergegangen, und hat nur ein paar schlechte gelbliche Streifen in den grauen Regenwolken hinterlassen, – in meinem Zimmerchen dämmerts, daß ich kaum die Feder mehr sehn kann, und die Eichen draußen rauschen so feucht und schaurig, daß Einem grauen sollte, und doch dünkt mich, ich wüßte mir nichts Lieberes als hier – hier nur hier – wenns auch nie anders wäre! – ich muß aufhören, lieb Herz, es ist wirklich ganz finster, Mama und Hanne Hassenpflug können jeden Augenblick zurückkommen, und die Bückersche hat mir eben durchs Fensterchen hinauf gerufen, daß sie erst übermorgen geht, also besser, ich zünde kein Licht an, um Sie, mein armes Herz, noch weiter in meine wunderliche Stimmung zu verwickeln, sondern strecke mich auf mein Kanapee, und träume noch ein wenig im Dunkeln, bis es lebendig im Hause wird – es wird mir doch nicht lange mehr so wohl! – *adieu*, lieb Lies, bis morgen. –

Dienstag. Meine Hausgenossen sind gestern ausgeblieben, ob sie noch in Hülshoff stecken, oder in Münster – vielleicht bey Ihnen, – weiß Gott. Sie hatten beyde *touren* vor, wollten aber gestern Abend damit fertig seyn. – die Hanne macht hier *bonne mine a mauvais jeu*, – ich glaube, sie findet Rüschhaus schauderhaft einsam, und hat sich wohl unter einem Landleben so nahe by Münster ganz was Anderes gedacht – eine Art Gartenhausparade, wo man die ganze Stadt vorüber, und die halbe hinein ziehen sieht. – Zudem hat sie sich mich wie mit einem Lichterkranz von gelehrten Freunden umsteckt gedacht, wo sie ihre Lampe nicht übel leuchten zu lassen hoffte, und so oft ich in Abbenburg eines Bekannten erwähnte, war gleich die Antwort da: »mich sollte wundern, wie ich mich zu Dem passen werde!« – ich dachte; »Du lieber Gott!« war aber zu faul ihr zu sagen, daß wir wie auf einer verwünschten Trauminsel wohnten, wo nur Sie zuweilen als Meteor über den See strichen – nun sieht die arme Seele den ganzen Tag aus, als wäre sie zu fest geschnürt, und macht bey jedem Hundegebell Rechtsum auf dem Stuhle, in Erwartung der Abentheuer die nicht kommen. ich hoffe, jetzt in Münster kömmt ihr noch eins oder anderes *Interessante* zu Gesicht, sonst wird sie ihr Postgeld bitter bereuen. – Wie machen es doch Manche, trotz aller Jahre und Täuschungen (die Hanne ist nicht arm an Beyden) so frisch zu bleiben? – so voll Streben, Unruhe, Freude an Plänen, Erfolgen? – im Grunde sind sie doch zu beneiden, und wir thun Unrecht, an Aelteren unangenehm zu finden, was uns doch an der Jugend rührt und freut, – Geistesfrische sollten wir in jeder Gestalt ehren, und wollen sie doch durchaus nach den Jahren *modificirt* haben – die Jugend soll ihr Feuer nach Außen sprühn, das Alter es nach Innen wärmen und leuchten lassen, – die Jugend streben, das Alter das Erstrebte grün und lebendig umranken – Ob diese Forderungen gerecht sind? – Manche haben im Alter noch so blutwenig gefunden (oder behalten können) daß die Gabe mit immer neuer Freude und Sehnsucht zu suchen, nur eine Billigkeit des Schicksals ist, die wir ihnen gern gönnen, und sie eher darum bewundern sollten. – Ich höre Stimmen – die der Mama – jetzt die der Hanne, und fühle mich so roth werden, als hätte sie mir über die Schulter in den Brief gesehn, – ich muß hinüber, sonst kömmt sie hier, und ertappt mich gleichsam in *flagranti.* 5 Uhr. – Die Hanne ist strahlend von guter Laune, – entzückt von Ihnen, von Münster, von Hülshoff, und jedem einzelnen Kinde darin, – meine gute Mama glückselig darüber, und läßt sich zum zehnten Mahle alles Liebe und Schöne wiederholen, was sie an ihren Enkelchen entdeckt hat, so kann ich einige Minuten stehlen, um dieses Blatt auszufüllen, – Ich war im Garten, mein Liebchen, um Ihnen eine andre weiße Rose zu schicken, und – denken Sie! – es ist keine mehr da, der Sturm in der vorigen Nacht hat die letzten entblättert. – es war mir so unangenehm, fast ängstlich – daß ich Ihnen beynahe die kahlen Stengel mit einigen grünen Blättern gepflückt hätte, aber das kam mir doch gar zu trübselig vor. – Ich denke in Meersburg finden wir immerblühende Rosen, und ich gebe Ihnen dann die frischesten vom Strauche, dem Sommer und Winter gleich ist, wie unsrer Liebe ja auch – nicht wahr, mein Herz? – ich habe mir vorgenommen, diese Reise mit ihnen recht aus dem Grunde zu genießen, – nämlich, als Reise mit Ihnen, sonst ist mir der Weg fast überbekannt, sonderlich bis Coblenz, wo ich sonst, bey meinen öfteren Besuchen am Rhein, meiner armen Thielemann so oft entgegen gefahren bin, – das ist auch eine düstre Stelle in meinem Leben; – ich muß Ihnen nochmahl recht von der Thielemann erzählen, – ich habe sie sehr lieb gehabt, ihr hinsichtlich meiner Geistesbildung sehr viel zu verdanken, und doch denkt Jedermann nur an ihre späteren, freylich jahrelangen, gestörten Stimmungen und vergißt, was sie war, so lange sie ihrer mächtig blieb. – in mir soll ihr wenigstens eine treue Erinnerung bewahrt bleiben. Für das Buch danke ich Ihnen – es ist eben die Sand! – schön und wahr im Einzelnen, *excentrisch* im Ganzen – Melchiors »*Candeur*« beschränkt sich wieder darauf, daß er sich bisher ohne Liebe, blos mit schlechten Weibern umher getrieben, und die letzten *Scenen* sind empörend durch seinen fast teuflischen *Egoismus*, den aber, wie ich glaube, die Sand gar nicht heraus gefühlt, sondern vielmehr in ihm das Muster eines tiefen und naturkräftigen Gemüths aufzustellen geglaubt hat. – als ob selbst der Gottesläugner, im Augenblicke vor der Vernichtung, nichts Tieferes und Gewaltigeres zu fühlen hätte als die Wuth der Sinnlichkeit! – doch das ist ächt französisch. – Mouny Robin dagegen wäre als Thatsache höchst psychologisch merkwürdig, als Erfindung ists zu nüchtern, fast läppisch, und dem was Gutes der Art im Deutschen vorhanden ist, gar nicht zu vergleichen. – dieses Gebiet scheint den Franzosen nicht zugänglich, sie verstehn nicht selbst, halb zu glauben, während sie schreiben, darum werdens nur *crasse*, aus dem Ermel geschüttelte Erfindungen, die nur wirken wie schlechte *Decorationen*, oder, wo sie glaubwüdig bleiben wollen, (wie hier) nüchterne Beobachtungen, wo sie selbst den Schleyer so verdünnen, daß Jeder das Licht im Kürbiskopfe dahinter sieht. – Der Deutsche legt dagegen (wenigstens die Neueren) gewöhnlich Etwas von ihm nur halb Bezweifeltes zum Grunde – Etwas, das ihn beym Erzählen mit einem Schauer überrieselt hat, und diesen

Schauer, dieses Schwanken zwischen – geistiger Einfluß? – unerklärte Naturkraft? – unabsichtliche Täuschung? – läßt er auch über seine Leser herrieseln. – Hier ist unser Reich, was wir nur mit den Engländern und Schotten theilen. – *Vivat* die Bückersche! sie hat noch ein Röschen unten am Strauch entdeckt, und mir soeben die Bothschaft mitgetheilt – die Frau hat doch poetischen Sinn! – so erhalten Sie denn doch Eins, – zwar bey recht mattem trübem Abendroth gebrochen, aber sonst ein recht frisches Blümchen für unsre schlechten Zeiten, – wissen Sie, daß ich mich kindisch darüber freue? – oder vielmehr, wissen Sie, daß ich mitunter sehr abergläubisch bin, und es mir fast war, als würden Sie mich nicht wiedersehn, weil meine für Sie bestimmte Herbstrose so unerwartet abgefallen? – Diese ist aber sogar erst halb aufgebrochen! –

Adieu, mein Lies, mein altes treues Herz – und NB – die Hauptsache hätte ich beynah vergessen – richten Sie Sich doch so ein, daß wir gegen den 20ten oder 21ten abreisen können, – das Nähere muß freylich noch besprochen werden, und ich denke wohl mit der Hanne herüber zu kommen. – können Sie mir wirklich ein Kleid und einige Kragen in Ihrem Koffer mitnehmen? – ich weiß sonst nicht wohin damit. – *adieu, adieu*, gute Nacht für Heute, und guten Morgen für die Stunde, wenn Sie diesen Brief lesen. – Mama und die Hanne grüßen herzlich, Ihre treue Nette.

[Am Rand] Grüße an Schlüters, an Nanny, an Luischen, ich hoffe, Alle noch zu sehn – Junkmann und Annchen ja nicht zu vergessen.

[Meersburg, den 18.–22. November 1843. Samstag – Mittwoch.]

Meersburg d. 18ten Novem. 43.

Sie sind jetzt wohl ganz gewiß wieder in Münster, lieb Herzchen, und so gehe ich denn an meine liebste Beschäftigung, die Ihnen zu schreiben. – Ich bin indessen noch keinen Tag von Ihnen getrennt gewesen, alle Nachmittage um drey (außer vorgestern wo es hart regnete) habe ich an unserem Strande gesessen, der mir durch sie so lieb geworden ist, daß keine andere Erinnerung neben Ihrem lieben Gesichtchen dort ein Haarbreit Raum findet – Es hat mich ein paarmahl selbst überrascht, wenn beym zufälligen Zurückblicken mir Einer meiner alten Lieblingsplätze ins Auge fiel, wie ich so alle Tage dran her trotte, als wärens Laternenpfähle oder Rebstöcke, *O Vanitas Vanitatum!* – Ich habe auf unserm Kiesgrund noch schöne schöne Dinge gesehn, und das Herz hat mir ordentlich geblutet, daß Sie nicht da waren, – zweymahl ein Alpenglühen, wogegen das frühere gar nicht in Betracht kam, die ganze Alpenkette wie rothes Eisen, und sonst noch prächtige mir ganz fremde Beleuchtungen, z. B. einmahl die Kuppen der Berge ganz dunkelviolett, der Fuß ebenfalls, und um die Mitte ein breiter Wolkengürtel, in dem das Abendroth den brennendsten Purpur wiederstrahlte, und dann wie ein Lavastrom in allen Tinten wallte, es war unbeschreiblich schön und fremdartig! – auch der See hat noch ein paarmahl sein Bestes gethan an Grüne und Schmelz, und einen Sturm habe ich erlebt, o einen Grospapa aller Stürme! und habe Gott gedankt, daß ich ihn allein überstehn mußte, – es war in der zweyten Woche nach Ihrer Abreise, ich hatte einen langen Spatziergang, weit über Haltenau hinaus, gemacht, und mich eben zum Rückwege gewendet, als ein wahres Teufelswetter losbrach, – ohne Regen nur Sturm, aber um Berge zu versetzen. – bey jedem Ruck faßte er mein dickes wattirtes Kleid, und wollte mich über die Mauer reißen, so daß ich gleich bergan in die Reben flüchten mußte, wo ich mich kümmerlich an den Pfählen fortlavierte bis Haltenau, und dort wie ein verunglückter Luftballon ins Haus mehr plumpste als flatterte, nämlich mit halbem Ueberstürzen, was sich wahrscheinlich eher mitleidswerth als graziös mag ausgenommen haben, die dicke Rebfrau konnte auch mit ihrem »bhütis Gott! bhütis Gott!« gar nicht aufhören, und meinte, sie würde jetzt »um fünf Gulden nicht über die Mauer nach Meersburg gehn« – was half das Alles? ich mußte doch nach Hause, obwohl das Wüthen draußen mit jeder Minute ärger wurde, – so gieng ich wieder los, und versuchte als letzten Ausweg mich gleich den Berg hinauf zu arbeiten, wo ich, schlimmsten Falls, doch nur bis in die nächsten Rebpfähle geschleudert werden konnte, – freylich, wenns mit *Vehemence* geschah, immer gefährlich genug, und zudem hätte ich, wie Sie wissen, Klippenwände passiren müssen, – vielleicht wars gut daß der Versuch mislang, – es war keine Möglichkeit, bey jedem Schritt höher konnte mich der Wind derber packen, ich mußte mehr kriechen als gehn, und bey jedem Ruck niederhocken, um nicht weggerissen zu werden, – also wieder bergab! – doch blieb ich zwischen den Reben, etwa dreißig Fuß über dem Mauerwege, – es war eine gräuliche Arbeit, – ich habe über eine Stunde gebraucht, – die meiste Zeit saß ich in einem Klümpchen dicht zusammen, und wartete die Pausen der Stöße ab, um dann zehn oder zwölf Schritte voran zu arbeiten. – was wir zusammen erlebt haben kann Ihnen nicht mahl einen schwachen Begriff davon geben, – aber der See war unbeschreiblich schön, so durchsichtig und in allen Farben wechselnd, wie ich davon vorher keinen Begriff gehabt, – die Sonne warf durch Wolkenlücken ein prächtiges falsches Licht darauf, und ich wurde fast geblendet durch das Blitzen der Springwellen, die unter mir wie eine endlose Reihe *Fontainen* aufstiegen, und zwar nicht wie wir es kennen nur diesseits der Mauer, sondern wenigstens vierzig Fuß höher, weit über mir und meinen Rebstöcken, niederplatschten, so daß ich nach ein paar Minuten keinen trockenen Faden mehr am Leibe, und mein Rock sich in einen gefüllten Schwamm verwandelt hatte, der mich niederzog wie Bley. – Ich kann Ihnen sagen, Elise, daß ich froh war, als ich das Thor über mir und meine bedenkliche Fahrt sich in eine klatrige durch die Unterstadt verwandelt hatte. – noch einmahl hatte ich einen schweren Stand, die Stiegen hinauf, wo der Wind wieder alle Macht hatte, und besonders auf der langen schmalen Brücke über den Mühlrädern, wo ich einmahl keinen andern Rath wuste als mich platt hinzuwerfen, und doch wohl herab geweht wäre, wenn nicht der Müller, der auch grad genöthigt war die Brücken zu passiren, mich am Boden festgehalten und dann auch die letzte Stiege hinauf geleitet hätte, Als ich ins Schloß kam, schnatternd, und einen nassen Streifen hinter mir lassend wie ein geschwemmter Hund, – ward ich auch empfangen wie ein armer Hund, – es mislang mir in mein Zimmer zu schlüpfen, Laßberg stand zufällig im oberen Flur, und erhob ein solches Geschrey »Um Gotteswillen! wo kommen Sie her! was haben Sie gemacht! was denken Sie auch!« daß ich gleich auf eine sehr unangenehme Weise *en famille* gerieth, – Mama war anfangs wirklich böse, glaubte mir aber doch sogleich, daß ich bey ganz leidlichem spatzierfähigem Wetter ausgegangen sey, – Laßbergen konnte ich mich nicht begreiflich machen, er war tauber wie gewöhnlich, und ich habe ihn mitten in seinen *Exclamationen* über meine Unvernunft müssen stehn lassen, denn mich fror erbärmlich – Jenny sagte nichts, aber sie bestellte sogleich einen heißen Krug und Thee, nahm mich dann beym Arm, und brachte mich in meinem Zimmer zu Bette, – meinen dicken Rock habe ich acht Tage lang nicht anziehn können, so lange hat er auf dem Boden trocknen müssen. – da mir das Abentheuer nicht geschadet hat, ists mir doch lieb den See einmahl in seiner tollsten Laune gesehn zu haben, um so mehr da es nur für einmahl im Leben ist, denn ein anderes Mahl werde ich mich hüten! – ich mag die Lachsforellen und Gangfische viel lieber essen als von ihnen gegessen werden, und es würde mir sogar nur wenig Trost bringen, wenn statt ihnen meine Lieblinge die Möwen mich aufpickten. – Am nächsten Tage hörten wir von vielem Unglücke am See, – einem untergegangenem Schiffe, und einigen einzeln Verunglückten. – und mit dieser Trübsal muß ich für heute schließen, denn es schlägt eben Acht, gute Nacht, lieb Herz, bis morgen, ich wollte Sie träumten von mir. – d.19ten, Guten Morgen, altes Lies, – es ist Sonntag, und ganz heimlich unser Beyder Namenstag dazu, ich glaube nicht, daß im Schlosse Jemand daran denkt, aber ich habe schon im Bette daran gedacht, d. h. an Sie, mein Lies, und Ihnen, *bien ou mal*, ein Stück Novembermorgen-Poesie zum Frühstück gebraten. – da haben Sie die Schüssel wie sie ist! – noch mit unabgewischtem Rande – aber gut gemeint, und jedes Wort wahr darin. – Ach, ich habe mich wieder so arg nach Ihnen gesehnt, daß es ganz unausstehlich war, und ich mir fast einbildete ich sey krank, und könne nicht in die Kirche gehn, förmlich bey den Ohren habe ich mich dazu nehmen müssen, und merke doch nun, daß mir eigentlich nichts fehlt als Sie. – 20ten So weit war ich gestern als vor meiner Thür ein wunderliches Getöse ausbrach, – ein heilloses Katzen*concert* von falschen Stimmen, verdorbenen Maultrommeln, und ich glaube auch ein paar Topfdeckeln, – *Vivat Elisabeth*! – wir haben tüchtig gelacht, und ich bin sehr hübsch beschenkt worden, – Mineralien – griechische Silbermünzen – ein Dampfboot als Schreibzeug, – zwey Mundtassen – ein geschliffenes Glas – aber mit dem Schreiben war's vorbey, ich mußte meine besten Lümpchen anlegen, und mich droben fast krank essen in Kuchen, und duselig trinken in Gesundheiten. – wenn sie den Leuten so gut bekommen wie sie mir schlecht geschmeckt haben, so wirds heuer einige Methusaleme geben. – ich wollte eben auch die Ihrige ausbringen, als Laßberg rief: »*Silentium*! – unsre liebe Freundin, die sehr werthe Frau Elisabeth Rüdiger, gebohrne von Hohenhausen, *Vivat* hoch!« – Sie glauben nicht, welch *enormen* Klotz von Steine Sie hier im Brette haben, – solange man Sie auf der Reise vermuthen muste, ist den ganzen Tag nach dem Wetter geguckt worden, und ihre Epistel hatte ich noch nicht halb durchgelesen, als die Kinder schon an der Türe klinkten »Vater, Mutter, und Großmutter ließen mich bitten ich möchte doch kommen, mit dem Briefe von der Urgroßtante« Ueber dem Vorlesen sagte Laßberg bey jeder *interessanten* Bekanntschaft oder guten Aufnahme, »Recht so! recht so! so muß es seyn.« und Jenny lächelte so vergnügt als wäre es ihr selbst geschehn. Aber Sie, Lumpus, haben meine Mama gar nicht grüßen lassen, – ich glaube nicht, daß es in dem Durcheinander von Vorlesungen bemerkt worden ist, denn Jeder gab sein Antheil zum Besten, aber das nächste Mahl denken Sie doch daran. – So eben sehe ich Ihren Brief durch: Den Fürsten Salm kenne ich wohl, er ist der Stiefenkel der Fürstin Galitzin, wohnte vor *circa* 25 Jahren in Münster, und hieß damals Prinz Lachs. Von seinen Studien hat er nicht sonderlich *profitirt*, Laßberg weiß nicht recht was mit ihm reden, und läßt deshalb das nachbarliche Verhältniß ein wenig eindußeln. Jenny mag ihn aber wohl, als eine freundliche dienstbereite Seele, – seine Frau, eine geborne Hohenlohe, ist sehr nett; – daß Ihnen Schotts gefallen ist nicht mehr wie recht und billig, aber eifersüchtig auf die Jette bin ich doch nicht, – sie sitzt in ihrem Stuttgart, und ich komme zu Ihnen, das gibt mir zwey Drittel Profit. – Den Pfeiffer mir als Satyriker vorzustellen, geht über meine Phantasie hinaus, ich kenne ihn nur schüchtern wie ein Espenblatt, kann mir aber denken, daß eine heitre Laune seinem ehrlichen Gesichte sehr gut steht. – und ihr Zündel ist ein Stocknarr, – aber Ihre ganze Rückreise so glücklich und *brillant* wie möglich gewesen, die Bornstedt würde wenigstens einen Cölner Dom daraus bauen. – Sie kehren reich an den freundlichsten und ehrenvollsten Erinnerungen zurück, die Ihnen, geringsten Falls, manchen Moment aufheitern, und vielleicht als

Anknüpfungspunkte dereinst noch dauernd angenehm und nützlich werden können; Ich kann nicht sagen wie es mich freut Ihnen zu der Reise zugeredet zu haben! – Laßberg und Jenny lassen Sie aufs Herzlichste zur Wiederholung derselben einladen, und je länger Sie bleiben können, je lieber wird es ihnen seyn, – was meinen Sie zum nächsten Sommer, wo wir im Juny oder Anfangs July zurück reisen? – es wäre sehr lieb und schön, und hier schien es Ihnen auch *plausible*, aber Zeit und Ort ändern die Ansichten leider zuweilen, – haben Sie Aussichten auf hinlängliche Münzsorten, oder schaut Ihr Auge in's »endlose Leere?« – antworten Sie mir doch hierauf, lieb Herz; – Hier giebts auch manches neue Gesicht, und mitunter grundgelehrte, aber nicht Eins darunter wo ich die Feder umsetzen möchte, und selbst die Namen dieser lateinischen und Nibelungen-Steckenreiter würden Ihnen fremd seyn. – *Persals* wollen seit vier Wochen täglich kommen, und ich soll dann einen wunderherrlichen *Contra-Alt* hören (die Tochter, Philippa) hierauf bin ich anfangs sehr neugierig gewesen, aber es währt mir zu lange, ich habe mich müde gewartet. – Jetzt muß ich Ihnen auch sagen, daß ich seit acht Tagen eine *grandiose* Grundbesitzerin bin, ich habe das blanke Fürstenhäuschen, was neben dem Wege zum Frieden liegt – doch dort waren Sie nicht, aber man sieht es gleich am Thore liegen, wenn man zum Figel geht – nun das habe ich in einer Steigerung, nebst dem dazu gehörendem Weinberge, erstanden. – und wofür? – für 400 r. – dafür habe ich ein kleines aber massiv aus gehauenen Steinen und geschmackvoll aufgeführtes Haus, was vier Zimmer, eine Küche, großen Keller, und Bodenraum enthält, – und 5000 Weinstöcke, die in guten Jahren schon über zwanzig Ohm Wein gebracht haben, – es ist unerhört! aber Keiner wollte bieten, dieses unglückliche Jahr bringt nur Verkäufer hervor. – Gottlob ists kein armer Schelm, dem ich es abgekauft, sondern der reiche Großherzog von Baden, dem dies vereinzelte Stückchen *Domaine* lästig war. – früher gehörte es den Bischöfen von Constanz, und der letztverstorbene ließ dies artige Gartenhaus bauen, wo er manchen Tag soll gespeißt haben, – die Aussicht ist fast zu schön, d. h. mir zu belebt was die Nah-, und zu schrankenlos was die Fern-sicht betrifft. – es ist der höchste Punkt dieser Umgebungen – gleich am Fuße des Hügels zwey sich kreuzende *Chausseen*, – tiefer Stadt und Schloß Meersburg, die hier ganz niedrig zu liegen scheinen, – als nächste Punkte darin (etwa tausend Schritte entfernt) und sich wunderschön präsentirend, rechts das alte Schloß, links das Seminar, von dem Nachmittags der schöne Chorgesang so deutlich aufsteigt, daß keine Note verloren geht, – tief unten der See mit seiner ganzen Rundsicht, die Insel Mainau, Constanz, Münsterlingen, das Thurgau, St. Gallen, auf der einen Seite nur durch die Alpen beschränkt (von denen ich hier noch die ganze Tyroler Kette als Zugabe habe) von der andern Seite durch die höchsten Kegel des Hegau's, – es ist eigentlich wunderbar schön, und die Meersburger halten dieses Fürstenhäuschen (auch der Hindelberg genannt) für eine unschätzbare Perle, – mir ists aber fast zu viel und zauberhaft, und wie ich so droben die ganze Gegend *controlliren* kann, jeden Bürger der auf die Gasse oder auch nur ans Fenster, jeden Bauern der in seinen Hofraum tritt, so komme ich mir vor wie der Student von Salamanka, dem der hinkende Teufel die Hausdächer abgehoben hat, und mir ist beynahe sündlich zu Muthe. – Vom Häuschen bis zur *Chaussée* hinunter führt eine Steintreppe mitten durch die Reben, die ich zum Laubengange machen, und auf der Hälfte, mittelst zweyer Ausbiegungen, mit ein paar niedlichen versteckten Ruhbänken versehen will, unten ist die Treppe schon durch ein hübsches Gatterpförtchen verschlossen, ich habe nichts zu thun, als die nächsten Rebenreihn aufranken zu lassen, und die kleine Rotunde in der Mitte zu besorgen, wozu ich nur drey oder vier Weinstöcke wegzunehmen, und die dahinter stehenden zu benutzen habe, in zwey Jahren kann Alles dicht und schattig seyn. – was sagen Sie dazu? – die Reben hat der alte Bischof mir aufs Beste gewählt, Burgunder, Traminer, Gutedel – *et cet.* und die eine (Sommer-)Seite des Abhangs bringt solchen Wein als Laßberg Ihnen vorgesetzt, die andere geringeren, – so kann ich also in guten Jahren auf zehn Ohm vortrefflichen, und eben so viel mittelmäßigen Wein rechnen, – grad hinter dem Hause, wo der Schatten desselben den Reben sehr schadet, will ich diese ausroden, den Boden gleich machen, und eine kleine Blumenterasse, nicht groß genug zum Spatzierengehn, aber angenehm fürs Auge, mit lange und reichlich blühenden Blumen, Georginen, Rosen, Levkojen, *et cet.* bepflanzen lassen. O, Sie sollen sehn, ich mache ein kleines Paradies aus dem Nestchen! – schade, daß ich meine meiste Lebenszeit 200 Stunden davon zubringen werde! – oder vielmehr, Gottlob, daß der heimische Boden und ich uns immer einander treu und sicher bleiben, und mir doch, falls mir von Zeit zu Zeit die hiesige Luft wieder nöthig würde, bey allen denkbaren Wechselfällen ein niedliches *Chezmoi* nicht fehlt. – Nun will ich Ihnen noch das Innere des Hauses beschreiben. – man geht mit einer hübsch geschweiften etwa acht Stufen hohen Steintreppe in den untern Stock, der nur das Paradezimmer und die Küche enthält, Ersteres ein Gemach von angenehmer Größe, mit einem Erker, in dem der Kanapee mit Tisch und einigen Stühlen hinlänglich Raum haben, und das übrige Zimmer unbeengt lassen, man sitzt dort wie in einem Guckkasten, ein Fenster im Rücken und zwey zu den Seiten, aber Besuchenden wird es himmlisch scheinen, der Aussicht wegen, in dies Zimmer tritt man unmittelbar von der Treppe, – die Küche daneben (wo ich einen zweyten Eingang werde brechen lassen) ist klein, doch nicht bis zur Unbequemlichkeit, und es läßt sich mit wenigen Gulden einrichten, daß das Heerdfeuer zugleich den hübschen Kachelofen des Zimmers heizt, was im Winter sehr angenehm, und im Sommer durch Oeffnung der Fenster nach der jedesmaligen Schattenseite, und Ladenschließung der übrigen leicht zu *paralisiren* ist, da mein Kochheerd doch nicht allzu lange und stark brennen würde, und bey winterlichen Besuchen nothwendig nachgeheitzt werden müßte, – doch würde das Zimmer immer trocken, und eine gelinde Temperatur darin erhalten werden, die die Besuche gleich hinein zu führen erlaubte. – aus der Küche führt eine Wendelstiege und Fallthür in den oberen Stock, meine eigentliche Dachshöle (oder Schwalbennest) – Alles mit Zierlichkeit gemacht, die Stiege ist hübsch gewunden, die Fallthür wie Getäfel geschnitzelt, und sich in die Wand fügend, so daß sie bey Tage nicht bemerkt, sondern für eine Verzierung gehalten wird; Nachts, wenn sie geschlossen ist, paßt sie (mit der andern Seite) sehr genau in den Fußboden, und macht die kleine obere *Entrée* zu einem artigen Zimmerchen, wo im Hintergrunde, hinter anständigem weißem Vorhange das Kammerjungfernbett verborgen seyn, und diese auch in Sommertagen ihre Nätherey am Fenster beschicken kann, – hieran stößt dann mein eigentliches Quartier, ein heizbares Wohnzimmer, etwa um ein Drittel größer wie Ihr Kabinetchen; und ein Schlafzimmerchen, gerade groß genug für das Nöthige, Bett, Waschtisch, Schrank, und noch einigen Raum zu freyer Bewegung. – Sagen Sie selbst, Elise, was bedarf ich mehr? – auch fällt mir eben ein, daß ich statt des Eisenofens im Wohnzimmer ja einen Kachelofen kann mauern lassen, der das Kammerjungfernzimmer mit heitzt, so daß ich diese zu keiner Zeit um mich zu haben brauche, – der Keller geht unters ganze Haus her, und ist sehr gut, so wie der Bodenraum unterm Dache überflüssig geräumig, und es ließ sich dort leicht ein Verschlag herrichten, wo ich, der Sicherheit wegen, meinen Winzer könnte schlafen lassen, einen Mann, der sonst in der Stadt wohnt, und außer der Besorgung der Reben für ein Gewisses nicht in meinem Dienste steht, aber dann gern für eine Kleinigkeit zu Bestellungen und sonstiger Aushülfe bereit seyn würde, – einen Brunnen habe ich nicht, aber ein Bleichplätzchen, und nicht hundert Schritte vom Hause eine Quelle, die Winter und Sommer fließt. – kurz, ich sage Ihnen, es ist allerliebst, Laßberg sagt: »je mehr man es untersucht, je besser wird es« Dach, Gemäuer, Fußböden, Thüren, Alles im besten Stande, von den Fensterläden nur zwey etwas schadhaft, aber an den Fenstern selbst vieles zu *repariren*, und dieses die einzige etwas bedrückende Ausgabe. – Lieb Lies, ich habe ermüdet mit meiner neuen Freude, wo Sie Sich doch nicht recht hinein denken können, – zu etwas Anderem. – Mein baumlanger Neffe Carl (Jenny's Stiefsohn) ist seit sechs Wochen hier, sein Regiment steht in Prag, und nächsten Montag muß er uns wieder verlassen, – er ist Hauptmann, noch ein Jahr älter als ich, und der wahre Typus eines österreichischen Offiziers, nennt Mama ganz fromm Grosmutter und mich Tante, – die gutmüthigste Seele von der Welt, – schenkt für sein Leben gern, besonders den Stiefschwesterchen, in die er ganz wie verliebt ist, – übrigens kann man ihn nicht gerade einen Ueberflieger nennen, und seine Kenntnisse und Liebhabereyen sind nur rein militärisch, kurz in der Art habe ich gar keine *Ressourçe* an ihm, sehe ihn auch nicht anders wie bey Tische, – dennoch sehn wir ihn alle gleich ungern abreisen, da er der beste Stiefverwandte ist den der Himmel uns hätte geben können, und weit entfernt diese späte und unerwartete Verminderung seines Vermögens zu bedauern, den letzten Rock ausziehn würde, um Jenny und den Kindern zu helfen, wenns Noth thät. Wir haben am 4ten *November* seinen Namenstag gefeyert, nach unsern besten Kräften, Laßberg und Jenny mit sehr schönen Geschenken, wir andern mit kleinen aber gutgemeinten – auch die Kinder brachten ein Trinkglas und eine Mundtasse, trugen Kränzchen und sagten ein paar Verse her, das freute ihn am allermeisten, er war feuerroth, dem Weinen nahe, und sagte: »Gott segne die klein Mädeln, daß sie den alte Bruder so lieb habent« – d. 22ten Dieser Brief wird steinalt, und schwerlich lange vor dem jüngsten Tage ankommen, wir haben einen Besuch, dem Jeder sein Schärflein an Zeit und Unterhaltung bringen muß, den Prinzen Ernst von Hessen-Barchfeld, Laßbergen befreundet, und für einen Prinzen un*genant* genug, aber doch mehr als Andere – er ist ein großer starker Mann, zwischen 40 und 50 – äußerst gutmüthig von Physiognomie und Benehmen, hat nur Ein Bein, das andere hat er als russischer General-Feldmarschall verloren, darauf seinen Abschied genommen, und leidet noch immer sehr an dem Stumpfe, die Bekanntschaft mit Laßberg hat sich vor einigen Jahren in Ueberlingen gemacht, und in den folgenden Bade-*Saisons* befestigt, – die Berührungspunkte Beyder sind mir nicht klar, da der Prinz kein Alterthümler zu seyn scheint – mich dünkt es ist reines gegenseitiges persönliches Wohlgefallen. – wie lang er bleiben wird ist ungewiß, da er Carls Rückkunft abwarten will, der grade einen Ausflug in die Schweiz macht. – Mama ist ein Bischen unglücklich darüber. – Liebste Elise, ich schließe hier einen Brief Settchens an ihr Fräulein bey, den ich Sie nach dem Stapelschen Hof zu besorgen bitte, der ganz nah am Cathagen liegt, in der kleinen Mauergasse, die von dort auf die Kuhstraße führt, – auch läßt meine Mama Sie, nebst 1000 herzlichen Grüßen, ersuchen, doch beym Schneider Ahlers (auf der Salzstraße) sagen zu lassen, daß uns sehr nach Briefen von Hülshoff verlangte, und daß sie dies doch dorthin bestellen möchten. – und nun *adieu*, mein altes liebes Herz, Grüße an alle Lieben, Schlüters, Junkmann, Nanny, Luischen, – Ihren Herrn Gemahl ja nicht zu vergessen. – Den beyden Erstgenannten schreibe ich ganz gewiß, sobald ich nur erst durch die Abschrift meiner Gedichte bin, die sich, Gottlob, sehr dem Ende nähert. – Ich bin in Gedanken täglich unter Euch, – und Sie, mein Lies, müssen die dritte Stunde nicht vergessen, da ich sie so treu inne halte. – wenns Wetter zu arg wird, will ich mich wenigstens ans Fenster stellen was auf den See geht. – *adieu, adieu,* Ihre treue Nette.

[Am Rand] Jetzt fällts mir ein, Sie waren ja doch im Frieden, wir haben dort saure Milch zusammen gegessen; und die Aehnlichkeit der Gundel mit den Ledebuers ausgefunden. – also haben Sie meine berühmte *Domaine* auch liegen gesehn, falls Sie die Augen nicht vor der Pracht niedergeschlagen haben. – ungefähr auf halbem Wege – links – ganz hoch. –

Liebste Elise – Siegeln Sie doch Settchens Brief, ehe Sie ihn zum Stapelschen Hofe schicken, vergessen Sie es ja nicht, er wird sonst vom Ersten Besten geöffnet, und das arme Ding hat nachher tausend Verdruß, sie dankt unterthänigst für Ihren freundlichen Gruß, und hat sich sehr darüber gefreut –

17

[Meersburg, den 2.–9. Januar 1844. Dienstag – Dienstag.]

Meersburg 2. Jan. 44

Viel Glück zum neuen Jahre! mein altes Lies. – das vergangene ist nicht eben zu loben, Ihnen hat es viele äußere und innere Stürme gebracht; mir eine lange Krankheit und doch auch manche Erschütterung, und so stehts mit fast Allen die uns nahe sind. – möge das begonnene friedlicher seyn! und um ihm den möglichst [vortheilhafte]sten Anstoß zu geben, fange ich mit einem Briefe an diejenige an, von deren Liebe ich seine besten [und] innigsten Momente erwarte. – Nicht wahr, mein Lies? treu bey Sonnenschein und Schnee, in guten und bösen Tagen? in Leiden uns auf den Andern gestützt, die Freuden doppelt genossen, und wenn's uns beyden schlecht gehn sollte, doch wenigstens noch einander gehabt; – so wär es doch ein Wunder wenn zwey so zähe Planken wie wir sich nicht leidlich über dem Wasser halten sollten. – wüßten die Egoisten welcher große Frieden in der Treue liegt, sie bekehrten sich Alle dazu – Treue kann ja nie schaden, selbst die verrathene nicht, denn sie giebt ein gutes Gewissen, und somit das Beste was irgend eine Zeit bringen kann. – Wir leben hier so ruhig voran, ohne sonderliche Abwechslung, – Ich sitze wie eine Maus im Loche in meinem Thurme, und knuspere eine Nuß nach der andern aus Laßbergs Bibliothek, zuweilen mit recht harter saurer Schale, und auch der Kern erinnert mich oft an unsrer lieben Vorfahren rohe Eicheln, aber was thut man nicht der Ehre wegen! – droben gehts derweil bunt zu, die gelehrten Besuche treten sich fast einander die Schuhe aus, wovon ich mir denn nachher bey Tische erzählen lasse, und bis jetzt noch keinen Namen gehört habe der es mir leid machte, daß ich nicht zur Hand war. – lauter Professoren X. Y. und Z. – Mir fehlt hier gar nichts wie Sie, aber Sie fehlen mir arg, und ich kann kaum ein Dampfboot aus meinem Fenster heranbrausen sehn, ohne in Gedanken nach meiner *Lorgnette* zu greifen, ob Sie vielleicht auf dem Verdecke stehn; – das alte Lied hat wohl Recht: »O, glaubt es mir, die Liebe, sie macht die Menschen dumm!« – oder zerstreut vielmehr, lößt die Seele vom Leibe und macht zweyhundert Stunden zu einem Katzensprung. – Wir haben jetzt Schnee, ich folglich Anlage zum Rheumatismus, und habe seit vierzehn Tagen meine lieben Gänge am Strande aufgeben müssen, aber der See liegt unter meinem Fenster, und jeden Nachmittag sind Sie meine *fata morgana*. – Altes Lies! Gott segne und erhalte Sie! – aber was treiben Sie? sind Sie hübsch fleißig? ist Ihnen Freiligraths Lob nicht ein mächtiger Sporn? – mag er immerhin etwas einseitig seyn, und, da die Glanzseite seines Talents durchaus mehr kräftig darstellend als grübelnd ist, seine Gedichte folglich mehr begeisternd als zum Nachdenken anregend wirken, diese nicht zu so wiederholtem Lesen reizen als Andre, aus denen man immer neue Feinheiten picken kann; so bleibt er doch ein gewaltiges, stürmendes, uns alle überragendes *Genie* und sein Urtheil über einen Totaleindruck ohne Frage *competenter*, als das aller Derer die jetzt über ihn her sind. – Sie vor Allen können Sich dieses Erfolgs freuen, da Ihre Schreibart so gänzlich von der seinigen abweicht (in so fern man überhaupt Aehnlichkeit zwischen gebundenem und ungebundenen Styl zugiebt,) daß hier von keiner Partheylichkeit für den eignen Blutstropfen die Rede seyn kann. – Nur Muth gefaßt, mein Liebchen! Sie sind nicht die Erste und werden nicht die Letzte seyn, der die Dornenkrone zum Lorbeerkranz wird, und wenns nicht Anders seyn kann, bleibt dies doch immer eine Art von Ersatz, der nur Wenigen gebothen wird. – Ihre *Recension* habe ich gelesen und ganz und gar nicht schlecht gefunden, vielmehr sehr richtig gedacht und sehr gut gesagt, was wollen Sie mehr? und was kann Brockhaus mehr wollen? – Was Sie über Ihren Plan mit dem Leipziger (Tante Ittchens Nachlaß betreffend) schreiben, dünkt mich, sey mit beyden

Händen festzuhalten, und der kleine Jesuitenmantel ganz erlaubt, da selbst die fertigen Geschichten des guten seligen Engels immer so kurz waren, daß ein Anfang kaum zu merken seyn muß, und in der Ausführung zerrinnen wird wie ein Tropfen im Rhein. – so erhält der Verleger ja was er wünscht, Arbeiten von Ihrer Hand, und wenn Sie Ruhm und Gewinn einer lieben Verklärten opfern, so sehe ich für ihn weiter keinen Schaden dabey. – Soll ich denn noch mithelfen? ich thue es recht gern, wenn Ihnen die Arbeit zu viel wird, und Sie dürfen mir nur das Nöthige schicken. – Ich habe doch jetzt grade die Abschrift meiner Gedichte fertig, und wollte mich eben über das »bey uns zu Lande« hermachen, – aber das kann warten; – Vorgestern, am Silvestertage, habe ich die letzte Zeile geschrieben, und bis Mitternacht gearbeitet, weil es mir *ominös* schien nicht mit dem Jahre zugleich abzuschließen; – Ich hatte eben mein Dintefaß zugemacht, und kleidete mich aus, als die Glocke schlug, und, unter lautem Hurrah, eine Gewehrsalve die neue Zeit ein- und mein Manuscript todt- oder ihm Vicktoria schoß, – was von Beydem? – ich sehe dem Erfolg so ruhig entgegen, wie dies ohne Affecktation möglich ist, und befinde mich »den Umständen nach ganz wohl« – Gestern vergieng unter Kirchengehn, Besuchen, Neujahr-Abgewinnen, kurz dem ganzen Einzugs*trouble* der neuen Epoche, und heute läuft wieder Alles im alten Gleise, nur daß ich statt Gedichte Briefe schreibe, und Laßberg statt seiner geliebten Pergamente mein Manuscript ließt, und, da der heutige Styl ihm ganz fremd geblieben ist, den Kopf öfter schüttelt als mir lieb ist. – ich fürchte nicht sein Misfallen, aber seinen Rath, manche Leute empfinden einen, mit einiger Ueberwindung gegebenen und dann vernachläßigten, Rath fast so schlimm als eine Ohrfeige, und ich fürchte Laßberg gehört zu diesen. – Im Ganzen hat er mich heute belobt, aber schon einige Abänderungen vorgeschlagen, die sehr sehr nach der alten Schule schmecken, und mir nebenbey Gellert als den vollkommendsten deutschen Stylisten empholen; – Sie sehn wo das hinaus will! – Es würde mir überaus leid seyn den ritterlichen alten Herrn zu kränken, aber in ganz veraltete Formen kann ich mich doch unmöglich zurück schrauben lassen, und sehe somit dem Ende der Lecktüre, wo, wie er sagt, wir »das Ganze gemeinschaftlich durchnehmen wollen« mit großem Unbehagen entgegen. – Sie sehen, lieb Lies, *Anno* 44. fängt bey mir mit einem Paar Stirnrunzeln an. – entweder Verdruß im Hause, oder die Kritiker auf dem Nacken – Gott helfe mir durch *Scilla* und Charibdis! – An Schücking habe ich vor starken 14 Tagen geschrieben, auf eine freundliche Weise seine Mitwirkung bey der Herausgabe abgelehnt, da Laßberg selbst meinetwegen mit Cotta unterhandeln will, und zugleich Ihre Aufträge auf eine Weise ausgerichtet, daß sie, ohne die mindeste Spannung zu veranlassen, doch ohne Zweifel ihren Zweck erreichen, – Gleich nachher kam ihr letzter Brief, und veranlaßte mich dem eben abgegangenen einen zweyten *Courier* nachzuschicken; – Schückings Antwort war schon am fünften Tage da, und hat mich wahrhaft gerührt und seinetwegen gefreut, so durchaus einfach, voll der tiefsten wahrsten Angst war sie – er sagt mir, daß er unter demselbigen *Datum* an seine Tante Padberg geschrieben, und sie mit seinen Maasregeln Paulinens Auffindung beauftragt habe, Sie wissen wahrscheinlich also jetzt mehr wie ich, Bitte, theilen Sie es mir mit, die Sache geht mir doch sehr zu Herzen, wenn ich an meine arme Catharine denke, die mit so schwerem Herzen wegen der Kinder aus der Welt gegangen ist – Pauline mag seyn wie sie will, m i r bleibt sie immer ihr Nachlaß. – d. 9ten So eben erhalte ich einen Brief von Augsburg, Alles ist ja glücklich gelößt, und Pauline ohne unser Zuthun versorgt! Gottlob; Gottlob! auch Sie dürfen sich darüber wohl freuen, Elise! denn Sch. schreibt mir jetzt selbst, daß Pauline nach dem übereinstimmenden Urtheile aller seiner Tanten fast fabelhaft unordentlich und leichtsinnig seyn solle, und ist sehr bekümmert darüber, so hätten Sie bis Ostern gewiß noch manche bittre Stunde im Hause, und nachher manche

Vorhaltung wegen der Emphelung zu dulden gehabt, das haben Sie ohne Zweifel auch wohl voraus gedacht, und ich ehre und schätze das doppelte Opfer was Sie bringen wollten! – Die Stelle bey dem Landsbergischen Rentmeister hat zwar ein demüthigeres Aussehn als bey der Präsidentin, mag aber wahrscheinlich das Gleiche einbringen, und hat den doppelten Vortheil, daß P. einerseits unter der stündlichen Zucht einer einfachen bürgerlichen Frau steht, die gewiß kein Blatt vor den Mund nehmen wird, und anderseits, falls es dort nicht gehn sollte, ihre Beschützer (ich meine Scheibelers, *Delius et cet*) noch nicht durch persönliche Erfahrungen abgeschreckt sind, und vielleicht noch hintennach auf die früheren Pläne zurück kommen, wo Pauline dann wenigstens Eine derbe Lecktion mehr mitbringt. – Sch. übersendet mir zugleich ein Geschenk von Cotta, ein Prachtexemplar des Nibelungenliedes, in *folio*, mit Randzeichnungen, nebst einem so artigem, fast demüthigen Briefe, als ich mir ihn aus Cottas Feder nicht für möglich gedacht habe. – Ich will ihn Ihnen abschreiben, halb aus Prahlerey (denn ich bin nicht ein Zehntel so bescheiden als Sie) halb um Ihr Urtheil einzuholen, ob Sie meinen daß ich hierauf wohl gradezu mit meinen gesammelten Gedichten und der etwas hohen Forderung auf Cotta losrücken kann. – Sie haben weit mehr Schriftsteller*routine* als ich, und wissen besser inwiefern Verlegerlob auf *pecuniaire* Beziehungen nachzuwirken pflegt, oder nicht. – ich bin zweifelhaft, ob ich sie mir immer mit dem Honigtopfe in der Hand als halbe Bezahlung, oder vielmehr sehr abgemessen denken soll, um ihren Clienten den Kamm nicht zu schwellen. – Hier ist der Brief: » – Ew Hochwohlg. haben uns früher zuweilen mit Beyträgen beehrt, für welche wir Ihnen zum größten Danke verpflichtet sind. Die Erzählung ›die Judenbuche‹ hat in ihrer Eigenthümlichkeit auf die Besten unserer Leser den größten Eindruck gemacht, und die Gedichte ›der Knabe im Moor, die Taxuswand, Am Thurme, u.s.w.‹ werden von den Kennern und Freunden der Poesie sehr hochgestellt. Aber seit längerer Zeit haben wir uns keiner Mittheilung von Ihrer Hand mehr zu erfreuen. Der Umstand, daß die früheren Beyträge soviel wir uns erinnern, sämmtlich in die Zeit des Aufenthalts des H. Levin Schücking auf Schloß Meersburg fallen, und uns durch denselben zugekommen sind, läßt uns vermuthen, daß wir Ihre Mitwirkung nur der Fürsprache dieses Freundes verdankt hatten. Wir erinnern uns wenigstens keiner Handlung, nicht mahl einer Unterlassungssünde, die Sie hätte veranlassen können unsern Blättern eine Theilnahme zu entziehn die wir seit einiger Zeit so sehr vermissen. Wir haben nun H. L. Schücking dringend gebethen, seinen Einfluß auch in der Entfernung zu unsern Gunsten geltend zu machen. Wir haben aber auch nicht unterlassen wollen, Ew. Hochw. selbst das Morgenblatt in freundliche Erinnerung zu bringen. In der angenehmen Hoffnung den Wunsch, den wir in diesen Zeilen ausgesprochen, in baldige Erfüllung gehn zu sehn, sind wir, mit ausgezeichneter Verehrung, Ew. Hochw. ergebenste *Redaction* des Morgenblatts. – (Nachschrift von Cottas eigner Hand) Die Unterzeichnete beehrt sich für Ihre Bibliothek anliegend ein Nibelungenlied beyzuschließen, und um freundliche Aufnahme zu bitten. JG Cottaische Buchhandlung. Stuttgart. 25. X.43.« Dies ist der Brief, aber bitte Liebchen, sagen Sie Niemanden davon, es sieht gar zu erbärmlich lächerlich aus, daß ich ihn ganz abgeschrieben habe. Er ist nur für Sie, damit Sie mir sagen können, wenn ich allenfalls auf dem Wege bin, einen Floh für einen Elephanten zu halten. – Auf Schücking kann ich mich nicht verlassen, dessen sanguinische Phantasie in solchen Fällen ist Ihnen bekannt, und zudem kömmt ihm sein Brodherr jetzt als der erste Mann der Welt vor, und dessen herablassende *Generosität* als etwas so Wunderbares (wie er meint, in dessen Leben noch nie Vorgekommenes) daß er reinweg den Kopf darüber verloren hat, und nicht weiß wie große spanische Schlösser (wenigstens ein Escurial! –) er darauf bauen soll. – Jedenfalls werde ich jetzt noch einige Gedichte fürs Morgenblatt einsenden, da Sch. dringend wünscht sich Cotta dadurch angenehm zu machen, was wirklich auch wohl in diesem Augenblicke sehr passend seyn möchte, da Cotta noch immer mit dem Abschlusse zögert – Alles nur noch zur Probe, was mir fast bedenklich vorkömmt. – es wär eine schreckliche Geschichte, wenn er ihn nach einem halben Jahre wie einen Taglöhner abbezahlte und vor die Thür setzte! und so bin ich durchaus nicht gegen Schs enges Verhältniß zu Kolb, von dem doch gewiß sehr Vieles abhängt, – Die Zeiten des edlen Trotzes sind vorbey, sobald man Familie hat. – Jetzt noch zu einigen Stellen Ihrer Briefe: Was kommen Sie mir denn mit meiner steinalten, seit 25 Jahren begrabenen, Koketterie? – ich habe Ihnen ja schon früher erzählt, wie wir sämmtlichen *Cousinen* Haxthausischer *branche* durch die bittere Noth gezwungen wurden, uns um den Beyfall der Löwen zu bemühn, die die *Oncles* von Zeit zu Zeit mitbrachten, um ihr Urtheil danach zu *reguliren*, wo wir dann nachher einen Himmel oder eine Hölle im Hause hatten, nachdem diese uns hoch oder niedrig gestellt. – Glauben Sie mir, wir waren arme Thiere, die ums liebe Leben kämpften, und namentlich Wilhelm Grimm hat mir durch sein Misfallen jahrelang den bittersten Hohn und jede Art von Zurücksetzung bereitet, so daß ich mir tausendmahl den Tod gewünscht habe. – ich war damals sehr jung, sehr trotzig, und sehr unglücklich, und that was ich konnte um mich durchzuschlagen, – das sind (den nächsten Zeitpunkt angenommen) 25 Jahre hin, und Sie, mein Liebchen, sollten diejenige nicht seyn, die dem Paulus den Saulus vorwirft. – Sie sind ja mit uns gereißt, und haben leider Selbst gesehn, welchen Einfluß noch jetzt dergleichen Aeußerlichkeiten auf eine sonst so vortreffliche und verehrte Person haben, und wie ich in Nichts zusammengeschrumpft bin, als wir uns Meersburg näherten – leider gelten ihr litterarische Erfolge gar nichts, aber das Urtheil und die Ehrenbezeugungen der nächsten Umgebung haben sie ganz in ihrer Gewalt. – bitte, verbrennen Sie diesen Brief. – ich möchte um Alles nicht, daß diese letzten Worte in der Welt blieben. – Daß ich aber jetzt noch kokett seyn sollte, ist einer von den Gedanken wo man nicht weiß ob man darüber lachen oder weinen soll. – aber ich habe mein Aeußeres so gänzlich verkommen lassen, daß ich mich, so wie ich gewöhnlich bin, gar nicht kann sehn lassen, und mit der ungewohnten Kleidung ziehn bey mir gleich einige *Reminiszencen* von feinerem Benehmen und Gesellschaftston ein, so daß ich selbst merke, wie ich im blauen Kleide gleich eine ganz andre Person bin wie im dicken schwarzen Rocke. – Der »Hexe und Kokette« wegen, bin ich mir doch selbst schuldig Ihnen einige Erläuterung zu geben, – ich habe dergleichen nie gesagt, aber einmahl des Reims wegen, bey einem dummen Spaße meinem Bruder in den Mund gelegt. – ich war damals etwa 17 Jahr, und *passionirt* darauf in Knittelversen zu *improvisiren*, je dummer je besser. – so forderte einmahl, als ich mit meinen Eltern und Geschwistern ganz allein war, und einige am vorigen Tage in unsrer gewöhnlichen Gesellschaft vorgekommenen komischen Vorfälle besprochen wurden, meine Mutter mich auf, dies in Reime zu bringen, ich stellte mich gleich vor sie hin, und erregte durch meinen besonders geglückten Vortrag eine solche Lustigkeit, daß ich inne halten, Jenny Schreibzeug holen, und ich ihr in die Feder dicktieren mußte, – es wurde, wie Sie denken können, miserabel, *amusirte* aber, da es lauter bekannte Gegenstände betraf, doch Alle sehr. – Ein gewisser langer Amelunxen (Clementinens Bruder und Jenny's seufzender Courmacher) glaubte mir sehr zu schmeicheln, wenn er mich »kleine Nette« nannte, was mich immer spinnengiftig machte, weshalb die Andern ihn immer dazu reizten. – dies brachte ich auch an, – die Stelle heißt »Amelunxen (süßlich) kleine Nette!« Nette. »dummer Junge!« Werner. (lachend) »Schweig, und mäßge deine Zunge, Zwar du kannst ihr Manches sagen, Aber dies darfst du nicht wagen, Nenn sie Hexe und Kokette, Aber nur nicht kleine Nette.« – (Zweifeln Sie daran, daß, unter diesen Umständen, mich etwas Anderes wie der Reim verleitet hat?) – Des Lachens war kein Ende, Jenny mußte den Wisch »Scenen aus Hülshoff« überschreiben, und er sollte, der vielen Angegriffenen wegen, sehr geheim gehalten werden. Mama hatte aber so große Freude daran, daß sie ihn Einer ihrer Schwestern lieh, aus deren Händen wir ihn nie zurück bekommen, und bald ganz vergessen haben. – so muß auch Hanne H[assenpflug] mahl ihre Nase hinein gesteckt haben, – Das ist das Kurze und Lange von der Sache, – und nun zu etwas Anderm. – Die Fürstin Salm war kürzlich hier. Sie ist wirklich eine höchst liebenswürdige Frau, so sanft, bescheiden, und voll feinen Sinns und Begeisterung für alles Schöne. – ihr Äußeres ist nicht hübsch, aber höchst angenehm, fast ganz wie die *Chérouit.* – Sie ahnden wohl daß sie wiederum eine von Ihren unvortheilhaften Aehnlichkeiten ist, aber trösten Sie Sich, Sie sehn unendlich besser aus und sind auch mindestens um zehn Jahre jünger – doch macht diese Aehnlichkeit sie mir so anziehend, daß sie die einzige Frau hier umher ist, der ich mich wirklich gern anschließen möchte, – ihr wär es auch schon recht, und sie hat mich aufs Freundlichste zu näherem Verkehr eingeladen, aber es kann nicht seyn, Laßberg findet die Kinder zu unartig, als daß er ihren Umgang mit den seinigen zugeben sollte, zudem ermüdet ihn die Unterhaltung des Fürsten allemahl tödtlich, und so muß ich zurückhaltend seyn wie die Uebrigen, um keine Veranlassung zu größerer Annäherung zu geben, habe deshalb auch die *Revisite* nicht mitgemacht, wo der gutmüthige Fürst sich kindisch gefreut in Mama eine münsterische Bekannte wieder zu sehn, und mit gutmüthiger Prahlerey erzählt hat, wie es ihm gelungen, einer Dame aus Münster, und noch obendrein unsrer Bekannten, auf dem Dampfboote einige Dienste zu leisten, wobey er denn auch Ihre Persönlichkeit gar sehr heraus gestrichen hat. – Ich wollte ich könnte Laßbergs Abneigung beschwichtigen; die arme Frau ist so gar einsam! über ihren Träumereyen brütend wie Salomo's »Turteltaube in der

Wildniß!« aber es wird nicht gehn. – Von Sonnenberg kann ich Ihnen wenig sagen. – es sind 23 Jahre hin, als ich ihn in Driburg oberflächlich kennen lernte (*Anno 20*) – ich war damals sehr leidend, dazu von Verwandten und Freunden aus der Nachbarschaft umgeben, und würde gar nicht mit ihm in Berührung gekommen seyn, wenn er sich mir nicht mit dem ganzen Jubel einer münsterischen Seele »in der wilden Fremde« angeschlossen hätte. – Er war so eben als Hofmeister zu Sierstorpfs gekommen – ein blutjunges ungeschlachtes Bürschchen von 19–20 Jahren, nicht blöde aber grenzenlos naiv – wollte bey einer dramatisirten Charade, wo er Abrahams Widder machen sollte, durchaus als Hörner ein Paar ausgestopfte Hosen auf den Kopf setzen, und war nur mit Mühe zu Hemdärmeln herabzustimmen, blieb aber den ganzen Tag wie toll, und rief Jedem der ihm begegnete zu: »Ich bin der Hammel! ich bin der Hammel!« – Sie können denken, daß man viel über ihn lachte, obgleich ihn niemand für dumm hielt, vielmehr war er beliebt, als unschuldiges und im Grunde schlaues Naturkind, nur zweifelte man sehr an seiner Fähigkeit zur nöthigen *Repræsentation*, in einer Familie, von der jedes Mitglied jährlich eine Bade*saison* lang stark *repræsentiren* mußte. Ich hatte ihn anfangs ganz gern, dann aber wurde er mir leid durch unsre Kammerjungfer, die behauptete, als sie an seiner Stube vorbey gegangen, sey er heraus gesprungen, und habe sie mit Gewalt beym Arme ins Zimmer ziehn wollen, was mir damals ein gräulicher Beweis galt, jetzt aber, möglicher Weise, nur ein Knabenstreich scheint, um das Mädchen zu erschrecken, denn er steckte voll Muthwillen und Kinderey. – Das ist Alles was ich von ihm weiß, und ich schreibe es nur zum Spaß, um Sie, durch den wahrscheinlich sehr grellen Contrast mit seiner heutigen Erscheinung, einen Augenblick zu *amusiren*. – Erzählen Sie es aber, bitte, doch Niemanden, selbst Nanny'n und Luischen nicht – ich bin fast so schlimm als Hanne H[assenpflug], daß ich nach 23 Jahren die Hosen- und Hammelgeschichte wieder ausgrabe, die obendrein fast anstößig ist. – Mein liebes Rebhäuschen habe ich lange nicht besucht, es ist jetzt zu kalt und öde dort in den leeren Mauern, und ich habe auch noch keine rechte feste Freude daran, bis der Verkauf von der Regierung bestätigt ist, was, wie ich höre, zwar unfehlbar, aber erst im Februar geschehn wird. – Zu Gutzkows Vertheidigung spricht keine besondere Stimme in mir, – seinen »Werner« kenne ich nicht, sondern habe nur ein Paar hübsche, aber etwas blasirte Sachen von ihm gelesen; – dann mich geärgert, daß er auf so scheinbar offen und doch heimlich schlaue Weise Sch[ücking] den halb*banquerouten* Telegraphen aufhocken, und so seine eigne Pfote aus der Schlinge ziehn wollte, – und dann mich vor seinem höchst fatalem *Portrait* im Mode*journal* gegraut. – das Alles kann gewiß noch kein Urtheil veranlassen, aber doch ein Vorurtheil, und so hat mich Sch-s Beschreibung nicht überrascht. – Die Dombausteine habe ich jetzt gelesen, – sie sind nicht viel werth, – viel Geschrey und wenig Wolle – und mehr unbedeutende Namen darin als *Celebritæten*, – Ich hatte mir gedacht, jeder Nahmhafte würde es für eine Hundeschande halten nichts beyzusteuern, und nur kleine Leute, wie ich, dürften sich dies erlauben. – Brauns Gedichte gehören mit zu den besten – die der Hahn-Hahn sind schlecht genug als Poesie betrachtet, sonst freilich gescheut, wie Alles was sie sagt, außer dem Einen, wo sie sich ihrer eignen glänzenden poetischen Ader freut, das ist gräulich nebenher geschossen. – Ists nicht sonderbar, daß diese Art Täuschung so allgemein und fast unerläßlich ist? Ich glaube Jeder schlägt am Höchsten an, was ihm am Schwersten geworden ist, und wo er sich selbst durch einige unerwartete, und ihm deshalb originell scheinende, Erfolge überrascht hat. und doch ist nur ein schlechter Schwimmer so wunderbar erfreut, wenn er glücklich an's Land kömmt. – Lieb Herz, das Papier geht zu Ende, und ich darf kein neues Blatt anlegen, weil ich durchaus in diesen Tagen eine ganze Legion Briefe abmachen muß, die schon vor Monaten hätten sollen geschrieben seyn. – Sagen Sie mir doch, wie es Ihnen in Hülshoff gefallen hat? – Nach Ihrem letzten Briefe wollten Sie ja am folgenden Tage hin? – Wir haben von dort, außer einem ganz kurzen Geschäftsbriefe Werners, der auch ganz und gar nichts Anderes enthält, keine Nachrichten seitdem. – Laßberg, Jenny, Mama, lassen Sie 1000mahl aufs Herzlichste grüßen (die Tochter der Gothelinde, wie Laßberg sagt) und Sie aufs dringendste einladen, mit Ihrer lieben Tante doch hier einzukehren. – die schöne Schweizerreise muß ich freylich, betrübten Herzens, aufgeben, die hat mein Weinberg eingesogen, aber wenn Ihre Rückreise nur Einen, höchstens zwey Tage vor der unsrigen einträte, so könnte ich allerdings wohl bis Stuttgart mit voraus reisen, obwohl Mama der Hegauer Berge so müde geworden ist, daß sie jetzt zuweilen von einer Rückreise über Basel spricht. – ich glaube aber nicht, daß es dazu kömmt, der Weg guckt sie auf der Charte gar zu fatal schlangenlienigt an, – *NB* wissen Sie, daß Jenny Lenau kennt? sie kam diesen Mittag ganz trokken damit zum Vorschein, und wuste überhaubt blutwenig von seinem litterarischen Treiben; er hat ihr aber sehr gefallen, Laßbergen dagegen wenig angesprochen, und Beydes aus demselben Grunde, weil er so gar ernst (fast düster) und zurückhaltend seyn, oder wenigstens aussehn soll, denn es hat sich das Mahl (in Stuttgart) ein so großer Kreis von Litteraten zusammen gefunden (zum *Diner*, wenn ich nicht irre, beym Cotta) daß vom Verkehr der Einzelnen unter einander kaum hat Rede seyn können. – Nun *adieu*, mein liebstes einziges Herz, schreiben Sie mir doch recht bald wieder, – Ihnen wird das Schreiben ja so leicht, und mir, schon körperlich, so schwer, *adieu*, Gott segne mein Lies. Ihre treue Nette.

[Am Rand] 1000 Grüße an alle Lieben, Junkmann, Schlüters, Luischen, Nanny, – Hier ist Alles leidend am Rheumathismus, Jenny, Verona, auch Hildel ein wenig, und hat diesen Mittag nichts essen mögen, nur Laßberg hält sich gut, und ich – unberufen.

Der Weihnachten hat sich hier glänzend gemacht, auch ich habe keine schöne aber sehr brauchbare Sachen bekommen, – ein tägliches Wollenkleid, ein *ditto* Umschlagtuch, grob, aber weich, warm, und groß wie ein Tischtuch – von Mama einen Seidenhut, der h i e r für schön gilt.

[Meersburg, den 1. bis 3. April 1844. Montag–Mittwoch]
Meersburg d.1 sten April 44

Denken Sie nicht, mein süßes altes Herz, daß ich aus Faulheit solange still gewesen bin, und jetzt nur schamgedrungen den letzten von Ihnen gesetzten Termin einhalte. – es hat mich längst in den Fingern gebrannt Ihnen zu schreiben, aber vorerst habe ich, den ganzen Februar hindurch, so arg an den Augen gelitten, daß ich sogar meine kleinen Bestellungs*billete* nach Constanz Andern in die Feder *dictiren* mußte, (eine ziemlich große und theilweise haarfeine Ausschneiderey für die Emma Gaugreben ist Schuld daran, – sehr hübsch geworden, hat mich aber vier Wochen Arbeit und meine halben Augen gekostet!) – Nun kam Ihr letzter Brief, und ich hätte gern auf der Stelle die Feder ergriffen, mußte aber erst über Einiges im Klaren seyn, was aber durchaus nicht klar werden wollte, und mich bis gestern Abend herum gefoppt hat. – Es betrifft Ihren sehnlich erwarteten Besuch, mein Lies, – nebenbei wollte ich Ihnen auch gern das stündlich erwartete Resultat meiner Unterhandlungen mit *Cotta* mittheilen, – doch dies war Nebensache, die genauere Verabredung über den Ersteren aber unerläßlich, und da ich jeden Morgen und jeden Nachmittag die nöthigen Nachrichten mit dem Postbothen erwartete, so werden Sie begreifen, und dürfen mir nicht zürnen, daß ein Tag nach dem andern endlich zu vier Wochen angeschwollen sind, – O glückliche Rüschhauser Zeiten! wo man siebenmal schreiben konnte »ich weiß nichts« und das achte mal »ich weiß etwas« statt daß man jetzt seine Nachrichten zusammen holen und packen muß wie Häringe! – Nun hören Sie: Schücking und seine Frau kommen zu uns, und zwar auf drey Wochen. – Sie kennen nun Laßbergen und seine Abneigung vor aller Unruhe und Getreibe zu gut, als daß ich weitläufiger zu erörtern brauchte, wie fatal und jeden Einzelnen beengend das Zusammentreffen beyder Besuche seyn würde. – Ich schrieb deshalb sogleich an Schükking, daß er seinen Urlaub darnach einrichten, oder, wenn das nicht in seiner Macht stehe, den Anfang und die Dauer desselben mir genau angeben müsse, damit Sie und die Tante darnach ihre Abreise bestimmen könnten, – Sie denken wohl dies sey eine etwas *epineuse* Aufgabe gewesen? (für mich nämlich) – keineswegs – Schücking kennt Laßbergen, seine trotz aller Herzlichkeit förmliche Höflichkeit, und seine innerliche Beängstigung, wenn er Vielen genugthun soll wo er sich Jedem Einzelnen widmen möchte, zu gut, – Mama und Jenny waren ganz meiner Meinung, ich schrieb in ihrem Namen mit, so machte sich die Sache so unanstößig und harmlos wie möglich. – Ich drang auf Antwort mit umgehender Post, um auch Ihnen Zeit zu lassen Ihre Einrichtungen zu treffen, zeigte zugleich Unruhe wegen meines Geschäfts mit *Cotta*; da die Ostermesse heran nahe, und weder *Annonçen* noch Probegedichte erschienen, – Trotz aller dieser Reizmittel keine Antwort! – (und Augsburg ist nur 35 Stunden von hier) – nach zehn Tagen schrieb ich wieder, viel dringender. – Alles stumm! – nach zehn Tagen nochmahls – und jetzt wirklich höchst beängstigt, – da ich mir Sch. völlig mit *Cotta* zerfallen, vielleicht gar nicht mehr in Augsburg, sondern in irgend einem dunklen Winkel am Hungertuche nagend, und zu stolz mir dies zu schreiben, dachte. – Jetzt kam wirklich Antwort mit umgehender Post (gestern Abend) Schücking und Frau sind verreißt gewesen, nach München, waren erst vor einigen Stunden rückgekehrt, und hatten mein Regiment Briefe neben einander aufmarschirt gefunden. – Er schreibt allerley; über seinen Besuch diese Worte: »Wir werden pünktlich am ersten May in Meersburg eintreffen, und eben so pünktlich am 23ten abreisen und zwar nach Venedig um dort Seebäder zu gebrauchen, Ihre Damen müßten also vorher oder nachher kommen« – dann geht er weitläufig auf die Freude des

Wiedersehns und andre Dinge über, ohne jenen Punkt weiter zu berühren. – Ich denke mir, mein lieb Herz, Sie kommen jetzt im Juny, denn auf diesen Monat ist unsre Abreise festgesetzt. Ob Anfangs, Mitte oder Ende kann ich Ihnen leider freylich noch nicht sagen, doch weiß ich aus Erfahrung, daß der Abschied von Jenny sich immer auf den letzten Termin hinaus schiebt, – wenn Sie also um die Mitte kämen, so wäre ich sicher daß der Mama Pläne nicht durchkreuzt würden, falls sie doch Lust hätte früher *mobil* zu werden als ichs mir denke, und im entgegengesetzten Fall sind Sie ja hier im Schlosse gut aufgehoben, und so äußerst herzlich willkommen, – und 10–14 Tage sind für Jemanden, der wie Ihre liebe Tante, unsern herrlichen See noch gar nicht kennt, wahrlich nicht zu viel um sich ein Bischen mit ihm zu befreunden. – Ach, mein Lies, ich kann Ihnen nicht sagen wie ich mich auf Ihr gutes Gesichtchen freue! – es muß mich vielleicht für sehr peinliche Tage entschädigen, denn wenn die Sch., die ich mir noch immer *a la Bornstedt* denke, mir mißfällt, so stehe Gott mir einmahl bey, weil ich sie ihrem Mann anloben und herzlich thun muß, und, wenn sie Laßbergen fatal und lästig werden sollte, dann mag er mir doppelt und dreyfach beystehn! – Jetzt freut sich hier noch Alles auf den Mann, und hofft *provisorisch* von der Frau das Beste. – Ich habe seit drey Monaten viele Briefe von Sch. erhalten, – oder von seiner Frau wenn Sie wollen, denn sie schreibt immer die Hälfte davon, und dicktirt noch einen Theil des Uebrigen, wo es immer um die dritte Zeile heißt »meine Frau sagt« oder »meine *Louise* will daß ich Ihnen schreibe, *et cet*« – es ist auch offenbar, daß sie alle an ihn kommenden Briefe ließt, wahrscheinlich sogar, auf seinen Wunsch, in seiner Abwesenheit erbricht, so richte ich denn die meinigen für Beyde ein, rede sogar abwechselnd Beyde an, um ihr nicht *extra* schreiben zu müssen. – Indessen traue ich ihr nicht recht, ihre Worte gegen mich sind lauter Liebe, sogar Demuth, aber dennoch fühle ich etwas Gezwungenes und versteckt *Piquirtes* zuweilen heraus, namentlich wenn ich Etwas von Sch. nicht übermäßig gelobt habe, – neulich z. B. schrieb Sch. mir: »er werde sich fortan aufs Drama legen, und habe ein Trauerspiel ›Günther von Schwarzburg‹ unter der Feder« – ich rieth ihm davon ab »da ich, nach den früheren Proben, sein Talent fürs Drama für weit weniger ausgemacht halte als zur Poesie und erzählendem Style« – darauf schreibt sie ziemlich spitzig »Levins Günther ist fertig, und trotz ihrer traurigen Prophezeihungen doch ein gutes Stück« – Und ein anderes Mahl, was mich wirklich arg enttäuscht hat, zuerst eine ganze Seite voll Weihrauchqualm, – sie sey ganz berauscht von Entzücken! – »so habe noch Niemand geschrieben!« – ich sey bestimmt der Stolz meines ganzen Geschlechts zu werden!« *et cet.* – und nun auf der andern Seite, von Levins Hand, eine Menge Stellen meiner Gedichte, die ihm schon früher bekannt und sehr lieb waren, und die er nun mit einer Aengstlichkeit verändert wünscht, daß man sieht, wie sie ihm Jemand fatal und lächerlich gemacht hat, und dann als Nachsatz: »Mein *Louischen* kömmt eben herein, und will sich wohl todt lachen, daß ich Sie noch erst um Erlaubniß frage, sie meint »Alles das, was ich abgeändert wünsche, seyen ja lauter Unmöglichkeiten! und ich hätte, zu Ihrem eigenen Besten, frisch drauf los *corrigiren* sollen, ohne Sie lange zu fragen, sie wolle mir noch eine Menge anderer Unmöglichkeiten zeigen, *et cet*« – Was sagen Sie dazu? ist das nicht ächt Bornstedtisch? – Ich habe Nichts hierauf geantwortet (d. h. auf den Nachsatz) fürchte aber das Stückchen lange nicht zu vergessen, nicht der Beleidigung halber, sondern weil ich besorge einen tiefen unglücklichen Blick in ihren Charackter gethan zu haben. – Sch. liegt übrigens total zu ihren Füßen, man sieht daß Jedermann (wie natürlich) sie ihm anlobt, – er hält sie für die glänzendste, die begabteste, die schönste Frau Deutschlands, schwimmt in Glück, und thut nicht wenig dick damit »daß sie so mit Bewunderern gesegnet sey, zu denen auch Kolb gehöre« – Mich hat sie indessen noch nicht bey ihm zu Grunde richten können, –

theils scheint wirklich eine ächte dankbare Anhänglichkeit in ihm fest gewurzelt, und theils scheinen, so oft sie ihm einen Floh über »Unmöglichkeiten« ins Ohr setzt, wieder Andre da zu seyn die ihn heraus nehmen, wenigstens wechselt seine Aengstlichkeit über mich häufig mit dem jubelndsten Triumphe ab, wo er von Nichts spricht als von meinem in Süddeutschland bereits mit so wenigen Gedichten erlangten Ruhm und der Spannung des Publikums auf das Ganze, und mir für die Zukunft zu den *exorbitantesten* Forderungen räth; – das sind spanische Schlösser! aber ich sehe doch daraus, daß sich noch andre Zungen hörbar machen als die doppelte seiner *Louise.* – ich wüste übrigens nicht wie ich, wenigstens für meine Gedichte, je mehr erwarten könnte, als ich bereits erhalte, – Cotta giebt mir für die erste Auflage von 1500 Exemplaren hundert *Louisd'or*, und hat sich fast verbindlich gemacht (wenigstens ganz ungefordert die Aussicht gestellt) für jede neue Auflage das Doppelte zu geben – also 1000 Thaler. – mehr kann ich doch unmöglich erwarten! – Jetzt bitte ich Sie aber dringend um zwey Dinge, mein Lies, – vorerst kein Wort von Dem was ich über die Frau Sch. geäußert verlauten zu lassen, – gegen Niemand – auch gegen Tante und Mutter nicht – ich kann mich ja in ihrem Charackter irren und nachher jedes Wort bitter bereuen – dann giebts überall Röhren die zu ihrem Ohre leiten, – in Münster wie Cassel Bekannte und Verwandte von ihm oder ihr, was mir gränzenlos fatal seyn würde, sowohl weil Schückings in den gegenwärtigen Verhältnissen mir sehr schaden könnten, als auch weil ich selbst dabey im schlimmsten Lichte, falsch und undankbar, erscheinen würde, – falsch, weil ich natürlich nicht umhin kann auf so viele Zärtlichkeit wenigstens einigermaßen entsprechend zu antworten – undankbar, weil Sch., dem die Besorgung meines Geschäfts endlich doch zugefallen ist, (mit Laßbergen giengs die allergräulichste Schneckenpost) sich der Sache mit wirklich liebenswürdiger Wärme angenommen und all seinen Fleiß darauf verwendet hat. – Sie sehn meine Gründe sind ernst und durchgreifend, und ich rechne also auf die größte Verschwiegenheit. – und zweitens, reden Sie in Stuttgart gegen Niemanden von meinen Gedichten, am wenigsten von dem Honorar – die Ersten könnten durchfallen, und ich würde dann mit meinen Erwartungen selbst in Ihrem Munde, lächerlich – das Letzte (Honorar) darf aus doppeltem Grunde nicht besprochen werden, – das bereits zugesagte, weil Cotta Andern viel weniger giebt (selbst Lenau und Uhland für die ersten Auflagen kaum über die Hälfte) somit gewiß ein Geheimniß daraus zu machen wünscht, dessen Ausplauderung mit dem grösten Schaden auf mich zurück fallen würde. – das künftig zu hoffende, weil Cotta es mir nicht zugesagt hat, sondern nur geschrieben, »Er pflege in solchen Fällen (bey Schriftstellern die er mir gleich stelle) bey der zweyten Auflage das Doppelte zu geben«; – dies ist kaum Zusage, obwohl, (da er diese Aeußerung ganz unaufgefordert gethan hat,) eine stark begründete Aussicht, und die gewöhnlichste *Discretion* fordert von mir, daß ich darüber schweige, bis sich die Sache *realisirt*, – vor Allem in Stuttgart, wo Cotta selbst wohnt, und mit ihm eine Masse Dichter denen er nicht das Gleiche zu geben Willens ist. – Um von diesem Gegenstande abzukommen, sage ich Ihnen nur noch, daß die Gedichte allerdings zur Ostermesse, die erst am 2ten May ist, heraus kommen, – daß Sch. Cottan gebethen hat sie in Augsburg drucken zu lassen, um die *Correctur* besorgen zu können, – daß Cotta hierauf erwiedert, »seine Dampfpresse dort drucke nicht schön genug, und er wünsche dem Buche die möglichst beste Ausstattung zu geben, doch sey ihm Sch. letzte *Revision* sehr erwünscht, weshalb alle Probebogen ihm portofrey zukommen würden, – daß Sch. bereits den 14ten Bogen erhalten hatte, und mir die fünf ersten schickt, die leider (wie wird sie dies vertheuern!) wie Prachtausgaben sind, mit schönen Typen aufs allerfeinste *Velin*-papier gedruckt, – daß ich nur ein Paar Freyexemplare erhalte – daß der *Contract* nur für diese Auflage bindet, und bey der zweyten ein neuer gemacht werden muß, Cottas verdoppeltes Honorar also nur ein vorläufiger Wink ist, damit ich mich nicht anderwärts *engagire*, während er doch nicht dadurch gebunden wird. – daß die Anzeige erst erscheint wenn der Druck vollendet ist (dann auch wohl Probegedichte denke ich mir) – und endlich, daß jene vermeintlich Smetsische *Recension* von Freiligrath eingeschickt ist, ohne Levins Vorwissen, wie es scheint, aber doch gewiß aus Freundschaft für dessen Freundinn – und daß weder Sch. noch seine Frau mich *recensiren* werden, – und nun ists über und über Zeit hiervon abzubrechen. – Was soll ich Ihnen von Sch.s eigener Lage sagen? – er nimmt sie von der besten Seite, ist vergnügt wie ein König, und baut ein Luftschloß ums andre, wobey er seinen zukünftigen Erwerb durch dramatische Arbeiten hoch anschlägt, – Cotta'n hat er noch nicht mit Augen gesehn, ist auch nicht auf Ostern von ihm *engagirt*, sondern dies wieder auf Michaelis hinaus geschoben, wo er dann sicher auf eine feste Anstellung mit 1500 Gulden rechnet, und bis dahin seine Arbeiten an der Allgemeinen sehr gut bezahlt erhält, – mich macht dies Aufschieben besorgt. – und sein Ruhm? – es ist kurios damit – er selbst *citirt* mir ein *Journal* nach dem andern, deutsche und französische, wo ich die *brillantesten* Sachen über ihn nachlesen soll (Eins, im Litteraturblatt des Morgenblatts, über sein »Schloß am Meere«, habe ich wirklich gelesen, und zweifle auch nicht an dem Daseyn der andern) kann aber durchaus auf Niemanden treffen, der diese Ansichten theilte, weder Hiesige noch Freunde die Laßberg besuchen, – es hat zwar Jeder irgend Etwas von ihm gelesen, wenigstens in den Dombausteinen und *Journalen*, viele auch sein Schloß am Meere, aber keiner will ihn loben, alle finden ihn oberflächlich, geschraubt, seine Erfindung ärmlich und unnatürlich, und seine Characktere ohne Leben und *Consequenz* – kurz, halten ihn für eine in der *Litteratur* ganz unbedeutende Person. – wie soll ich das verstehn? – Giebts eine Verbrüderung die sich, wider die Stimme des Publickums, gegenseitig heraus streicht? – oder bin ich nur zufällig immer an Solche gerathen, denen er nicht zusagte? Ich selbst finde seine Schriften zwar keineswegs schön im Ganzen, aber doch manche einzelne *Scene* sehr gelungen, – sein Trauerspiel (Günther v Schwarzburg) dagegen, was er mir Unglücklichen zur Durchsicht, bevor er es einem Verleger anbiete, schickt, ist fürchte ich *abominable* – Laßberg findet es wenigstens, und was ich bis jetzt davon gelesen (der 1ste Ackt) widerspricht dem leider nicht – es scheint ganz im *Genre* seines früheren Ritterschauspiels, etwas besser, aber blutwenig, – ein wahrer Zwillingsbruder – jetzt wissen Sie genug! – dabey wird es ihn allen Katholiken verhaßt machen, da er in Einem Zuge des Schimpfens auf »Pabst und Pfaffen« bleibt, – ich scheue mich zu antworten, seine Frau wird spinnengiftig werden! – Sein häusliches Leben ist wie gesagt, sehr glücklich – er weiß wie sehr ich gegen Aufwand in seiner Lage bin, und schreibt deshalb wiederholt »wie sparsam, ja fast geizig sie Beyde jetzt seyen, – nirgends glücklicher als ganz still bey einander in ihren vier Wänden, – keine Gesellschaften gebend, außer jeden Abend einige Hausfreunde zum Thee, – keine besuchend, außer einigen Assambleen, wo sie zu *tableaux* mitwirken müßten, und namentlich seine Frau sich in den Hauptrollen *superbe* ausnehme« – nennen Sie das Sparen? – und nun vollends zwey so theure Lustreisen in Einem halben Jahre, – nach München, und nun gar nach Italien! – und so kurz vorher die Hochzeitsreise! – ich fürchte, der Frau Kapitalien müssen herhalten, obwohl er alles aus der Feder zu saugen hofft, und mit Beyträgen – fürs Beyblatt der Allgemeinen, worin er aber bis jetzt nur ein paar kleine Aufsätze geliefert hat, (mit S. am Anfange bezeichnet) die höchstens einen Bogen ausmachen. – und dies zwar in der ersten Zeit, und nachher Nichts wieder. – Gottlob scheint noch kein Ehesegen da zu seyn, und ich bringe dies mit den italiänischen Seebädern in Verbindung. – Sch. ist übrigens doch wirklich gutmüthig, das sehe ich jetzt aus hundert Dingen, aber aufgeblasen, und leider kopfloser als je. – denken Sie nur, um mir die Lesung seines Günthers zu erleichtern, und auch Laßberg diesen Genuß vorläufig zu verschaffen, läßt er *extra* zwey Abdrücke machen, (hoffentlich auf der Schnellpresse) unterstreicht dann die alleranstößigsten Stellen in meinem Exemplar (es blieb doch noch immer ein Greuel von Anstößigkeit für Katholiken) und bittet mich es Laßbergen selbst vorzulesen, und jene Stellen auszulassen, – dies gethan, siegelt er das zweyte Exemplar mit einem zierlichen Briefe an Laßberg ein, und schickts mit derselben Post ab, so daß dieser schon tief darin zu lesen war, als ich hinauf kam, aber so *discret* gewesen ist, sein Misfallen nur gegen mich zu äußern, bey Mama und Jenny aber das ganze Geschenk durch langwieriges Vorenthalten in Vergessenheit zu bringen. – Den Cotta glaubt er (Sch) total in der Tasche zu haben, antwortet auf meine Mahnungen zur Vorsicht »Er frage den Henker nach Cotta, er brauche Cotta nicht, aber Cotta ihn, und werde sich wohl hüten ihn fortzuschicken!, und erzählt mir dann allerley anstößige Witze die er über Cotta gemacht, und worüber Kolb und einige andre Litteraten (die er nennt) tüchtig gelacht hätten« – Ich muß mich am Ende noch freuen, daß Kolb seiner Frau die *Cour* macht, und ihn hoffentlich deshalb schonen und halten wird, er allein würde sich sicher zu Grunde richten – Eine mögliche Untreue befürchte ich nicht, da sie L. wirklich leidenschaftlich zu lieben scheint, und ihn offenbar für den ersten Mann seiner Zeit hält, ich denke mir ihr Betragen als bloße Bornstedtische Gefallsucht, und hier wahrscheinlich sehr angefeuert durch das Bewustseyn, das dies der einzige Weg ist, ihres Mannes Liebe und Bewunderung wach zu erhalten – Ihre Schriften machen mehr Glück als die seinigen, und er hat mir selbst triumphirend geschrieben, daß sie ihm in einer *Recension* (die ihm Kolb vorgelesen) als Muster vorgestellt sey, auch mache sie jetzt sehr schöne Gedichte, und überhaubt müsse er staunen über die Menge von Gaben, die nach und nach an ihr zum Vorschein kämen!, *et cet*« dennoch scheint seine alte Anlage zur Blasirtheit zuweilen durchzukommen, und sie klagte mir mahl recht schmerzlich, wie schwer er es ihr zuweilen mache an seine Liebe zu glauben. – Genug hiervon, und natürlich Alles nur allein für Ihr Auge. – Daß bey Tante Ittchens Nachlaß wenig oder nichts heraus kommen wird, fürchte ich selbst, auch [wenn] wir unser Bestes thäten, ihr Name ist zu unbekannt, und der Zwang einen uns vielleicht gar nicht zusagenden Stoff ausspinnen zu müssen, würde auch unsre Leistungen sehr herab drükken, aber was meinen Sie? sollen wir zusammen, unter eigenen Namen, einen Band von sechs Erzählungen heraus geben – drey Sie, drey Ich? – ich denke mir Cotta nähm ihn, und würde ihn auch ordentlich bezahlen. – Sie dürfen mir Ihre Zustimmung nur aussprechen, so fange ich morgen an. – 3ten, Es rückt gar nicht voran mit diesem Briefe, immer werde ich abgerufen! – Besuche – Kirchengehn – Aufträge – heute muß er nothwendig zur Post – und mir sind die Finger steif vor Kälte – seit 2 Tagen hat die Sonne Nachmittags so heiß hinein gebrannt, daß ich heute nicht habe heizen lassen, nun ists aber erst Morgens, und mich friert hundemäßig. – Nochmahls auf Ihre Reise zurück zu kommen, so dürfte ich nicht daran denken meine arme Mama mit ihrem Herzklopfen, was jetzt obendrein anfängt, ganz unregelmäßig zu kommen (bald den 12–14ten, bald schon den 6–7ten Tag) den ganzen Weg allein mit Settchen machen zu lassen, könnte mir also nur dann das Stuttgarter *Plaisir* erlauben, wenn wir nur einen, höchstens zwey Tage vor ihr abreißten, und dann entweder dort oder in Mannheim wieder mit ihr zusammen träfen – die Sache läßt sich jetzt noch nicht aufs Tapet bringen, das wird sich hoffentlich machen, wenn Sie erst hier sind, – mein altes Herz! unser Strand ist diesen Winter unterm Schnee recht melancholisch gewesen, und wenn ich mir ihr Persönchen in die starre Blitzerey hindenken wollte, liefs mir kalt über den Rücken, aber der See blieb immer der alte, schöne, grüne, da kamen Sie im Dampfboot heran gebraußt, – in anderthalb Monaten sehe ich wirklich mit dem Perspecktiv nach Ihnen aus! – welches *Plaisir*! – lieb Lies, ich habe hier nichts Neues an Freundschaften aufgethan, wie Sie fürchteten – die Fürstin Salm habe ich zwar recht gern, und sie kömmt jeden Sonntag, aber sie bleibt, aufrichtig gesagt, doch immer ein *faute de mieux*, Alles liebend und treibend, was ich liebe und treibe, aber in so *heterogenem* Geschmacke, daß ich darüber zu sprechen vermeide, und zudem würde Laßbergs und Jennys förmliche Höflichkeit nie ein recht gemüthliches Verhältniß aufkommen lassen. – *Philippa Persal* habe ich auch kennen lernen, sie war mit ihrem Vater eine Woche hier, ist wirklich höchst *interessant*, obwohl häßlich, aber voll Talent, Geist und Leben, und ihre junge *originelle* Kraft hat mir einen recht erfrischenden Eindruck gemacht, – aber sie ist fast ein Kind überhaubt, und gegen mich vollends, – ein Wesen daß man mit Freude betrachtet, ohne im Mindesten an einen eigentlichen Berührungspunkt zu denken, zudem wohnen sie weit von hier, – ein solcher Besuch ist allemahl für ein ganzes Jahr, – sie ist also an mir vorüber geschwebt wie die Heldin eines Romans, die lebt solange man liest, und dann ins Blaue zerrinnt. – Aber mein Lies habe ich wirklich, durch 1000 Fäden gegenseitiger Treue, gleicher Ansichten, gleicher Erlebnisse an mich geknüpft, und das bleibt mir auch, bis meine ohnedies halbblinden Augen gar nichts mehr sehn – was meinen Sie, würden Sie mich noch wohl liebhaben, wenn ich ganz alt und schwachsinnig wäre? – wir wollen nicht daran denken, die Zeit läuft doch schnell genug. – Daß ich Ihre Familienbedrängnisse mittrage, wissen Sie ungesagt, ich wollte ich könnte es nur auf eine andre Weise als blos im Herzen, – Das einzige Mittel dazu scheint mir vorläufig mein Beytrag zu jenem Bande Erzählungen – läßt Ihre Stimmung Ihnen jetzt keine derartigen Arbeiten zu, so schreibe ich ihn allenfalls auch allein, nur währts dann länger. – Ach, Sie wissen wohl wie gern ichs thue, mich verlangt recht nach einer Gelegenheit Ihnen zu zeigen, daß meine Freundschaft nicht blos in schönen Reden besteht –

NB. ich habe jetzt Sch. (sehr kurzes) Trauerspiel zu Ende gelesen, es ist doch bedeutend besser wie das frühere, und nähert sich an Werth mehr seinen Erzählungen, steht aber doch unter ihnen, und ist ein wunderliches Gemisch von Gutem und Schlechten. dann eine zu Herzen gehende Phrase, dann eine miserabel schwülstige, – zuweilen wahre Menschenkenntniß und Zartheit, und dann gänzliches tacktloses Vergreifen sowohl in Handlung wie Charackteren, – einzelne Momente sehr glücklich für die Bühne berechnet, andre *Scenen* zum Sterben langweilig. ich würde es eine sehr fehlerhafte Schülerarbeit die aber gute Anlagen verräth nennen, wenn Sch. nicht zum Schüler zu alt, zu *routinirt,* und namentlich in diesem Fache schon zu versucht wäre, jetzt bleibts dabey, er hat kein Talent zum Drama, – doch könnten sehr gute Schauspieler das Stück bedeutend heben, wenn sie über die schlechten Stellen schnell wegrutschten, und die guten mit all ihrem Feuer und *Aplomb* höben – man sieht dies an den Stücken der *Birchpfeiffer,* die auch voll Schwulst und Unnatur sind, zugleich aber sehr dankbare Momente für tüchtige Schauspieler enthalten, und deshalb zwar von der Kritik zerissen aber vom Publikum beklatscht werden – doch kann sich Sch. durchaus mit ihr nicht messen, aber eine gewisse Aehnlichkeit ist da, – Ueber Pauline kann ich mich leider nur mit Ihnen betrüben, und weiß keinen Rath, sie scheint doch ein etwas fatales Persönchen zu seyn, und ich fürchte sie zu *recommandiren* würde Jedem nur Verdruß und ihr wenig Nutzen bringen, da man sie doch schwerlich behalten würde, – wüste man, daß ihr Stolz ächt genug wäre um ihre Tugend immer zu schützen, so könnte man ihr nichts wahrhaft Wohlgemeinteres wünschen, als daß sie dahin käme Kammerjungfer werden oder sich eine Zeitlang mit Stricken und Nähen erhalten zu müssen, ich fürchte ohne eine sehr sehr harte Schule geht sie nicht in sich, – doch bitte ich Sie, lieb Lies, wenn es Ihnen möglich ist, mich fortwährend von ihrer Lage in Kenntniß zu erhalten, aufs Aeußerste darf ichs doch nicht kommen

lassen – mein erster Schriftstellererwerb geht zwar gänzlich drauf für den Ankauf des Rebgütchens und die allernothwendigsten Verbesserungen von Haus und Land – aber so bleibt mir doch meine Leibrente jetzt ungeschmälert, – nun *Adieu*, mein Lies, 1000 Grüße an Nanny und Luischen, Schlüters, dem wunderlichen Junkmann – für Letzteren schließe ich, wo möglich, ein paar Zeilen Antwort auf seinen lieben verdrehten Zeddel bey, d. h. wenn mir nach dem Gottesdienste noch irgend Zeit bis zum Abgang der Post bleibt, – wo nicht hole ich es nächstens nach, und grüße ihn vorläufig. *adieu*, mein Lies, antworten Sie mir doch recht bald.
Ihre treue Nette.

[Am Rand] Aber, Lies, antworten Sie doch bald, das muß ich nochmals wiederholen, Sie glauben nicht, welches Labsal mir Ihre Briefe sind, – mein Bestes hier – jeder mir beynahe so lieb wie Cottas Brief mit dem 100 *Louisd'or*-Contrackt

Laßberg, Jenny, Mama, Alle tragen mir so viele Grüße und einladende Redensarten auf, daß ich sie unmöglich hinschreiben kann, aber kurz, Sie sind 1000mal gegrüßt, als Urgroßtante, Frau Gothelinde *et cet et cet*. – – Es ist am Besten Sie verbrennen diesen Brief, ich habe ihn zuerst so vorsichtig angefangen und, nachher so heillos darauflos geschrieben.

19

[Rüschhaus,] Donnerstag 12. Nov. [Dezember] 44

Mein lieb Herz!

Ich habe Ihnen die Blätter nicht eher wiederschicken können, weil die Bückersche, von und zur Schlacht- und Wursterey in *Requisition* genommen, ihre Bothengänge ausgesetzt hatte, – Ich hoffe dies hat Sie in keine Verlegenheit gebracht? – Mit der *Recension* bin ich sehr zufrieden, – mehr wie zufrieden, – überrascht und geblendet, da ich sie, nach den vorläufigen Andeutungen meiner Mutter, für beynahe schlimm halten mußte. – was kann ich mehr erwarten! das Lob schwimmt ja durchaus oben, und der wenige saure Bodensatz ist ja so milde eingeschmuggelt, daß ich immer denke, Zedlitzens Bekanntschaft mit Schückings hat eben auch nicht geschadet. – Die Proben sind zwar allerdings weder glücklich gewählt, – noch glücklich ans Licht gebracht, – in der ersten (an die Schriftstellerinnen) fehlt einmal (4te Strophe) eine ganze Zeile, und zuletzt wird die »Gattin« eine sehr wunderliche »Göttin« – aber das ist ein *Malheur* und keine Schuld. – Ueber Freiligrath gehts arg her, zwar nicht ärger als er verdient, aber dennoch dauert er mich, – ehrgeizig, und dabey ohne Tackt und innere Bildung wie er einmal ist, haben sie ihn erst durch jede Art von Hohn und Herabsetzung halb toll gemacht, und nun er ihren Willen thut, schlagen sie erst recht auf ihn los. – wenn ich mir denke wie ihm zu Muthe sein mag, arm, mit einer kranken Frau, von den alten Freunden verlassen, von den neuen fast zurück gestoßen, – es würde mich nicht wundern, wenn er aus *Desperation* sein altes Schlaraffenleben wieder anfing, und endlich miserabel als Bettelbriefschreiber endigte, – es würde mich doch grausen wenn es so käm! – aber die Möglichkeit ist leider vollkommen da, – vom bloßen Dichten kann auf die Dauer Niemand leben, zur Prosa gehören Vielseitigkeit, natürlicher Styl, und Kenntnisse – drey Dinge die Fr. alle gleich sehr fehlen, – und zu irgend einem litterarischem Amte, z. B. *Redaction, et cet*, soll er ja gänzlich unfähig seyn. – Es steht eben kein Glücksstern über den Detmolder Poeten, und ich muß mit Betrübniß und einem Art Schauder an Freyligraths Nachruf an Grabbe denken, den er so recht im Glanz seines Glücks und seiner Protektormacht schrieb. – Lieber Gott! wenn ihm damals Jemand gesagt hätte »nach 4–5 Jahren prophezeit man Dir ein ähnliches Ende, und Du fürchtest es vielleicht selbst insgeheim« – Schückings Vertheidigung ist ungemein schwach, doppelt schwach durch den Mangel an Ueberzeugung und die *Gene* seiner Stellung als *Redacteur* eines durchaus andere Grundsätze zeigenden Blattes, dennoch freut es mich daß er sie geschrieben hat, – es war eine Art Opfer, das man ihm einerseits tadeln und andrerseits gewiß nicht danken wird, und seine Frau wenigstens ist viel zu klug um dies nicht voraus gesehn zu haben, – so kömmt mahl wieder reine Gutmüthigkeit und Hangen an einer alten Erinnerung zum Vorschein. – Aber ist es Ihnen nicht aufgefallen, daß Sch. als »ein Jugendfreund« Freiligraths bezeichnet wird? – sie waren doch wahrlich keine Kinder mehr als sie sich kennen lernten, und doch wird jene Zeit, die mir nahe wie Gestern scheint, als eine »alte« eine vergangene »Jugendepoche« bezeichnet. – lieber Gott! wie die Zeit rennt! – Mit Paulinen geht es miserabel, Sch. schreibt: »Pauline macht uns vielen Kummer, sie ist eine ganz unbeschreiblich gräuliche Person! *Louise* hat sich alle Mühe mit ihr gegeben, aber alles vergebens: wir haben sie nun reichlich mit Kleidern, Mantel, guter Wäsche *et cet* ausgestattet, und suchen sie baldigst los zu werden, sie verdirbt uns unser Haus und unsre Gesellschaft: man könnte ein Buch darüber schreiben.« – Das hat mich nun wieder etwas empört, »sie verdirbt uns unser Haus und unsre Gesellschaft« – die Eitelkeit darf nicht ins Spiel kommen, dann ists mit der Gutmüthigkeit rein vorbey. – ich habe ein gutes Wort für sie eingelegt, im Namen seiner seligen Mutter, wenn das nicht hilft so hilft nichts. – indessen wird er sie doch hoffentlich nicht fortschicken ohne ein anderes Unterkommen, aber gewiß sie zu dem ersten besten drängen, gleichviel ob passend oder nicht, und sich dann nachher schwerlich zu dem Wiederaufnehmen herbey lassen; – Lieber Himmel! die wird auch mahl aus ihren Illusionen gefallen seyn! *NB:* lassen Sie mich doch wissen, was mein Antheil an Paulinens *Lectionen* macht, ich habe jetzt etwas Geld, und schicke es Ihnen dann das nächste mahl. – Den »Thiers« (den sie mir in ihrem Briefe abgesagt und in der Wirklichkeit geschickt haben) finde ich sehr brauchbar, habe ihn aber leider noch nicht mal ganz zu Ende lesen können (dies hielt ich nämlich für nöthig, um mir den Eindruck der ganzen Zeit lebendig zu geben) da mir seit Kurzem die Augen oft wunderlich angegriffen sind, im Finstern Blitze fahren, und Tage kommen, wo ich fühle daß die strengste Schonung Noth thut, – das kömmt wohl vom Husten, der zwar, im Vergleich mit manchen früheren Wintern, nur gering ist, aber sich auch um kein Haar bessern will, und doch allmählig anfängt, durch die beständige Erschütterung, auf Kopf, Brust und Leib zu wirken, so daß mir bald das Eine bald das Andere weh thut, – Sie dürfen Sich aber nicht ängsten, lieb Herz, ich habe weder Fieber noch den erstickenden Schleimandrang wie sonst wohl, und wenn es nicht schlimmer wird will ich diesen Winter loben. – aber meine Arbeiten leiden doch sehr darunter, – es bleibt zumeist beym Ordnen und Ausarbeiten in Gedanken, – ich habe mir im »Thiers« viele Stellen bezeichnet, um entweder Auszüge zu machen, oder nachzuschlagen, je nach Dauer der Zeit wo ich ihn behalten darf. – Schreiben Sie mir doch hierüber – Auszüge machen kann ich wohl schnell, und ihn dann nach wenigen Tagen zurück schicken, – aber sie werden dann nothwendig kurz, oberflächlich, und werden mir schwerlich in dem Augenblicke wo ich sie brauche ein hinlänglich belebtes Bild zurück rufen, und doch fällt es mir nicht ein zu glauben ich könne das Buch noch etwa einen Monat behalten. – So will ich denn nur gleich nach Beendigung der *Lecture* (ich denke übermorgen) an das Ausziehen gehn, was kaum mehr als einen Tag hinnehmen wird, und dann Wernern auf Kundschaft schikken, ob er mir vielleicht späterhin das Buch noch einmahl verschaffen kann; – Ihr Exemplar schicke ich Ihnen wieder sobald möglich, – jedenfalls Anfangs der nächsten Woche, – ich habe es sauber in Papier eingeschlagen, und lege es aus der Hand immer in meinen Schreibtisch, denn es ist eins der unglücklichen Bücher die eigentlich neu seyn sollen, und doch schon hier und dort Daumenabdrücke haben, unter die sich dann die ersten Leser theilen müssen. – Aber, lieb Herz, was schreiben Sie mir von der Möglichkeit einer Trennung! glaubte ich es so würde mit todtangst, indessen haben Sie dies so oft, gottlob umsonst, gefürchtet, daß der Gedanke gar nicht bey mir haften will, – warum sollte R[üdiger] vom neuen Oberpräsidenten (den wir noch nicht mahl errathen können) zurück gesetzt werden? – Von einer Spannung zwischen R. und *Devigneau* haben Sie mir freylich schon früher gesagt, aber übrigens ist die allgemeine Stimme so sehr für R. – ich habe seiner, sowohl was Charackter als Kenntnisse und Fleiß anbelangt, nie anders als mit ausgezeichneter Achtung erwähnen hören, (und ich bin oft in diese Gelegenheit gekommen) so daß ich meine, *Devigneau* kann es nicht wagen einen so allgemein geschätzten und langverdienten Mann zu kränken. – Geschähe es indessen so wären wir Beyde allerdings übel daran, – Ich noch mehr wie Sie, denn in Ihrem Alter schließt man sich noch leichter an, und Sie kämen jedenfalls in Verhältnisse, die Ihnen neue Bekanntschaften aufnöthigten, wo sich denn auch wohl Gutes fände, – aber ich wäre in der That recht sehr verlassen, – Schlüters kommen so gar nicht mehr, und haben so viel Neues angeknüpft, schreiben auch nicht mehr – ich kann leider nur noch wenig von ihnen erwarten – So sind Sie, mein Lies, unter allen Selbstgewählten, mir als das

Liebste und Letzte geblieben, und ich müßte ohne Sie gleichsam von meinem eigenen Blute zehren. – Nein, Lies, so schlimm schickt es mir der liebe Gott nicht, – ich will und muß das Beste hoffen; – Kommen Sie denn wirklich nicht mehr in diesem Jahre? – aber doch gewiß zu Anfang des nächsten? – ich habe Sie jetzt schon so lange entbehrt, – und hätte oft viel um eine Stunde Beysammenseyn gegeben, – ich habe Sie ungeheuer lieb, Lies, aber, kurios, je lieber Sie mir werden, je mehr schäme ich mich es Ihnen zu sagen, wenigstens schriftlich. – Gute Nacht, mein süßes Herz, gute Nacht, Ihre Nette.

[Am Rand] Gruß an Nanny und Luischen.

Mama grüßt herzlich, und hat Sie so lieb, daß Sie bey ihren *touren* nach Münster sehr stark mitwirken.

20

[Rüschhaus, den 16. Januar 1845.]
Donnerstag d. 17ten

Denken Sie, mein Lies, ich bin vorgestern den Tag über und vollends die Nacht, so krank gewesen, daß ich meinte es wär nun rein aus mit mir, – Seitenstechen, Brustkrämpfe, Gliederschmerz – gestern wards besser, und heute bin ich wohler wie vor diesem Ausbruche – so wärs nicht der Mühe werth davon zu reden, wenn ich nicht mein spätes Schreiben entschuldigen müßte. – auch jetzt muß ich mich kurz fassen, denn meine Nerven sind noch schändlich herunter; – Die Novelle Ihrer lieben Mutter ist eigentlich viel hübscher wie die vorige, und doch wieder nicht ganz so wie man sie für den Druck wünscht, – sie trägt den Stempel der Wahrheit, und einer erschütternden Wahrheit, ich glaube sie muß Jedermanns Interesse erregen – das ist sehr viel – Die anstößigen Stellen dagegen werden Ihnen Selbst nicht entgangen seyn, sie sind alle in der ersten Hälfte, die meisten sogar auf den ersten Seiten enthalten, wie denn überhaubt je näher dem Ende je hübscher – Es ist aber gar viel an einem guten Anfange gelegen, der dem Leser die gewünschte Stimmung giebt, – Haben Sie, wie bey der vorigen, freye Hand zu ändern, so, glaube ich, bedarf es nur geringen Ausmerzens, und vielleicht ein oder zweymahl noch geringerer Zusätze, um allen ungünstigen Auslegungen zu begegnen; – wir müssen das mündlich bereden, d. h. wenn Sie meine genaue Ansicht zu wissen wünschen, – ich darf mich, wenigstens heute, schriftlich nicht so weit einlassen; – aber die Novelle hat ohne Frage ihren sehr *reellen* Werth. –

Der Brief Ihrer armen liebenswürdigen Freundinn hat mich sehr gerührt, – ich wollte ich wär eine schatzreiche Prinzeß, um alle solche warme weiche gedrückte Seelen um mich versammeln zu können, zu meiner Freude und ihrer

Erleichterung, – warum haben Sie mir denn nie von dieser Freundin erzählt? – Ach Gott, wie dankbar muß man dem Himmel doch seyn, wenn er Einem eine, wenn auch bescheidne, doch unabhängige Existenz verliehen hat! ich denke immer mit Beschämung wie miserabel ich mich in einer ähnlichen Lage machen würde, und fühle den tiefsten Respeckt vor solchen muthigen Kämpfern mit den Verhältnissen, – Sie müssen mir mehr von dieser liebenswürdigen Person erzählen. – Pauline ist aber mahl von ihrem Throne gestiegen! – was wollen Sie nun machen, da sie so gänzlich nicht *recommandable* ist? – Ich finde es unrecht, wenigstens *indelicat*, von Schücking eine solche Zumuthung an Sie geschehn zu lassen, – freylich! Noth kennt kein Gebot – aber er weiß doch vollkommen daß Sie Sich in den Sumpf fahren, – Mich dünkt Frau Düts, die ja so verliebt in Paulinen gewesen ist, daß sie ihr doppelten Gehalt gebothen hat, (wenns wahr ist) wäre ohne Frage die nächste und passendste zu diesem Liebesdienst, und wäre mir der Brief zugekommen, so würde ich mich, unter dem Vorwande, daß ich über Paulinens Kenntnisse keine hinlänglichen und über ihre Weise Kinder zu behandeln gar keine Erfahrungen habe, an diese um das gewünschte Zeugniß wenden, – vielleicht giebt sie ein erträgliches – schlimmsten Falls ein schlechtes was Sie in den Ofen stecken. – Daß Pauline vielleicht nicht ganz freundlich von ihr geschieden ist, wird bey einer gebildeten ehrliebenden Person der Sache keinen Eintrag thun, – eher Vortheil. – Ich schicke Ihnen hier auch das bewuste Geld – ganz weggeworfen wird es doch nicht seyn, sie muß sich doch, wohl oder übel, selbst durchschlagen, da ist Französisch immer ein brauchbarer Artikel. – Samstag war Prosper hier, – durchreisend, um in Coblenz bey einem Buchhändler einzutreten – Sie hatten mir ihn so gräulich geschildert daß es ihm zum Vortheil kam, doch ist er jedenfalls ein etwas unangenehmes *Subject*, – ein kleiner gemein aussehender Knirps, linkisch und *arrogant*, – dennoch ists möglich daß er Verstand hat, es liegt etwas Derartiges in seinem unangenehmen Gesichte, – An seine *Equipirung* war nicht viel verwendet, er trug in der grimmigen Kälte weder Mantel noch Ueberrock, sondern zwey Röcke (wahrscheinlich seine ganze *Garderobe*) über einander; – dafür halten Sch. drey Mägde, und haben jeden Abend Gesellschaft zum Thee! – Hätte ich Geld gehabt, ich wäre sehr geneigt gewesen es ihm anzubieten, nun aber hatte ich keins, und konnte mir jedes Nachdenken *pro* und *contra* ersparen. – *NB*. Mama hat die *Thabouillot* kennen gelernt, – bey Wintgens – es scheint mir eine abgeredete Sache gewesen zu seyn, denn Mama war zuerst bey Wintgens, versprach dann wiederzukommen und dieses zweyte Mal kam kurz nach ihr die *Tabouillot*, – es ist mir lieb daß sie sich gesehn haben, obwohl der Eindruck (ich kann nur von Einer Seite reden) nur halb, und das endliche *Resultat* keineswegs den wahrscheinlichen Wünschen der Wintgens entsprechend gewesen ist, – Mama hat nämlich die *Th*. sehr hübsch und auch recht anmuthig gefunden, sie hat viel und gern mit ihr gesprochen, und sie nicht eingeladen, – sie ist ihr vorgekommen wie eine sehr gute, unschuldige, aber etwas sentimentale überpoetische Person, bey der man sich aufschrauben müsse, und auf die Länge mitunter langweilen könne; – jedoch hat sie ihr großen Antheil eingeflößt, und sie meint man müsse ihr Alles Liebe und Gute thun, aber aus der Ferne; – Der Gedanke an die unsichren, gewiß nicht vorhaltenden, Existenzmittel der *Th*., und was mir dann, bey einem näheren Verhältnisse leicht daraus erwachsen könne, hat auch wohl viel zu dieser Ansicht beygetragen, – kurz, die Sache scheint abgemacht, und ich thue jetzt am Besten mich vor persönlicher Bekanntschaft mit der Th. zu hüten. – Es versteht sich daß ich Ihnen dies ganz *sub Rosa* mittheile, – vor Allen lassen Sie Sich gegen Nanny kein Wort davon entfallen, – auch gegen Luischen nicht. – Daß sie den dritten Theil der *»Comtesse de Rudolstadt«* nur flüchtig gelesen haben ist kein Verlust, er ist mordschlecht, ich kenne kein Buch was so zusammenfiele – auch nicht Eine natürliche

Person oder *Scene* mehr! – der Heldin, früher, obwohl ungewarnt, wie durch höhere *Inspiration* ein Wunder von Vorsicht und *Consequenz*, werden jetzt von allen Seiten die Augen geöffnet, und sie rennt doch wie eine Kuh ins Feuer, – und dabey wird Einem noch zugemuthet sie zu bewundern! – und zu welcher *Race* von unmöglichen Thieren gehören diese Freymaurer? – dennoch möchte ich das Ende lesen. – Den *Thiers* werde ich also mit Ihrer Erlaubniß noch länger behalten, – das (früher ungelesene) Kapitel von dem ich am Meisten erwartete *»Situation de la Belgique«* hat zwar verhältnißmäßig sehr wenig geleistet, und ist fast rein militärisch gehalten, aber das ganze Buch enthält so viele brauchbare Andeutungen, giebt mir vor Allem ein so lebhaftes Bild der Gährung und Unordnungen in einem halb *revolutionairen* Lande (die sich ja überall gleich sind) daß ich wohl auszukommen hoffe, – ohne Verstöße, da ich mir Land und Volk bey meinem Aufenthalte dort aufmerksam angesehn habe. – Und nun gute Nacht, mein alt lieb Herz, ich habe mich schon ganz übel geschrieben, aber bey dem Lies kann ich nie zu Ende kommen, obenan steht gewöhnlich »nur zwey Zeilen« und dann habe ich jeden weißen Fleck vollgekratzt – so gehts. – »die Liebe, ach die Liebe. hat mich so weit gebracht!« – hat das Lies mich auch lieb? – es muß wohl, ich thue es ihm mit der Gewalt an. – 1000 gute Nacht. Ihre Nette.

[Am Rand] Gruß an Nanny und Luischen.

Ich lege die *Tresor*scheine oben auf den Brief, wenn Sie sie nicht schon in Händen haben, liegen sie zu Ihren Füßen auf dem Boden.

21

[Rüschhaus, den 20. Februar 1845?]
Donnerstag d. 20ten

Hier die Nachtgedanken, lieb Herz, – welche Gewalt über die Sprache steht Ihrer Mutter doch zu Gebote wenn sie als Uebersetzerinn auftritt! – ich meine überhaubt sie hätte sich nicht von der gebundenen Schreibart lossagen sollen – ihre Gedichte sind früher sehr hochgeschätzt worden, und wenn dies jetzt nicht mehr im gleichen Grade der Fall ist, so liegt dies nur an der gänzlichen Umwandlung des Geschmacks, der, wie immer, über die zunächst stehende Periode, über das noch nicht Antike sondern blos Veraltete, das Anathem ausspricht. – In den Nachtgedanken zeigt sich indessen nichts von jenem, zwar wohlklingenden aber uns jetzt zu weichlich scheinendem, Versflusse, den Tiedges Urania und die bezauberte Rose angegeben hatten, und dessen Schwächen man, nebenbey gesagt, jetzt richtiger beurtheilt als seine Schönheiten, die in späteren Zeiten schon ihre Vertreter finden werden; – Indessen zeigt sich jedenfalls kein Rest jenes Geschmacks mehr in der vorliegenden Uebersetzung, die Sprache ist vielmehr kräftig, durchaus *modern*, und nur schöner und geregelter als unsre neusten Poeten sich zumuthen mögen, – so zweifle ich gar nicht daß Ihrer lieben Mutter dieselben Vortheile bey eignen Erzeugnissen zu Gebothe stehn, und der Ruf einer zweyten Periode als Dichterin wahrscheinlich den der ersten weit überbieten würde – nur fordert freylich ein Band Gedichte, wenn sie nicht einförmig werden sollen, mehr Gemüthsfreyheit und Mannichfaltigkeit der Stimmungen, als man augenblicklich von Ihrer lieben Mutter erwarten darf, – Indessen, so Gott will, werden Sie, mein Lies, Ihr Mütterchen noch wieder heiter sehn, wenn auch nicht ganz wie früher, doch viel viel anders als Sie Sich es jetzt vorstellen, – der Himmel hat uns sehr gnädig gebildet, und die heilende Kraft in uns ist viel größer als wir es glauben können und mögen. – Ich brüte jetzt über einem Stoff zur dritten Erzählung für unser Buch; um doch ans Werk zu kommen, bis ich der nöthigen Notizen über Belgien für die zweyte (als erste soll ja die »Judenbuche« gelten) habhaft geworden bin, und dichte zwischendurch etwas für den Cölner Schlingel, falls er auf unsren Vorschlag eingehen sollte, – Gott gebe es, obwohl mir die Novelle passender für ein Taschenbuch scheint, da es mitunter schwer seyn möchte sie in die nöthigen Abschnitte zu theilen, deren jeder doch einen bedeutenden Fortschritt der Geschichte und spannende Punkte enthalten müßte; – Ich glaube wenn es mit dem Cölner nicht geht könnte man es noch immer mit einem Taschenbuch (z. B. der Cornelia, wenn die noch existirt) versuchen. – Ich habe noch Husten, aber einen bescheidenen der mich wenig *molestirt*, doch habe ich dies mir selbst zu danken, und meinem Stubenarrest, es ist aber doch ein trübseliges Leben, daß ich die Nase nicht mahl durchs Fenster stecken darf ohne acht Tage dafür zu büßen! Daß Sie, miserables, Ihr Portrait kaputt geschnitten haben hat mich anfangs ganz außer mir gebracht, – ich fand es so niedlich in seinem alten Zustande! – ein so reizendes kleines *Genre*bildchen! – die Casawaika so mahlerisch! – ich hätte weinen mögen. – Mama hat mich indessen getröstet, und meint es sey auch so allerliebst, vielleicht noch ansprechender als zuvor, da muß ich denn wohl glauben, was ich mir nicht recht vorstellen kann. – Wann bekomme ich es aber wieder? – Bringen Sie es nicht Selbst? – ich hoffte durch Mama etwas Bestimmtes hierüber zu erfahren, aber Sie haben die Sache weitläufig und problematisch behandelt, und mich dadurch ganz betrübt gemacht. – Adieu, mein Lies, – hörte doch nur der Regen oben und der gräuliche Dreck unten auf! dann kämen Sie wohl, mit Luischen; oder ich entschlösse mich zu einem Versuche wieviel sich mein Catharr bieten läßt. – »Geduld, Geduld, du bitteres Kraut!« – ich bin aber eine sehr ungeduldige Ge-

duldige. – Gute Nacht, mein lieb Tuckelchen, – der Ofen flackert so schön – das ganze Zimmer so winterlich heimlich – es ist eine Schande daß ich es allein genießen muß – Sie würden in einem See von Träumen schwimmen. – Mama grüßt 1000mal, und ist einerseits fast verblüfft über Ihre Bewirthung, die sie ein »förmliches Tracktament« nennt, anderseits entzückt über Ihre und Rüdigers Freundlichkeit. – *NB*. wenn Sie kommen, geben Sie doch nicht wieder Ihrem Velten so *genante rendezvous*, die Bückersche geht ja fast jeden Tag, – *addio.*
Ihre treue Nette.

Grüße an Nanny und Luischen. – Wo sind denn die Nachtgedanken zu haben? – bey Coppenrath?

22

[Rüschhaus, den 21. März 1845.]
Charfreytag 45

Lieb Herz!

Obwohl ich die Bücher acht Tage behalten durfte schicke ich sie doch heute zurück, da ich morgen nach Hülshoff gehe, und die Gelegenheiten dort seltner sind und (ich weiß nicht warum) mir viel unsicherer vorkommen. – Der französische Roman ist doch sehr spannend, bis dahin auch nicht unmoralisch, und ich läse ihn gern zu Ende, – der *Rochefaucauld* scheint mir aber nur ein Vorbild wie man *Portraits* nicht zeichnen soll; – Für Paris, wo alle Modelle leben oder gelebt haben, und ein halbes Wort Jedermann *au fait* setzt, mag er indeß *Piquantes* genug enthalten, aber uns, denen die zarten Winke verloren gehn, bleibt nichts als ein sentimentales Hofgeschwätz mit den immer wiederkehrenden Bildern von Perlenzähnen, schwebenden Füßchen, und überaus tiefen und lebhaften Charackteren, bey denen nur abwechselnd eine der stehenden Eigenschaften überwiegt*. – Auch daß die Verhältnisse natürlich gar keine eingestreuten Belege, *Scenen, Genre*bildchen, gestatten, macht das Buch noch langweiliger. – Hat es Ruf? – es kömmt mir wohl darnach vor, aber seine *Pointen* sind für uns verloren. Aber was macht das Lies? es räsonnirt über meine einfache Tasse und überschüttet mich doch selbst mit Geschenken, – die Medaille ist wunderschön, nicht allein schöner wie ich eine besitze, sondern wie ich je eine gesehn. Von dieser weiß ich daß ich sie Ihrem Gemahl zu verdanken habe, und Sie können ihm nur sagen, daß ich sie schon mehr als zwanzigmahl besehn habe, und noch öfterer besehn würde wenn ich nicht

* entweder die »*vivacité*« oder die »*Noblesse*«

fürchtete daß sie anliefe. – Wenn Sie hier kommen wollen wir meine Medaillen durchgehn, es würde mir die gröste Freude machen, wenn ich Etwas darunter fände was ihm dann auch wirklich angenehm wäre. – Grüßen Sie ihn freundlichst von mir, und meinen allerschönsten Dank. – Aber von wem sind denn die sehr guten römischen Münzen? (die große *bronzene* ist sogar äußerst selten) ich erinnere mich nicht sie bey Rüdiger gesehn zu haben, – oder doch? – Sie fragen mich ob ich noch Gedichte liegen habe? – lieb Herz, wir haben ja den ganzen vorräthigen Plunder zusammen durchgesehn, und kaum der *Thabouillot* würdiges darunter gefunden. Für diese habe ich nun seitdem einige neue gemacht, und vor einigen Tagen eingeschickt, und was ich für die *Thabouillot* thue, thue ich gewiß dreymahl so gern für Sie, – wenn ich nur kann – mein Kopf ist noch recht schwach und leer, – ich will es in Hülshoff versuchen, und die *Resultate*, wenn sie irgend erträglich sind, zu Ihrer *Disposition* stellen. – Aber ich weiß gar nicht wie ich mit der Cölner daran bin, der Püttmann ist auf und davon, und die Gesinnungen des neuen *Redacteurs* sind mir unbekannt. Von den damals eingeschickten Gedichten sind zwey abgedruckt, das dritte »Im Grase« nicht. – ist es ausgemustert? oder verloren? – im letzten Falle würde ich es nochmahls einschicken, im ersten aber wäre es wenigstens keine Schmäucheley und keine besondere Anfeuerung zu ferneren Beyträgen. Auch gebe ich nur dann meine Gedichte umsonst, wenn ich sehe daß dies den guten Zwecken Ihrer lieben verehrten Mutter auch etwas nützt, sonst fühle ich mich nicht berufen den Osterhasen für die Cölner Zeitung zu machen. – Wissen Sie auch was der Osterhase ist? – ein in Schwaben sehr geschätztes Vieh, legt die Ostereyer (*respective* Puppen, hölzerne Reuter) für die dortigen Kinder, und Sie können ihn in Brentano's »Gockel, Hinkel, und Gackeleja« ganz natürlich abgebildet finden, wie er grade daran ist ein Ey zu legen. – Also: ich schicke Ihnen die Gedichte jedenfalls, d. h. wenn ich etwas fertig bringe, und das Weitere muß sich dann nach geschehener Einsendung finden. – entweder – oder –

Nach Augsburg habe ich geschrieben, dem *Dræxler-*Manfred den »Mondesaufgang« zugesagt, und mich wegen des Boas erkundigt, von Paulinen aber kein Wort, weil ich leider Nichts wuste; – Mir ist recht angst bey der Sache, und bleibt nur der Trost, daß Amerika ein gar zu lockendes Eldorado ist, als daß P. nicht mit Händen und Füßen darauf los steuern sollte; – hätte Alfred sie in ein hiesiges Landstädtchen eingeladen, dann wäre es ein Andres, aber dort hofft sie gewiß *furore* zu machen, – eine Dichterin! – Schwester eines Literaten! – und reizende Fremde! – Ich denke mir sie ist doch durch Münster gekommen, aber zu übermüthig um ihre Tanten, die sie verkannt, oder die Räthin Rüdiger, die ihr nicht geschrieben hat, aufzusuchen; – sie hat ja jetzt Geld, schöne Kleider und große Aussichten! – Gott beschütze sie nur vor der Langeweile der Ueberfahrt, ich meine der Langeweile der andern Passagiere, die, wie die Nacht, alle Katzen gleichfarbig macht. – Einmahl in Amerika angekommen mag es wohl seyn daß dort ihr Weitzen noch am ersten blüht. – Die Novelle Ihrer lieben Mutter schicken Sie nicht nach Hülshoff, ich denke gleich nach den Ostertagen von dort wieder fortzugehn, womöglich schon Osterdienstag, – muß ich länger bleiben so lasse ich es Sie wissen. – eben so meine Zurückkunft. – Ich hoffe jetzt auch endlich ernstlich an unsre gemeinschaftliche Arbeit zu kommen; quälen Sie Sich nicht zu sehr mit dem Gedanken an Ihre Aufgabe dabey, lieb Herz, – meine Stoffe sind so weitläufig daß sie doch ein ziemlich dickes Buch ausfüllen werden, und einige Portraits von Ihrer Hand, um die Einförmigkeit angenehm zu unterbrechen, werden hinlänglich seyn, und in diesem Fache traue ich ihnen das allergrößte Talent zu. – *adieu*, mein Lies, bethen Sie um besseres Wetter, damit die Leute nicht mehr erfrieren, und wir doch endlich, endlich mahl zusammen kommen.
Ihre treue Nette.

23

Rüschhaus, 9ten April 45 [Mittwoch.]

Bin ich nicht brav, lieb Lies, daß ich Ihnen so viel schicke? – Ich bin erst eben mit dem Abschreiben fertig – es ist schon spät, Mama wahrscheinlich schon zu Bette, und ich eigentlich todtmüde, aber für das Lies habe ich immer noch etwas Zeit. – Die Erzählung Ihrer lieben Mutter ist und bleibt eine recht gute, aus dem Leben gegriffene, besser wie die bey weitem größere Ueberzahl, dennoch zweifle ich, daß die Cölner Z[eitung] sie nimmt, da ein solches Blatt darauf sehen muß jeden Abschnitt mit einem recht spannenden Moment zu schließen, was bey einer Erzählung die zumeist aus häuslichen *Scenen* und vielem *Raisonement* besteht sich kaum einrichten läßt. – Ich glaube in einem Taschenbuche würde sie weit leichter Aufnahme und bey weitem größere Anerkennung finden, denn sie ist wirklich *interessant*, aber man muß sich ruhig hinein lesen können. – Jedoch versuchen Sie es mit der Cölner, da diese Gelegenheit Ihnen am Besten zur Hand liegt. – Ich wünsche von Herzen, daß meine »Aberglauben in den Pyrenäen« etwas nachhelfen mögen, fürchte aber, daß dies ein »Aberglaube in dem Herzen meines lieben, partheyischen Lies« ist. – die Cölner hat, seit Püttmann fort ist, nicht das mindeste Verlangen nach meiner Mitwirkung gezeigt, und sogar nicht eingerückt was sie noch hat; (Im Grase)

Ihre Verbesserungen sind gut, Sie haben manches Schroffe gemildert, manche feinen Züge zugefügt, und dem Style mehr Fluß gegeben, nur ganz im Anfange ist Einiges stehen geblieben was besser fortwäre, da Anfang und Ende doch so sehr ins Gewicht fallen. – Streichen Sie, z. B. bey Erwähnung des Hegel nur das einzige Wort »studirt« und setzen dafür »gelesen«, – Eine Dame die auftritt als »Hegelstudirende« macht auf der Stelle den Eindruck von Pretention –

und dies liegt weit weniger im Hegel als im Studiren; wie einfach ist es z. B. den Schiller oder Göthe zu lesen, und wie herausfordernd zu sagen »ich habe den Göthe studiert« – Derselbe Fall ist mit der »Emancipation der Frauen« ihre Mutter legt zwar dem Worte einen ganz anderen Sinn unter, aber es wäre besser sie hätte sich zur Deutlichmachung ihrer Wünsche eines andern Ausdrucks bedient, als des einmal verhaßten, der dem Bilde der Tante Traut gleich einen unangenehm männlichen Zug giebt, (besonders mit dem Hegelstudiren vereint) den ihre vortrefflichen Eigenschaften späterhin kaum verwischen. – Was mich aber am Meisten *choquirt*, und weshalb ich sie wirklich wohl bitten möchte ein anderes Blatt einzulegen, ist das Billetteschenken der Tante Josephine, – leider mag unser gutes Ittchen dergleichen gethan haben, oder wenigstens dessen fähig gewesen seyn, aber *le vrai n'est pas toujours vraisemblable*, – In der Wirklichkeit wurde es durch tausend liebe gute Eigenschaften aufgewogen, aber auf dem Papier sieht es wahrhaft karikirt aus, und die Josephine wird, hauptsächlich durch diesen Zug, eine Person, die man nicht nur prügeln, sondern ihr auch die Existenz absprechen möchte. Setzen Sie statt der Bilette irgend einen unnützen Luxusartikel, z. B. ein schönes Glas, eine Mundtasse, *et cet.* – oder was Ihnen sonst noch Thörichteres einfällt, nur doch etwas Bleibendes, nur keiner Verwandten, die fast am Hungertuche nagt, statt zwölf Servietten, womit man sie glücklich machen könnte, zwölf Theaterbillets! Das ist zu arg! – Was sagen Sie, z. B. zu Battisttüchern? – Ein liebes und schönes Geschenk an Jemanden der sein Auskommen hat, aber in dieser Lage wahrlich thöricht genug. – Sie müssen auch Ihre Abschrift nochmals durchsehen, denn Sie haben in der Eil häufig Worte ausgelassen, – nicht zu Anfang aber weiter hinein – ich hätte sie gern darüber geschrieben, wußte aber nicht ob es Ihnen recht sey, da unsere Hände zu wenig Aehnlichkeit haben. – Und nun, mein Lies, kommen Sie doch sobald Sie können, – ich wollte ja neulich sehr

gern an ihrem Hause herfahren, aber es ging nicht, – es war schon Nachmittag der Weg war so fürchterlich, daß die Pferde bis an den Bauch hinein stürzten, und da sie am selben Abend zurück mußten, und Julie Wendt, die bey mir war, an einem ganz andern Stadtende ausstieg, hatte ich nicht die *Courage* ihnen einen so weiten Umweg zuzumuthen, sondern ließ mich nur geduldig gleich zum Thore hinausfahren. – Ob ich bald an Schücking schreibe? – eigentlich nein, Glauben Sie nur, er hat keine Lust lebhaft mit mir zu *correspondiren*, und Sie begreifen daß ich mich ihm nicht aufdrängen mag. – Allen seinen späteren Briefen liegt irgend eine Veranlassung, Frage, Auftrag, Bitte, *et cet*, zum Grund, ohne Veranlassung schreibt er mir nicht. – auch der letzte war ja vom *Draxler Manfred* erbethen, und obwohl ich ihm gleich geantwortet, mehrere mir nicht unwichtige Fragen gestellt, und um schnelle Antwort gebethen habe, läßt er nichts von sich hören, – so ists mir etwas hart, wenn ich ihm mit einem Briefe auf den Pelz rücken soll, doch ist die Nachricht von Pauline zu wichtig, als daß ich diese Scrupel nicht überwinden sollte, wenn die Padsberg keinen andern Rath weiß; – Sie halten mich gewiß für sehr undankbar und mistrauisch, aber Sie haben keine Gelegenheit gehabt, den Unterschied zwischen (Brief-)Dichtung und Wahrheit so zu empfinden wie ich in Meersburg. Die Pathenschaft rechnen Sie ihm auch zu hoch an, – er mußte doch auch einen Pathen von seiner Seite nehmen, und nun denken Sie wohl nach, wen von seinen Verwandten er dem Oberjägermeister von Gall *et cet* hätte gegenüberstellen mögen? – Nun *adieu*, mein Lies, es ist gewiß schon Mitternacht, und ich bin ganz hin, – dem Lies traue ich immer, es müßte mich denn mit Fäusten schlagen, und dann würde ich doch noch denken es sollte einen schlechten Spaß vorstellen, *adieu*,
Ihre treue Nette.

Mama läßt sie 1000 mahl grüßen, und sehr dringend einladen, wo möglich doch auf mehrere Tage – o kommen Sie doch, sobald Sie können! *NB.* Schicken Sie mir von diesem

Pseudo Mysteres n i c h t den letzten Band, den hatte ich zufällig vor einigen Wochen gelesen, Onkel Fritz brachte ihn mit hieher. – Wann schreiben Sie Ihrer Mutter? Ich möchte wohl ein dünnes Blättchen für Hanne Hassenpflug einlegen, sie erwartet es.

24

Abbenburg, 17ten Juny 45 [Dienstag.]

Mein theures liebes Lies!

So eben erhalte ich Ihren Brief, da nicht früher Gelegenheit von hier nach Brakel war, und nun bin ich ganz *desperat*. – mein Gott, was soll ich anfangen wenn Sie fortgehn! – Sie sind mir nun so lange Alles in Einer gewesen, und ich kann mir gar keinen möglichen Ersatz denken, – mag mir auch keinen denken, und will nur in Gottes Namen unter die Eremiten gehn, wenn Sie wirklich fort müssen. – Es ist um allen Muth zu nehmen! – aber sollte es nicht noch einmal ein Schreckschuß seyn, wie so manche frühern? – ist Bodelschwings Ernennung denn schon gewiß? – Sie schreiben mir so dunkel darüber, daß es mir mehr lautet wie eine schlimme Prophezeihung, die denn doch noch wohl falsch seyn könnte. – Ich bin so niedergeschlagen, daß ich Ihnen nicht mahl sagen mag wie sehr ich es bin, und wie nüchtern mir Münster ohne Sie vorkömmt, – und Rüschhaus auch – das ist dann Alles nichts mehr, und das einfältige Abendroth braucht gar nicht mehr durch die Eichen zu scheinen, wenn Sie es nicht mitsehn können. – Mein Gott! wenn ich nur vier Jahre zurückdenke, an unsern geschlossenen, durch 1000 Bande und Interessen verflochtenen Kreis! – und nun? – Alles auseinander geflogen wie ein Haufen Federn, und die Bande auseinander gegangen wie verbrannte Dochte. – Wer sich trösten und überall gleich wieder einrichten kann, mag in seiner Weise glücklich seyn, – ich möchte diese Anlage zum Glücke nicht – wer das Alte vergißt, kann auch das Neue vergessen wenn es alt geworden ist, und wer Alles vergessen und entbehren kann, der hat nie Etwas gehabt, und sollte gar nicht mitsprechen. – Sie haben indessen noch einige Aussicht auf Ersatz, – grade was Ihnen jetzt

Minden so fatal macht, wird es Ihnen späterhin lieb machen, – die Erinnerungen – Menschen mit denen Sie so Vieles erlebt, über so Vieles mit ihnen sprechen können. – manche alte Bekannte, die früher den Kopf voll Albernheiten hatte wird seitdem auch nicht umsonst gelebt und [mehrere Worte unleserlich] haben, Sie werden ungezweifelt mitunter auf Ernst und ein wehmüthiges Verständniß treffen, wo Sie es gar nicht erwarteten, und da wird sich denn nach und nach ein Kreis zusammen ziehn, – Ich aber habe mich schon seit so vielen Jahren von meinen Jugendbekannten zurück gezogen, daß ich eigentlich nur leere und unbedeutende Erinnerungen mit ihnen theile, und für die wenigen tieferen – an meine Kindheit, Vater und Bruder – ihrer nicht bedarf, da ich ja mitten darin lebe, und täglich mit den Meinigen darüber sprechen kann. – was sollte mich dann noch hinaus treiben, wenn mein Lies fort ist? – Lieb lieb Herz! ich kann nicht ohne Sie seyn, und ich folge Ihnen auch überall nach, soweit die Umstände es irgend zulassen. – Minden ist denn doch nicht aus der Welt, und Niemand wird mir es verargen, wenn ich mir jeden Sommer von hier aus eine kurze Vakanz nehme, um mein Lies aufzusuchen. – in acht bis zehn Tagen kann ich ganz gut hin und zurück seyn, und wir haben uns doch gesehn, die Herzen leicht gesprochen, und das vermieden was der Tod aller engeren Verhältnisse ist, – die Unbekanntschaft mit den gegenseitigen Interessen der Gegenwart. – Unser Aufenthalt in Abbenburg wird zwar, fürchte ich, nicht viele Nachfolger mehr haben, – der Onkel ist sehr leidend, bessert sich zwar ein wenig, aber lange nicht genug, daß wir nicht dem Winter mit Angst entgegen sehn sollten. – die Aerzte geben etwas Hoffnung auf Heilung, aber sehr geringe, – im schlimmeren Falle müsse ihn das Uebel, (eine Erschlaffung der Verdauungswerkzeuge,) im Verlaufe einiger Jahre aufreiben. – Für unser Zusammenkommen würde das zwar keinen Unterschied machen, – Mama hat außer ihm noch neun lebende Geschwister hier umher, und würde nach wie vor die Sommer hier zubringen, (d. h. in Bökendorf, eine sehr kleine halbe Stunde von Abbenburg) aber übrigens würde mir sein Verlust sehr nahe gehn, – Sie glauben nicht was für ein guter freundlicher Onkel er ist, wie lieb er die Seinigen hat, namentlich Mama und mich, die soviel mit ihm zusammen waren, und ich möchte laut weinen, wenn ich sehe wie er, der fast nichts genießen kann, immer darauf *speculirt* uns kleine Ueberraschungen mit Lieblingsgerichten zu machen, und sonst allerley Freuden die er selbst nicht theilen kann. – Krankheit macht sonst die meisten Menschen egoistisch, hier umgekehrt, je leidender je sorglicher für Andre. – Ich mag nicht weiter davon schreiben, es ist mir hart genug es anzusehn. – Meine Mama ist erst seit vorgestern hier, sonst hätte ich Ihnen eher geschrieben, aber so war ich in den wenigen freyen Augenblicken zu sehr herunter, – sonst geht es mit meiner Gesundheit gut, – ich habe mich, mitten in der Sorge und Last, sehr erholt, – vielleicht thut mir das Hin und herlaufen gut. – In Bökendorf ists krimmelvoll, bis unters Dach, ein halbes Dutzend Tanten und Nichten mit ihren Familien dort, – wenn ich, so etwa um den dritten Tag, auf eine Stunde hingehe, um meine Aufwartung zu machen, komme ich halb taub und ganz duselig zurück, – hierhin kommen sie nicht oft, weil es den Onkel angreift, so sehe ich die Male auch selten, und wir haben gar wenig von unserm Wiedersehn nach sechs Jahren, – das arme Herz ist noch sehr herunter von ihrem Schrecken und Kummer, aber ihr thut das Gewirre gut, und zerstreut sie, während es mich nur rein *confus* macht, und doch ist sie von Natur viel ernster als ich – freylich, Berlin und Rüschhaus! – da mag ihr noch wohl als ländliche Ruhe vorkommen, was mir ist wie ein summender Bienenkorb. – Hier ists aber wirklich sehr ruhig, die Oekonomiewirthschaft weit weg in die Nebengebäude *relegirt*, nur als entferntes *tableau* die Gegend sehr lieblich belebend, während man im Hause jede Stecknadel fallen hört. – Wären wir Alle gesund so wäre es ein Leben ganz wie ich es mag, und ich würde sehr viel arbeiten, – ich denke von jetzt an kömmt es auch mitunter dazu, nun Mama mich ablösen kann, ich habe ein schönes weiches Kanapee, mit einem schönen breiten Tische davor, auf dem das bewuste Heft schon liegt, Federn und Schreibzeug in Ordnung – Sie sehn der Wille ist gut, so wird mir denn auch wohl die Macht werden. – aber Sie können nicht denken wie viele Ansprüche hier auf mich warteten, – ein Halbdutzend Namens- und Geburtstage, zu denen ich *Carmina* machen, und ein Halbdutzend *Albums* in die ich auch nagelneue Gedichte von Trennung und Wiedersehn schreiben sollte. – die härteste Nuß war eine Sammlung von hundert Liedern, die mein Onkel August heraus geben will, und die ich ihm vierstimmig setzen sollte. – so habe ich denn Eins mit dem Andern ungeknackt gelassen, und Alles auf Beendigung der Erzählungen vertagt, (wenn dann noch Zeit bleibt) – wobey freylich sämmtliche Wiegenfeste [...] in die Brüche gehn. – Auch einen sehr dringenden Antrag von Berlin habe ich bekommen, – vom Huber (Verfasser der Skizzen aus Spanien) – um seinem Blatte, (den Titel habe ich vergessen) dessen Tendenz allerdings mit der meinigen ganz gleichlaufend scheint, beyzutreten. – Onkel August meint, Huber sey geneigt mir, ausnahmsweise, acht *Louisd'or p.* Bogen zu geben, – das wäre freylich viel Geld! – ich glaube aber noch nicht daran, und habe August auch nicht gefragt worauf er seine Meinung eigentlich *basirt*, – dieser (August) sagt, Hubern sey sehr an meinem Beytritt gelegen, – die Male auch, mit welchen Beyden er darüber geredet hat, – so habe ich durch die Letztere antworten lassen, »Huber möge mir selbst schreiben, und genau seine Bedingungen angeben, jedenfalls würde ich mir aber drey Punkte vorbehalten,: 1stens, zu keinen Beyträgen in bestimmten Zeiträumen genöthigt zu seyn, sondern nur ganz nach meiner Bequemlichkeit, – 2tens, mich keinem bestimmten Zwecke oder *tendenz* anschließen zu müssen, sondern, betreffs Form und Inhalt, ganz frey zu stehn – 3tens meine Beyträge sofort einzustellen, sobald das Blatt eine antikatholische, oder mir sonst fatale Richtung nehme. – Ich bin neugierig auf die Antwort. – Von hier kann ich Ihnen Nichts erzählen, – es *passirt* eben nichts, und sie kennen Niemanden. – so will ich Ihnen, *faute de mieux* meine kleinen Reisebegebenheiten vorführen, – die erste und unbedeutendste würde dennoch meiner armen Mama die Haare zu Berge getrieben haben, – ich habe nämlich das *Malheur* gehabt im allerklatrigsten Aufzuge, altem Mantel, ohne Hut, von der Hartmannschen Familie erwischt zu werden – die Mama Hartmann, der Assessor, Tony, und eine Allwine Zurmühlen, – Alle mit mir auf der Schnellpost, von Münster bis fast Paderborn, zur Hochzeitsfeyer Dinchens Hartmann mit Mallinkrodt. – Ganz lieb wars mir nicht, jedoch, mit einiger Philosophie, schon zu ertragen, aber Mama darfs nicht wissen, sonst läßt sie mich mein Lebtage nicht wieder allein fort. – Die Mutter Hartmann war sehr liebenswürdig, nur gar zu taub, – die jungen Mädchen voll Hochzeitsgedanken, langweilig und gelangweilt, – die Zurmühlen weniger, aber Tony sehr arg, und hat mich förmlich *genirt*, mit ihrem ewigen Gähnen, – war auch ungeduldig und schnippisch mit der Mutter, kurz, hat mir grundschlecht gefallen, anfangs war sie blaß, und ich konnte gar nicht begreifen, daß dies die schöne Tony sein sollte, – nachher bekam sie Farbe, und war denn doch wohl hübsch, – unter Weges wurden wir Alle hungrig, – die Hartmanns zogen zwey große Düten mit *Bonbons* hervor, und ich eine Schachtel mit Butterbröden – O, Schande, Schande über mich! – Zwey Stunden vor Paderborn (am Sande) stand Mallinkrodt vor dem Wirthshause, und aus den Fenstern riefen und jubelten allerley Köpfe, – man war meinen Damen entgegen gefahren, – da gabs denn einen sehr fröhlichen Empfang, und eine keineswegs schmerzliche Trennung, – ich rollte mit meinem Settchen in süßer Einsamkeit weiter, und legte mich quer auf die Sitzbank, aber nur eine halbe Stunde, dann stiegen zwey Männer ein, – der Eine, ein sehr ruhiges *Subject*, gab sich als Lederfabrikanten aus Paderborn zu erkennen, und ward dann mäuschenstill, der Andre, ein ältlicher Mann, in halb geistlicher (wahrscheinlich Schulmeister-)Tracht, verrieth sich mit den ersten Worten als Münsterländer, und stellte sich, auf meine Nachfrag[e als] geborner Dülmenser und seit zwanzig Jahren Bewohner von Rietberg heraus, – das gab gleich gr[oße F]reundschaft, – ich kannte die halbe Stadt, Wirthsleute, Krämer, Pastoren, – gab ihm von Allem Nachricht, – sagte, ich sey auch aus der Gegend von Dülmen, vom Lande her, – kurz, – that ganz wie eine Schulzenfrau oder dergleichen Gutes, wobey meine *Toilette* mich vortrefflich unterstützte, und Settchen, die den Spaß merkte, mich durch nichts verrieth, – mein altes Männchen wurde vollkommen getäuscht, und gab, als es in Neuhaus ausstieg, mir Grüße an alle Schuster und Schneider mit. – Ein Erfolg auf den ich nicht wenig stolz war, und schon überlegte, ob ich nicht am Besten thue aufs Theater zu gehn, aber – *sic transit gloria mundi*! – als ich eben vor Hochmuth bersten wollte, fing mein Lederfabrikant an lebendig zu werden,: »Mit Erlaubniß, bleiben Sie die Nacht in Paderborn?« – »Nein, ich fahre noch bis Brakel,« – »mit Erlaubniß, Sie wollen wohl nach der Hinnenburg?« – Ich: (sehr verwundert) – »nach Hinnenburg? – nein nach Brakel, und morgen weiter« – »Mit Erlaubniß, ich habe doch die Ehre mit Fräulein von Droste zu sprechen?« – (hier fiel mir vor V[erwun]derung ein Stück Butterbrod zum Wagen hinaus) »kennen Sie mich?« – Nein, aber ich habe [mir vom ersten Augen]blicke an vorgestellt, daß Sie Fräulein von Droste seyn müsten, denn ich habe [Ihre Gedichte] gelesen, ach! wie schön sind die!« – so giengs weiter, und ich kam bis Paderborn nicht aus der *Consternation*, mein neues Talent so zerplatzen zu sehn, – aber sagen Sie, Lies, sind meine Gedichte denn so gräulich pfahlbürgerlich? – denn eine prächtige Pfahlbürgerin habe ich *agirt*, darauf lasse ich mich todtschlagen. – mein Lederfabrikant erinnerte mich übrigens gewaltig an den Papa Junkmann, – hatte etwas sehr Ehrenfestes, und einen angenehmen tacktvollen Bürgerstolz. –

Von Paderborn bis Driburg hatte ich zwey Juden, die ihre pechschwarzen Augen nicht wenig auf Settchen funkeln ließen, – In Driburg hörte ich den *Postillon* sagen; »Wir können noch nicht fahren, Herr Sonnenberg steigt noch ein!« und merkte auf einmal, daß ich mich gewaltig freute, ihn nach 25 Jahren wiederzusehn, obschon ich damahls gleichgültig, und später sogar unvortheilhaft über ihn dachte, – aber die Vergangenheit! die Vergangenheit! – wie Manche hatte ich damals in Driburg gekannt – war sogar halbweg vertraut geworden! – wie manche Todten! – wie Manche die verstoben und verflogen waren, Gott weiß, wohin! – und vor mir lagen die Gebäude und Alleen, wo wir uns herum getrieben hatten! – mir wurde ordentlich wehmüthig. – Sonnenberg stieg ein – Ach Gott! was war der lustige Laps für'n alt verdrüget Männeken geworden! – Ich nannte gleich seinen Namen, auch den meinigen (etwas undeutlich) und fiel wie ein Wolf über die alten Erinnerungen her. – Sonnenberg erinnerte sich meiner nicht im Geringsten, fragte »mit Wem ich dort gewesen?« – »Mit meinen Onkels, Karl und Werner Haxthausen« (nur halb wahr, ich stand unter dem Schutz einer Frau von Decken, die ich aber total vergessen hatte) – Sonnenberg schüttelte noch immer den Kopf, und konnte sich nicht besinnen, – ich tröstete ihn, daß ich leichter etwa 50 Personen behalten könnte, als er die endlosen Badegäste seit 25 Jahren. – und dann giengs über die alte Zeit her, wo er, zu meiner Freude, sich noch jede Kleinigkeit erinnerte, und mir fast von Allen spätere Nachrichten geben konnte. – die Bacharacht war wirklich meine damalige Thereschen Struve, eine *Cousine* Sierstorpfs, und er konnte mir ihr ganzes stürmisches Leben, und endlich Einfahrt in einen recht friedlichen und wohlassortirten Ehestand mittheilen. – sie sey sehr schön geworden, und noch jetzt überaus anmuthig und *interessant*, – von ihren Schriften war er weniger erbaut, und schimpfte besonders auf den »Falkenberg« theils wegen seiner unangenehm politisch-antijesuitischen *tendenz*, am meisten aber wegen einer gewissen hündischen Sklavennatur der Heldin, die, weit entfernt die eheliche Treue liebenswürdig darzustellen, sie Einem fast fatal mache, weshalb er es für ein schädliches Buch halte« *et cet.* – Sein Urtheil schien mir übrigens etwas unsicher und eingelernt, obwohl er dem Falkenberg (wie ich später sah) nicht Unrecht gethan, – mit einem Male sagte er: »Aber Eins haben Sie vergessen – doch nein das muß ein anderes Jahr gewesen seyn, sonst würden Sie Sich es erinnern.« – Ich fragte: »Was denn?« – Nein, nein, das ist ein Irrthum – aber es kam mir ganz deutlich vor, als wär dies derselbe Sommer, wo Fräulein von Droste mit einer Frau Decken dort war, – Ich war wie aus den Wolken gefallen, sagte aber ganz ruhig, – »ja wohl, die waren auch da« – »nein, nein, ich meine die Dichterin« – »ja, die meine ich auch, – Frau von Decken war eine Engländerin, viel jünger als ihr Mann, und hatte vier kleine sehr ungezogene Kinder, von der Familie habe ich auch spät[er nicht]s gehört. können Sie mir etwas erzählen?« – Er war aber nicht von seinem Texte zu bringen, und w[ollte] mich mit Gewalt, durch endlose Bezeichnungen, als , klein, mager, blond, sehr große Augen; *et cet,* an Fräulein von Droste erinnern, obwohl ich ihn zehnmal versicherte, »ich erinnere mich ihrer sehr genau« bis Settchen sich nicht mehr halten konnte, und fast vor Lachen erstickte – Sonnenberg sah ganz verbaselt erst auf Settchen dann auf mich, schlug die Hände zusammen, und sagte »Jesus Maria! Sie sind Fräulein von Droste, und ich habe Sie nicht erkannt! ich habe vorhin »Fräulein von Trotter« verstanden.« – Ich tröstete ihn, daß man nach 25 Jahren keineswegs verbunden sey Jemanden wieder zu erkennen, und es mir eben so würde gegangen seyn, wenn ich nicht in Driburg seinen Namen gehört hätte. – Er schien sich, nach der ersten Verlegenheit, dieses Wiedersehns sehr zu freuen, gieng nun erst recht los mit Erzählen, sprach auch viel, und in den Ausdrücken höchster Verehrung, von meinem Lies, und bot mir schließlich an, mich mit den Büchern aus der Sierstorpfschen Bibliothek zu versorgen, wo er denn auch Wort gehalten, und m[ir] vor [. . .] die Fortsetzung des *Juif errant*, den *Corricolo* von *A. Dumas* und den Falk[enberg . . .] habe ich durchgelesen, und muß S's Urtheil unterschreiben, obwohl das Buch sonst mit Feinheit und [. . .] geschrieben ist, obwohl im ausgefahrenem Gleise, – Salon – Prinzen – elegante Toiletten – und Liebe – Liebe – hündische, entwürdigende Liebe! – ein Frauenzimmer sollte sich schämen ihr Geschlecht so elend schwach darzustellen. – Den *Juif errant* werde ich schwerlich lesen, ich habe darin geblättert und mir ist ganz miserabel geworden, – man hat Nichts mehr zu erwarten, seit *Rodin* das Ruder führt, die grellen aber spannenden *Scenen* machen einer langweiligen Schleicherey Platz, deren Erfolge so sicher sind, daß man nur Aerger ohne die geringste Neugierde fühlt. – Was Sie über Adelens Buch schreiben, kömmt mir nicht unerwartet, – ich könnte Vieles darüber sagen, aber schreiben mag ich es nicht, – thun Sie ihr übrigens ja nichts zu Leide, – sie ist krank, gewiß äußerst empfindlich, – und ein derartiges Buch ist zwar eine Thorheit, aber doch keine Sünde, wofür sie etwas so Bitteres verdiente, als grade ihr ein[e] schlimme *Recension* seyn würde. – Ich höre und sehe übrigens Nichts von dem armen Dinge, denke aber, mit ihrer Gesundheit muß es doch leidlich stehn, da sie schreiben kann. – Hätte ich nur ihre Adresse! – denn glauben Sie mir, Lies, sie ist grundgut und wirklich ausgezeichnet trotz jener Schwächen die nur zu offen liegen. – Ich habe hier überhaubt erst zwey Briefe empfangen, – von Ihnen und aus Meersburg, wo Alles wohl, und, denken Sie!, Jenny ganz entzückt über Mama's *Portrait* ist – Von Augsburg erwarte ich jetzt keine Briefe mehr, da ich auf zwey, die beyde Fragen enthielten, keine Antwort erhalten, – Sch[ücking] ist eine Natur die nur in der Gegenwart lebt, zwey Jahre Vergangenheit sind ihm wie Andern zwanzig. – Giengs ihm übel, so würde er mich schon wieder aufgraben, und mir was vorklagen, – so tröste ich mich, daß es ihm gewiß gut geht, – Wissen Sie etwas von Junkmann? – ich nichts, denke aber sehr viel an ihn, und scheue mich doch ihm zu schreiben, – Wüste ich nur seine Adresse, so thäte ich es doch, – von hier aus gehts am Besten, da er dann keine Nachrichten über Schlüters erwarten kann. – Adieu, mein theuerstes Herz; Gott gebe, daß Ihr nächster Brief mir bessere Nachrichten giebt, – ich kann den Gedanken – Münster ohne Sie – gar noch nicht fassen, er geht mir im Kopfe herum wie ein fataler Traum, aus dem ich noch immer aufzuwachen hoffe. – Ists denn möglich? – es ist gewiß nicht möglich! – mein treues, liebes, liebes Lies! – aber halten Sie doch, unter allen Umständen, fest an mir, – Hören Sie? – ja recht fest zusammen! – 1000 Herzliches an ihre verehrten Eltern, und Tante Minna, – und Sie, mein Lies, müssen täglich an mich denken, ich denke viel öfter als einmal am Tage an Sie, – Ihre treue, für immer treue Nette.

[Am Rand] Bitte, Lies, lesen Sie meinen Brief doch Niemandenvor, namentlich was ich über Hubers Antrag geschrieben – Sie glauben nicht, wie mich H[anne] Hassenpflugs Umgang in Ihrem Hause *genirt*, – sie ist so gränzenlos unvorsichtig und tacktlos, Vielleicht macht Huber ein Geheimniß aus der Weise seines Anerbietens, (z. B. eines größeren Honorars) und es würde Male, die die Sache unter Händen hat, sehr ärgern, wenn die Hanne ihr ganz stolz mit der Geschichte entgegen käme, oder sie gar unter die Leute brächte. –

Mama grüßt herzlich – Hanne Hassenpflug ist in unserer Nähe, bey meiner Tante Metternich in Wehren, ich habe sie aber noch nicht gesehn, –

[Der Brief ist zerschnitten und in Stücken überliefert; außerdem z. T. beschädigt.]

25

[Abbenburg, den 29. Juli–2. August 1845. Dienstag–Samstag.]

Abbenburg 29ten July 45

Erst heute komme ich dazu Ihren Brief zu beantworten, mein theures liebes Lies! – Ach Gott welch ein betrübter Brief! – Sie müssen wirklich fort; – Ich hatte dies schon von mehreren Seiten gehört, und konnte eigentlich nicht mehr daran zweifeln, aber Ihre Bestätigung war mir doch wie ein Donnerschlag. – Ich will von mir gar nicht reden, Sie wissen Selbst was ich verliere, und wie mir dabey zu Muthe seyn muß, also will ich Ihnen das Herz nicht noch schwerer damit machen, aber auch aus Luischens und Nannys Leben nehmen Sie den besten (fast den einzigen) Sonnenstrahl mit fort, und auch Rüdigers gerechter Kummer geht mir sehr zu Herzen, – Ich weiß, mein Lies, Sie sind jetzt doppelt freundlich mit ihm, jetzt, wo er einer vollen Theilnahme und auch der Nachsicht mit sehr natürlichen Verstimmungen so sehr bedarf; – Werner schreibt mir übrigens daß man seine Versetzung allgemein bedaure, und die öffentliche Achtung und Anerkennung sich sehr lebhaft ausspreche. – das ist wohl kein Trost beym Scheiden aber doch ein erhebendes Gefühl, was, wie mich dünkt, Jedem wohlthun muß, wenn es gleich den Abschied noch schwerer macht. – Sie haben mir nicht geschrieben, lieb Herz, wie lange Sie noch bleiben, – in Ihrem vorletzten Briefe, (wo Sie aber überall noch nichts Gewisses wußten) meinten Sie, »bis im October oder mindestens Ende Septembers« – bleibt es dabey, so habe ich doch noch Hoffnung Sie zu sehn. – Onkel Fritz spricht davon sehr früh die Winterquartiere zu beziehen, sogar bey gutem Herbstwetter, und vollends bey schlechtem – so kömmts vielleicht schon im September dazu, obwohl sich noch nichts Bestimmtes sagen läßt, da die Genesung des Onkels bald sehr rasch voran schreitet, bald wieder langsamer, wonach denn die Pläne fürs Stadtleben auch ihre *Distanz* verändern, da er vor gänzlicher Herstellung nicht aus der Kur desertiren darf. – Seine schlimmsten Uebel ist er jedoch schon los, schläft gut, ißt mit Appetit, sieht frisch aus den Augen, und seine (leider noch täglichen) Krampfanfälle bringen keine Schmerzen mehr, sondern nur Unbehagen und Uebelkeit, – mit den Kräften (die ganz hin waren) wirds auch merklich besser, – vor acht Wochen ward ihm ein Gang ins Nebenzimmer noch sauer, und jetzt macht ihm schon ein halb Stündchen Weges keine große Mühe mehr, – so will ich denn das Beste hoffen, für den guten Onkel, und auch für mich und mein lieb Lies, und unser nochmaliges Zusammenseyn vor der längeren Trennung. – Ach Lies, seyn Sie nicht so betrübt! das ist mir das Härteste von Allem. – Glauben Sie mir, es wird sich Alles in Minden anders und besser gestalten wie Sie denken; – kein Städtchen ist so klein und vor Gott verwahrloßt, daß man darin nicht Theilnahme und Geistes- oder wenigstens Herzensbildung und natürlichen Sinn für das Schöne finden könnte wenn man nur aufrichtig sucht, und mein Lies, das so geschickt im Finden ist, und sich an Annchen Junkmanns frischer kunstloser Natur freuen konnte, sollte in einer Stadt die wenig kleiner als Münster ist leer ausgehn? – Ich wette, mein Besuch im nächsten Jahre trifft Sie in einem allerliebsten Cirkel, der Ihnen vielleicht das Angenehme und hoffentlich nicht das vielfach Gespannte und Zerrissene des münsterischen bringt, denn, lieb Herz, diesen durfte man doch nur aus der Ferne betrachten, hinter den *Coulissen* sah es überall peinlich aus; – In der Zwischenzeit schreibe ich Ihnen recht fleißig, – und kommen wir zusammen, so gehören wir dann ganz einander an, und können uns länger und ungestörter ausplaudern als wir bis jetzt je dazu haben kommen können, denn ich bleibe dann wenigstens acht Tage, und in Minden ist Niemand der Ansprüche auf mich hätte. – In Sigmaringen hätte ich Sie übrigens auch gern gehabt, es liegt so schön auf dem Wege nach Meersburg, und ich hätte so gut jedes mahl bey Ihnen zurück bleiben, und die letzte kleine Tagereise nachher allein machen können, aber die Stelle ist leider längst vergeben – Jenny kann sich gar nicht darüber trösten, und schreibt noch in ihrem letztem Briefe: »Jedermann klagt über Mangel an Anstellungen, und doch haben wir die schöne Stelle in Sig. die in unsrer Hand lag, uns entgehen lassen, aber der Fürst ist wahrlich nicht Schuld daran, er hat lange genug gewartet, ehe er einen Andern *engagirte*« – Lieb Lies, wäre Rüdiger damals frey gewesen, er wäre gewiß mit offnen Armen aufgenommen worden, das ist grade der Mann von Erfahrung und gemachtem Rufe, wie der Fürst ihn suchte und schwerlich gefunden hat, – aber das ist nun leider zu spät – nur um wenige Wochen, aber doch zu spät!

30ten Die Mama ist gestern nach Bökendorf gegangen, und noch nicht zurück, so ist mir denn die Unterhaltung des Onkels allein überlassen, – jetzt aber ruht er grade, und ich mache ein paar SiebenMeilenStiefelSchritte zu meinem Lies. – Mein Zimmer ist eine wahre Arche Noah von angefangenen Arbeiten, – Handarbeiten – Schreibereyen – dicke Liederpakete, die ich vierstimmig aussetzen, – *Journale* und Bücher, die ich zur Belehrung oder Benutzung durchlesen soll. – aber man kömmt hier zu gar nichts. – nicht daß es mir gradezu an Zeit fehlte, – Manchen Tag nehmen zwar die zuströmenden Besuche unsrer zahllosen Verwandten hin, aber an den übrigen habe ich täglich mehrere Stunden, ja oft ganze Nachmittage oder Morgen frey, – das hilft mir aber Alles nichts, ich muß völlige Ruhe und Sammlung haben, und die wird mir nie, – mein Amt ist zu unbestimmt, völlig ohne Regel, – bald werde ich oft, bald selten, bald nur auf Minuten, bald auf Stunden verlangt, – zuweilen sitze ich ganze Morgen auf dem Sprunge, stecke bey jedem Geräusch den Kopf zur Thüre hinaus, (*NB.* der Onkel haßt das Warten, so wie er ruft muß man auch schon die Treppen hinunter kommen) der erwartete Ruf bleibt aber aus, und die schöne edle Zeit, in der ich wenigstens mehrere Seiten hätte schreiben können, geht durch meine Schuld verloren. Das ist ein Altejungfernfehler, und nebenbey ein ächtes Rüschhauser Produckt, ich bin zu ruhig gewöhnt. – Denke ich an alle die Hausfrauen, die zwischen Kindern und Schlüsselgeklapper in hundert Absätzen fortschreiben, als wäre ihnen nie der Faden gebrochen, so möchte ich mich ohrfeigen, aber es würde doch schwerlich helfen, – Handarbeiten und flüchtiges Lesen, mit halbem Verstehen, bleibt doch das Einzige was ich zwischen Horchen und Warten einschieben kann. – Aus diesem Grunde sehne ich mich herzlich nach Hause, – solange Mama nicht hier war, fühlte ich mich höchst nöthig und nützlich, und kein Zeitverlust schien mir ein solcher, jetzt aber, wo ich nur ein Zwischenläufer und *faute de mieux* bin, lachen mir meine stillen Beschäftigungen in Rüschhaus wie eben so viele verlorene Paradiese, obwohl es sonst hier ganz reizend ist, still und wohnlich, und der gute Onkel sich in Liebe und Sorge für uns erschöpft, aber die Geistesdürre macht mich ganz *confus*, oder vielmehr das Zuströmen ungeborner Ideen, die mir im Kopfe summen wie Bienenschwärme denen man den Korb verklebt hat, – Ich weiß nicht, ists Wahrheit oder Einbildung – bloßer Geist des Widerspruchs – aber ich meine mich ganz besonders zum *produciren* aufgelegt, und träume *a la Tantalus* von dicken Bänden voll Erzählungen, Gedichten *et cet*, die mir alle wie Wasser aus der Feder fließen würden. – Ihre Erzählungen liegen denn auch immer auf dem Tische, und es kömmt zuweilen (wenn der Onkel spatzieren reitet) ein klein klein Stückchen dazu, – aber blutwenig – ich bin noch immer an der Ersten. – Was Sie mir von der *Lombard* Sorge für die *Thabouillot* sagen freut mich herzlich, und wird derselben hoffentlich Kühnasts verzweifeltes Rettungsmittel ersparen; wenigstens dürfte die *Lomb.* diese *Alternative* nur ahnden, um das Aeußerste für sie zu thun, und sollte sie sich selbst ins Haus nehmen, oder mit ihrer eignen Schriftstellerey ernähren helfen, – es ist traurig daß man eine so vortreffliche Frau nicht lieben kann, aber sie wiegt jede Milde wieder durch eine Härte auf. – Junkmann z. B. hat vollkommen Recht sie zu hassen, sie ist immer lieblos und ungerecht gegen ihn gewesen, und gewiß die Hauptursache seines Unglücks, was ich indessen freylich kaum mehr für ein Unglück halte, – das Misverhältniß zwischen seinem und Thereschens Charackteren hat sich allmählich so schroff heraus gestellt, daß man Gott nicht genug danken kann, daß dies vor der Ehe geschehn ist. – Ob ich ihm jetzt schreibe? – oder ob es noch zu früh ist? – mein Brief würde ihn nothwendig in alle alten Verhältnisse zurück zaubern, selbst wenn ich sie ganz mit Stillschweigen übergieng, was er obendrein mir wohl als Herzlosigkeit anrechnen würde. – wenn er wirklich wieder gesund ist, halte ich ihn für gerettet, und andern, hoffentlich glücklicheren Herzensverhältnissen aufbewahrt, denn Junk. hält sehr fest, was er hat, oder zu haben glaubt, ist aber viel zu liebebedürftig um von Nichts zu leben, und ich zweifle nicht, daß schon jetzt ein, nur halbes, Entgegenkommen ihm sehr gefährlich werden könnte, – Thereschen war ja selbst die schnelle Nachfolgerinn einer früheren starken Passion (der Muse seiner ersten Gedichtsammlung) die auch jahrelang anhielt, so lange er zu *interessiren* glaubte, und auf der Stelle wie Rauch zergieng, als er sich entschieden ungeliebt erkannte. – Ich habe nur den ersten Stoß gefürchtet, und hierbey Ausbruch der Schwindsucht oder Geistlichwerden, – Beydes scheint vorüber gegangen, und sind keine Dinge die hintennach kommen, – wenigstens nicht mehr aus diesem Grunde. – Jetzt nur noch eine Anstellung! – sein Körper wird sich schon stärken, nun er der ewigen Spannung los ist, und in gleichem Maaße seine Reizbarkeit abnehmen; – Fragen Sie doch Annchen mahl recht nach ihm aus, – es ängstet mich daß wir so gar keine *directe* Nachricht haben; – ob er denn auch wirklich wieder hergestellt ist? – hat ihn Jemand gesehn? – Mama Schlüter hat ihn noch sehr lieb, wie ich bey meinem letzten Besuche dort wo sie mich seinetwegen bey Seite nahm, deutlich gesehn, aber sie sieht die Sache auch für unrettbar abgemacht an, betet und ängstet sich nur für ihn, und trägt ihre Liebe wie einen heimlichen Schaden. – Auch dem Professor merkt man an, daß er gern von ihm hören und sprechen möchte, wenns nur ohne Gefahr von falschen Hoffnungen geschehn könnte, – aber Therese ist hart und kalt wie ein Stein, und die Erinnerung an ihn ihr offenbar gradezu widrig. – Meiner armen Male H[assenpflug] thuen Sie übrigens Unrecht, sie ist durchaus nicht veränderlich, aber manches Andre was wohl so aussehn kann, z. B. sehr düster und zur Melancholie geneigt, sitzt am liebsten allein, lesend und grübelnd, nimmt aber (auf Zureden ihrer Freunde) von Zeit zu Zeit Anläufe sich heraus zu reißen, die dann heftig sind, aber nicht anhalten; – in solchen Zeiten bekommen dann auch ihre entfernten Freunde Briefe von ihr, oft mehrere hinter einander, und dann wieder jahrelang keine Zeile, – das ist keine Veränderlichkeit, denn sie trägt sogar viele Menschen tief im Herzen, spricht sehr gern und sehnsüchtig von ihnen, und denkt noch mehr an sie, aber zum eigentlichen Umgange ist sie merkwürdig unfähig, – sie hat hierin viel Aehnliches mit Junkmann, voll Liebe und voll Unruhe – nur daß Jenen seine Unruhe mehr hinaus, die ihrige sie in die Einsamkeit treibt, wo sie dann über Gedanken brütet, und weinen möchte vor Liebe und Sehnsucht nach Personen, die sie sich doch nicht entschließen kann zu besuchen, oder eine Feder für sie anzusetzen. – Ein seltsamer, höchst anziehender Charackter! aber nicht wohlthuend. – Das Gerücht vom Katholischwerden ist gänzlich grundlos, sie ist schwärmerisch religiös, aber eine scharfe Protestantin, – Gretchen war schon begraben als sie ankam, hat ihr Nichts mehr sagen können, und es würde auch nicht gefruchtet haben. – . Von Adelen hoffe ich jetzt Nachricht zu bekommen, eine Dame aus Weimar will mir ihre Adresse in Rom verschaffen, wohin sie schon vorm Jahre der Mertens nachgezogen ist. Wie es mit ihrem Mangel an Vermögen beschaffen ist, weiß ich jetzt auch, – ihr eigentliches Vermögen ist allerdings fast hin, – gröstentheils schon von der Mutter aufgezehrt und nachher durch die kostspieligen Reisen nach Karlsbad (zweymal in jedem Jahr) noch vollends herunter gebracht, – Der Weimarsche Hof gab jedoch der Mutter eine Pension von 400 r. und hat ihr dieselbe gelassen, jedoch Beyden mit der Bedingung sie im Lande zu verzehren, somit muß Adele, solange sie in Italien (wohin die Aerzte sie gewiß geschickt haben) bleibt, darauf verzichten, und hängt dort zumeist von der Gnade der Mertens ab, – nun kömmt aber der schlimmste Punkt: – die Mertens soll in Gefahr stehn fast ihr ganzes Vermögen zu verlieren. – Jenseits des Rheins gelten noch die französischen Gesetze – die Mertens hatte Gütergemeinschaft mit ihrem Manne, meinte aber dennoch, da fast Alles von ihr herrührt (Mertens hat nur sechstausend Thaler ins Geschäft gebracht) leicht die lebenslängliche Nutznießung des Ganzen zu erhalten, wenn sie, im Falle des Widerspruchs, den Kindern mit Enterbung drohte, – hierauf sind aber weder die Schwiegersöhne, noch die Vormundschaft der Minorennenn eingegangen, sie haben prozedirt, die Sache liegt zum Spruche, und es wird als bestimmt angenommen, daß die Mutter nur Ein Kindstheil, also nur den siebenten Theil von dem worauf sie gerechnet, erhalten wird, – das ist für sie nicht viel besser als der Bettelstab! – und wenn ich bedenke, daß sie in Rom »Aufsehn durch ihre Ankäufe« gemacht hat, und dieses ihr natürlich nun Alles abgerechnet wird, so wirds mir schwarz vor den Augen. – an Vergleiche und halbe Gnaden von ihren Kindern, nachdem sie mit ihnen im Prozesse gelegen, ist nicht zu denken, das leidet ihr Stolz nicht. – und was soll dann aus Adele werden, wenn, wie meine Weimaranerin meint, man dort vorhat ihre Pension gänzlich einzuziehn, unter dem Vorwande ihres Ausserlandgehens, im Grunde aber, weil diese Verleihung vom Anfange her große Unzufriedenheit erregt, da der Hof nur eine gewisse Anzahl Pensionen giebt, und Andre, für die Verdienste um das Land und entscheidende Dürftigkeit sprechen, sich dadurch beeinträchtigt glaubten, so wolle man diese Gelegenheit ergreifen um den Fehler wieder gut zu machen, – Lieber Gott, was soll dann aus Adelen werden! – Unterricht geben? Schriftstellern? – und dabey so kränklich! – man hört doch nichts wie Trauriges! – Ueber Ihre *Recension* machen Sie Sich übrigens keine *Scrupel*, – die Cölner Zeitung kömmt gewiß nicht nach Rom, die Mertens hielt sie sogar in Bonn nicht, weil sie von Cöln zu viele fatale Erinnerungen hat, namentlich in den Carnevalsblättern zu oft mitgenommen ist, – und *extra* schreiben wirds der Adele ja Niemand, während man ihr gewiß die guten *Recensionen* schickt, und sie sich also nur in der Strahlenkrone kennt, – das geht ja immer so! – Auch von der Freiligrath sprach meine Weimaranerin, wie bildschön und anmuthig sie in ihrer Blüthe gewesen, und wie aufgebracht ihre Freunde, daß Freiligrath jetzt jeden *soliden* Erwerbszweig von sich weise, und Ida'n, sammt ihrem nächstens ankommenden Kinde, den Bettelstab vorbereite. – Dann hat sie mich erschreckt durch eine Geschichte von Adelens Freundin, der Frau von Göthe, (die ich Sie aber Niemand mitzutheilen bitte) ein schreckliches Beispiel, wie weit Eitelkeit und eine liebesieche Natur eine Frau herunter bringen können, Ihre früheren Verhältnisse kennen Sie, – wie sie, unglücklich in der Ehe, persönlich anziehend, und, als Göthens Schwiegertochter mit einem strahlenden *Nimbus* umgeben, beständig einen Kreis von Bewunderern um sich erhielt, unter denen sie leider immer irgend einen Liebling hatte, dem sie ein, mehr oder weniger, sentimentales Verhältniß vergönnte, und schon damals sehr an ihrem Rufe litt. – Wie sie, nach Göthens Tode, sich gar nicht darin finden konnte, dies Alles zerfließen zu sehn, und mit einem Mahle alt und von der Männerwelt unbeachtet zu seyn, – wie sie vergeblich hakte und angelte, – vor übler Laune vergieng, – wie sich endlich ein (nach Adelens Beschreibung) hübscher aber höchst roher Engländer-Student ihrer auf eine schreckliche Weise erbarmte, und nachdem er sie in Schande gebracht, sie mit allen Zeichen der Verachtung verließ und geschwind eine Frau nahm, – wie es ihr nicht gelang ihren Fehltritt zu verbergen (obwohl das Kind starb) – wie die Geschichte sogar in einer Zeitung stand, ihr hierauf in Weimar der Hof verboten wurde, und sich Jedermann von ihr zurück zog, bis auf einige, sehr treue, Freunde, (hierunter Adele) die sich alle Mühe gaben, sie jetzt wenigstens auf einen würdigen Weg zu bringen, aber alle Geduld verloren, wenn sie sahen, daß sie über jeden Mann, der ihre *Minauderien* nicht beachtete, mehr weinte als über zehn Beweise öffentlicher Misachtung. – Nun hören Sie die Fortsetzung: – In Adelens letzten Brief (ehe wir nach Meersburg giengen) stand: »Ottilie sey nach (ich meine Paris) gereist, ohne ihre Tochter (Alma) mitzunehmen.« Keine weitere Bemerkung, aber auch sonst kein Wort über Ottilien. – jetzt weiß ich aber, daß sie dahin einem Juden gefolgt ist, mit Namen Selig, einem höchst widrigen, innerlich gemeinen Kerl, Spieler, Verschwender, der in Einem Abend Tausende durchbringt sie so in Einem Jahre bis aufs Hemd ausgezogen und dann beredet hat Alma kommen zu lassen, – Alma hat nicht hin wollen, hat gesagt, »es sey ihr als wenn sie in den Tod gieng« – acht Tage in Paris angekommen war sie wirklich todt, die Mutter Erbin ihrer sechzigtausend Thaler, und in Weimar zweifelt Niemand daß sie, zu diesem Zwecke, vergiftet worden ist. – Das Publikum hält die Göthe dieser That fähig, und würde sie (wie jene Dame sagt) mit Koth und Steinen werfen, wenn sie wagen sollte, zurück zu kommen, die Dame selbst hat hingegen nur den Juden in Verdacht, aber im allerstärksten. – Die Söhne sollen noch immer (die Sache ist schon vorm Jahre passirt) ausser sich seyn – Wolf fast wahnsinnig geworden – Ottiliens neues Vermögen schon zum Theil hin, – wenn Alles auf sey werde der Jude sich aus dem Staube machen, oder sie, mit einem Fußtritt, vor die Thür werfen, und wenn sie dann zerlumpt nach Weimar komme, ihre Kinder nicht wissen wohin sie ihre mütterliche Schande verbergen sollten« – welche *Horreurs*! – aber, um Adelens willen, sprechen Sie doch nicht davon, – in Weimar mag es leider jedes Kind auf der Gasse wissen, aber hier weiß es doch Niemand. – Seltsamer Weise fand ich selben Tags wo ich dies erfuhr ein altes *Journal* von *Anno* 27. wo die Engelhaftigkeit jedes einzelnen Mitgliedes des Götheschen Hauses (sogar seiner Frau) und ihr herrliches Verhältniß unter einander beschrieben wurden, – der Verfasser hatte sich »ganz erfrischt und neugeboren« dadurch gefühlt. – *o fata morgana* des Poeten*Nimbus*! – Zu etwas Anderem, hiervor graut mir. – Was ich dem *Janus* schicke? – wahrscheinlich nichts. – Hueber hat, seit meiner Antwort durch Male H., nichts von sich hören lassen, außer einer kurzen aber glänzenden *Recension* meiner Gedichte im *Janus*, die mein Onkel August, da sie spät nach Herausgabe derselben, gleichsam *hors de Saison*, kömmt, zwar als einen Beweis nimmt, daß er auf meine Mitarbeiterschaft rechne, – so wie auch der Professor Stahl in Berlin sich höchlich verwundert zeigte (in einem Briefe an Male) daß ich noch keine Antwort erhalten, da Hueber auf der Stelle habe schreiben wollen. – indessen – heut zu Tage gehn selten Briefe verloren, – ich denke, meine Bedingungen sind ihm zu hart gewesen – nicht Geldbedingungen, darin habe ich s e i n e Vorschläge erwartet – aber hinsichtlich der geforderten Tendenz des ganzen Blattes – sollte sich H. jedoch nochmals regen, so theile ich es Ihnen mit. – indessen hat mich Ihr Brief sehr nachdenklich gemacht, – meine gegenwärtige Stellung ist sehr gut, und ich möchte ungern selbst den Leuten den Stein in die Hand geben um mich zu werfen, – so wünsche ich jetzt eigentlich, H. möge nicht schreiben, oder Bedingungen machen, die ich mit Ehren ausschlagen kann. – Von S o n n e n b e r g höre ich jetzt nichts, seine Bücher waren gar zu schön eingebunden, und ich konnte sie hier zu wenig vor fremden Händen hüten, so habe ich ihn gebethen, seine Sendungen vorläufig einzustellen, da mir jetzt die Zeit zum Lesen fehle, habe ihm aber dabey aufs Allerfreundlichste gedankt, wie er es auch verdiente. – Wissen Sie schon daß die S i e r s t o r p f ein Söhnchen hat? – Mutter und Kind sind wohl. – Von Augsburg habe ich vor etwa acht Wochen einen Brief, – wie immer – sehr freundlich aber ungeheuer flüchtig – keine Nachfrage nach irgend Jemanden, – keine meiner Fragen (die meistens meine schriftstellerischen Interessen betrafen) beantwortet – überhaubt gar keine Theilnahme an meiner Laufbahn mehr, – nur einmal flüchtig hingeworfen: »Ihre Pyrenäengedichte sind schön, – was machen Sie? sind fleißig?« – um dann gleich weitläufig auf seine eignen Ruhmes- und Erwerb-Plane zu kommen. – Dreyerley soll in diesem Jahre heraus – ein Roman und zwey Sammlungen – seiner zerstreuten Gedichte und Novellen – auch dreyerley *Plaisirs* hatten sie vor – erstlich eine Rheinreise (muß schon vorüber seyn, der Brief war vom 16ten Juny) – dann einen Monat Badekur in Ostende (auch wohl schon vorüber) – und endlich den nächsten Winter in Paris. – (wie verträgt sich das mit dem Geldbeutel, und vollends mit seinem Amte?) – – das Kind ist ein Wunder der Natur – von Paulinen weiß er nichts, und scheint sehr unbekümmert darum. – nach Einer Person erkundigt er sich dann doch, nach Adelen, deren Roman »Anna« seine *Louise* gelesen und sehr schön gefunden. – *voila tout!* – und hiermit ist auch mein Papier zu Ende. – Ich schließe so ungern, mein lieb Lies, – Schreiben wird doch in Zukunft unser bester Trost seyn müssen, so möchte ich Ihnen schon jetzt immer schreiben, – aber ich habe sechs Tage zu diesem Briefe gebraucht (wir haben heute 2ten August) und bin heute um vier Uhr dazu aufgestanden, da Mama seit vorgestern in Herstelle, und somit mein ganzer Tag in Beschlag genommen ist. – *adieu*, mein süßes liebstes Herz, – Ach Gott! der Onkel sprach gestern vom November statt September – das wechselt mit seinem Befinden, und er hat grade eine Arzney genommen, die ihn sehr angreift – ich denke, hintennach thut sie gut, und dann kömmt hoffentlich der September wieder auf, *adieu, adieu*, Ihre treue Nette.

[Am Rand] Tausend Grüße an Nanny und Luischen – wir müssen in Zukunft recht zusammenhalten. – Nehmen Sie doch Luischen ja mit nach Rüschhaus, damit sie den Weg kennen lernt. – Auch an Rüdiger meine herzlichsten Grüße. – eben so Ihren lieben Eltern und Tante Minna, wenn Sie Ihnen schreiben. –

26

[Rüschhaus, den 11.–14. November 1845. Dienstag–Freitag.]
Rüschhaus d. 11ten November 45

Mein liebes liebes Herz!

Endlich komme ich zum Schreiben, – Daß ich etwas krank, und furchtbar *apprehensiv* gewesen bin werden Sie schon durch Nanny und Luischen wissen; doch das ist jetzt vorüber, und ich will das gute Papier nicht mit all den Uebeln die ich hätte haben können und, Gottlob, nicht gehabt habe, verderben, sondern Ihnen lieber danken, so gut ich kann, aber lange nicht so gut ich möchte, für die Treue mit der mein altes liebes Lies mir seine Brieftäubchen zuflattern läßt. – Altes Ding! wie sie so brav ist, und wie lieb ich sie habe! – ich will mir auch gar keine neuen Freundinnen wieder anschaffen, außer Nanny und Luischen, mit denen ich von Ihnen phantasieren kann. – Das thun wir denn auch dermaßen, daß ich zuweilen meine die Pferde giengen mit uns durch. – Luischen war zwey mal hier, und das letzte mal Nanny mit ihr, es gieng prächtig, Mama war *rayonnante* vor Vergnügen, und hat mir diese beyden Damen dringend zum Umgang empfolen, ist das nicht himmlisch? – Nanny gestand mir daß sie *Manchetten* vor mit gehabt, aber sie jetzt völlig abgelegt habe, – wir waren seelenvergnügt, ein Kleeblättchen wie an Einem Stiele gewachsen, – Notenblätter die Elisentrios zum Besten gaben, daß Ihnen in Minden die Ohren müssen davon geklungen haben. – Vor uns mein brauner Tisch, blank von *Daguerrotips*; drey von Ihnen, eins von Nanny, und zwey von mir, (Eins *en profil* das andre *en face*) – Beyde Freundinnen stimmten für das Erste, und so schicke ich es Ihnen denn, damit ich an unserm Namensfeste doch auch bey Ihnen bin, wie Sie bey mir. – Ach, Lies, wie wunderlich kömmt es mich an, daß ich mein kleines Geschenk nach Minden *addressiren* muß! wo ich nichts kenne, – weder Zimmer noch Aussicht, noch irgend Eine von den Menschenseelen die Ihnen heute mit mir Glück wünschen! – Nanny und Luise brachen beynahe in Thränen aus als sie Ihre Bilder durch die Lupe ansahn, »Ach Gott, nun ist sie es erst recht! – das sind grade ihre Augen! – und der Mund! – das ist ganz ihr Gesichtchen! Die lieben Kinder waren nacher eine Weile so roth und still, und mir selbst wurde so sehnsüchtig, daß wir fast im Trio geweint hätten, aber es war noch ein bischen falscher Scham zwischen uns und keine wollte dem Anstand so ins Auge schlagen. Sie kommen doch gewiß im Frühling? – Darauf steht all mein Hoffen, und muß mir über den langen Winter weghelfen. – Der Schweizerplan ist prächtig! – Mama hat noch nichts über die Zeit ihrer Abreise bestimmt, nur daß sie nicht in den ersten Frühlingsmonaten gehn will; so werden die Zeitpunkte schon von selbst ungefähr zusammen treffen, und nichts leichter seyn als unsre Einrichtung der ihrigen genauer anzupassen – Ich habe indessen jetzt noch nichts davon gesagt, weil Mama ungern so lange vorher überlegt und bestimmt; Im März ist's früh genug, und ich bin im Voraus ganz gewiß, daß Mama sich sehr freuen wird. Ich will mich nur schon vorläufig bey Jenny'n erkundigen, ob in der Traube im nächsten Sommer ein Quartier frey ist, – die Traube war nämlich früher ein Gasthof, ist aber seit mehreren Jahren nur ein Privathaus, das sein übriges *locale* vermiethet; weshalb Sie auch nur Frühstück und Abends Thee dort haben könnten, ihr Mittagessen aber im Löwen aufsuchen müßten. – Ist die Traube besetzt, so können Sie aber auch dort (im Löwen) sehr billig wohnen, da die Lage am See die meisten Leute in's Schiff lockt, und der Löwe deshalb etwas einsam brüllt, obwohl sich's in seiner Höhle recht gut seyn läßt. – d. 12ten Abends, – Sie sehen, Lies, ich mache es nach Ihrer Vorschrift, – alle Tage etwas, bis der Brief fort muß. – Kühnast war vor vier Tagen hier, glänzend vor Freude mir Ihr Briefchen bringen zu können, und auch die Gedichte der Plönies – aber lieb Herz, wo haben Sie denn Ihre Augen, oder vielmehr Ihren Geschmack? die sind ja prächtig! – Nicht alle, es ist recht wäßriges schwächliches Zeug dazwischen, oder vielmehr darum; wie eine saure Schale, – Anfang und Ende – die Einleitung miserabel, – die Liebeslieder ordinär – auch die ersten Balladen noch nicht gradezu ausgezeichnet, aber dann steigt sie auf wie ein Adler, und bleibt das ganze Buch durch (Balladen, Gedichte aus den Niederlanden, vermischte Gedichte) in Einem prachtvollem Schwunge, daß Einem schwindelt; und obwohl ihre Gedichte nicht eigentlich warm sind, so wirkt doch diese *grandiose* Höhe von Poesie so auf das Gefühl (vielleicht noch mehr auf die Nerven) daß mir mitunter Thränen in die Augen getreten sind. – O, Lies, Lies, geben Sie Sich gefangen! – die macht eher uns Alle kaputt, als daß wir ihr etwas anhaben könnten! – ihre paar Tröpfchen lauwarmes Wasser verlieren sich ganz in all dem sprudelnden Champagner und Niemand wird sie ihr nachtragen, außer Solchen die, wie manche *Recensenten*, nur Anfang und Ende zu lesen, und dann über die Mitte frisch weg zu scheeren pflegen; (Dies soll keine Spitze seyn, mein Lies hat gewiß Alles gelesen, ist aber aus Liebe zu mir dieses mal total blind.) wo denn die Plönies freylich schlecht wegkömmt; denn so wie der prächtige Strom powerlich anfängt, so verliert er sich auch gegen das Ende wieder im Sande. – Mich ärgert nur, daß dies grade in Zuschriften an andere Dichter geschieht, wo man unwillkührlich genöthigt wird, diese Fehlgeburten mit den Erzeugnissen Jener zu vergleichen, was dann immer betrübt ausfällt, und deren Einigen, noch lebenden, Gelegenheit giebt die Nase zu rümpfen. – Freiligrath und Bettina haben auch noch jeder einen *Extra delinquenten* zum Hudeln (mehr nach der Mitte zu) – das Gedicht »Poesie« nämlich (ein Andenken an *Felicia Hemans*, aber offenbar Freiligraths »Was ist Poesie?« grade gegenübergestellt) ist überaus weichlich, und nimmt sich neben jenem aus wie ein Schaf neben einem feurigen Rosse, und der Versuch über Bettinas »Jugend« zu phantasiren, ist so total mißglückt, – schon das Versmaaß so unglücklich abgedroschen, und alle Wendungen und Bilder so höchst ordinär, – daß ich dieses Gedicht für das schwächste der ganzen Sammlung halten möchte; und wahrscheinlich liest doch Bettina nur grade dies Eine, und fühlt sich dann höchst beleidigt, daß ein so *pauvres* Talent es wagt seine stumpfe Sonde in ihre Gedanken zu senken. – Doch das sind Alles Kleinigkeiten, obwohl d i e s e Art Flecken für eine Sonne etwas unbegreiflich. – die *Plönies* kommt mir zuweilen wie eine aus der *Extase* erwachte *Somnambule* vor, die noch eben mit aller Völker Zungen geredet hat, und nun mit einem Mahle kaum plattdeutsch kann. – Schlimme Momente! und das Ganze dann doch ein königliches Stück Arbeit, obwohl allerdings nach Freiligrathschen und Herweghschen Mustern, – eigentlich *originell* ist ihr Talent nicht, aber die schönste, und durchgängig aufs Glücklichste verfeinerte und veredelte Ausbildung eines Freiligrathschen Samenkorns. – Ob Freiligrath dies freuen wird? – ich zweifele! – E i n Ehepaar weiß ich auch noch, dessen F r e u d e geringer sein wird als sein E r s t a u n e n, – S c h ü c k i n g s, – sie betrachteten die *Plönies* so gar sehr *en bagatelle*, und hielten die Ehre mit ihnen bekannt zu seyn offenbar für ihren grünsten Lorbeerkranz; - und *Louise* ist nicht der Art, daß es sie freuen könnte in Zukunft die Hofdame ihrer eigenen (*imaginairen*) Hofdame machen zu müssen. – Ihren Auftrag wegen der C ö l n e r will ich ausrichten, ich habe doch einen Brief vom 2ten *October* zu beantworten, wo mir Sch. die »neue Wendung seines Schicksals« ankündigt, und sich so hin und her dreht, daß ich denken soll, er habe erst jetzt, auf *Dumonts* Antrag, Cottas Dienst verlassen, während dies doch ganz gewiß schon im Frühling der Fall, und sein ganzer Aufenthalt in Bonn blos auf die Bewerbung um Püttmanns Stelle berechnet war. – Ob g e g e n s e i t i g e Unzufriedenheit im Spiele war, weiß ich nicht; Sch. ist seiner Stellung aber offenbar völlig überdrüssig gewesen, – er ist wieder so eilig, und läßt *Louisen* seinen Brief beenden, und sie schreibt mit einiger Bitterkeit: »Der Abschied von Augsburg und unsern dortigen Freunden thut uns Beyden schwer leid! einen so angenehmen Cirkel, eine so herzliche Aufnahme finden wir nicht wieder; Levin sieht das jetzt erst recht ein, ich habe es immer gefühlt, und mit dankbarem Herzen anerkannt.« Dann schreibt sie von ihrer schönen großen Wohnung in Cöln, die aber allerdings auch, wie Alles dort, sehr theuer sey. Junkmannen findet sie höchst liebenswürdig und *originell*, auch sehr heiter, nach Levins Versicherung viel heiterer als in Münster, und die *Lombard*, mit der sie verschiedene Landparthien gemacht, höchst gebildet und artig. – Wegen Paulinens solle ich mich nicht ängstigen, (schreibt wieder Schücking.) sie sey reichlich mit Gelde versehn, obwohl sie alle Welt in Briefen anbettele; Er habe auch noch vierzehn Thaler für sie in Cöln bezahlt, obgleich er wisse, daß sie wenigstens 60 r. in der Sparkasse stehn habe *et cet*. – Ich fürchte er steckt selbst in Schulden; denn er spart nirgends. Zuerst die Reisen! – dann sein glänzendes Auftreten in Bonn, wo, wie ich höre, ihn Jedermann für steinreich hält! – und nun wieder der neue Anlauf zum großen Leben im großen theuren Quartier, wie soll das von 1000 r. kommen? – d. h. wenn nicht der Frau Vermögen allmählich drein geht. – Die 1000 r. selbst sind mir noch ein bischen problematisch. – mir schreibt er auch »1000«, seiner Tante Padberg aber nur, 600.– hat er bey mir, aus Prahlerey, oder um meinen Vorwürfen zu entgehn, übertrieben? oder bey der Padberg sich zu klein gemacht, um nicht seine münsterschen Schulden bezahlen und für Paulinen sorgen zu dürfen? – oder hat er bey mir alles zusammen gerechnet, *feuilleton*, Rheinisches Jahrbuch, und vielleicht den muthmaßlichen Ertrag seiner Aufsätze? – Möglich sind die 1000 r. übrigens allerdings, da, wie mir Annchen Junkmann sagt, ein Freund ihres Bruders, Brüggemann, der jetzt die *Redaction* der Cölner Zeitung übernimmt, dafür »2000« von *Dumont* erhalten wird. – Könnte Sch. nun nur seine

Veränderlichkeit bezwingen, und sich etwas nach der Decke strecken, so wäre er geborgen; aber ich fürchte Cöln wird ihm noch eher alt wie Augsburg, und mit dem Hinundherlaufen und Leben *en grand Seigneur* geht es endlich doch auf seines Papas Schicksal los. – Mama fürchtet dies auch.

d. 13ten Freiligraths »Leipzigs Todten« habe ich gelesen, oder vielmehr Luischen hat es mir vorgelesen (*NB.* die liest ja wunderschön vor!) und ich finde es doch recht schön, und fürchte es wird Schaden genug anrichten. – *Crass* ists zwar, hinsichtlich der Grundsätze, bis zur Scheuslichkeit, aber sonst weniger schwülstig und mit Ausrufungen überladen als manche seiner früheren Gedichte, und muß auf Gleichdenkende und selbst noch Schwankende einen unseligen Einfluß ausüben, da ich *ultraloyale* Seele mich nicht enthalten konnte tief davon ergriffen zu werden, als so entstellend und boshaft ich es auch erkannte. – Aber mein Mitleiden mit Freilig. ist nun todt, – mags ihm schlecht gehn! er verdients nicht besser! – *Dræxler*-Manfred hat mir jetzt (für mein Eines hergegebenes Gedicht) das Rheinische Taschenbuch geschickt. – allerliebst anzusehn – reizende Stahlstiche, und ein Prachteinband, aber der Inhalt kümmerlich – eine langweilige tugendhafte Erzählung von Zschokke, ganz wie für den Volkskalender – als *Catastrophe* eine Belohnung die keine mehr ist, weil sie schon längst da war, ungefähr als wenn ich Jemanden sein Weihnachtsgeschenk lange vorher gegeben habe, und mir nun für diesen Tag wieder borge, um es mit auf den Teller zu legen. – Dann eine satyrische Märchennovelle von Duller, wo es über andre Schriftsteller, und die verschiedenen ärztlichen Methoden hergeht. – ohne den Schlüssel durchaus unverständlich und langweilig, mit demselben unerquicklich und ziemlich unbedeutend. – Endlich der »Geisterseher«, Novelle von Julius Eisen, sentimentales Mittelgut, ohne Leben in Erfindung oder Darstellung, ganz wie die steinalten Kalendergeschichten von Friederike Lohmann und *Consorten*, auch keine Geister darin, sondern nur ein überspannter

Jüngling, der seine schönen Gefühle in Briefe und Tagebücher niederlegt. – und zuletzt Gedichte (Dichtersalon) – sehr kümmerlich zusammen gestoppelt, – Freiligrath Eins, (ziemlich *revolutionair* und überaus schwach) Schükking Eins (an seinen Lothar, nicht übel.) Duller Eins, und dann noch allenfalls das meinige (Mondesaufgang) das kleine *emancipirte* der Stolterfoth, – und ein paar zärtliche von Kinkel und seinem Hannes, damit habe ich Alles einigermaßen Lesenswerthe genannt; die übrige Gesellschaft ist, trotz *Drœxlers* Versicherung vom Gegentheil, doch bedeutend unliebsam, besonders ein Graf von Bentheim, und ein Paar Naturdichter die auch besser bey ihrer Drechselbank und ihrem Backofen blieben! – doch jetzt fällt mir ein, daß zuletzt noch zwey Erzählungen kommen: »Die *Deserteure*« von W. O. Horn (eine matte Nachahmung der berühmten Dorfgeschichten) und »der beschriebene Tännling« von Adalbert Stifter (soso! fromm deutschthümlich, etwas *a la Motte-Fouqué.)* – Im *Salon* läßt sich auch noch Braun hören, – zwischen den Andern sehr honorig, sonst doch eigentlich nur Mittelgut. – Das Taschenbuch muß noch bedeutend an Kräften zunehmen; so ists nicht lebensfähig. – Von Meersburg haben wir nagelneue Nachrichten durch Werner, der vorgestern von seiner Reise nach München (wohin er seinen Erstgebornen brachte) zurückgekehrt ist, – Er hat Jenny'n und die Kinder wohl gefunden, Laßbergen aber bedeutend gemagert und hustend, aber sehr aufgeräumt, und binnen der vierzehn Tage [etwa fünfzehn Zeilen Text herausgeschnitten] In meinem Weinberge hat es heuer nur wenige – und essigsaure Trauben gegeben, – Alles verregnet! – doch elf Ohm Wein gemacht, – gleich von der Kelter, – den Ohm zu 17 Gulden verkauft, und somit, nach Abzug aller Kosten des Jahres, doch noch gegen sechzig Thaler reinen Ueberschuß – Immerhin noch ein schöner Zins von 400 r.! – und zwar in einem völligen Mißjahr, – Ein gutes, oder nur leidliches, habe ich noch nicht gehabt. – das vorige war bekanntlich auch sehr schlecht, aber doch besser, und hat mir 95 r. reinen Ertrag gebracht, – Wenn das am dürren Holze geschieht, so sind mir wirklich einige sanguinische Hoffnungen auf das grüne wohl zu verzeihen. – Zwar habe ich eigentlich Nichts davon; da ich, etwas voreilig *generös*, mich sogleich aller Vortheile begeben, zum Besten der Zwillingsmädchen, denen das kleine Besitzthum dereinst zufallen soll, – So sind Verwaltung und Ertrag gänzlich in Jenny's Händen, die letzteren zur Verbesserung und Vergrößerung des Grundstücks verwendet. – eine zwar nur mündliche, aber doch selbst gemachte, Anordnung, von der es mir, außer im höchsten Nothfalle, doch etwas sehr schimpfirlich wäre abzugehn – Den einzigen Vortheil für mich könnte mir vielleicht dereinst das Häuschen bringen, wenn eine traurige, aber doch endlich unausbleibliche Veränderung meiner Lage mich nöthigen sollte Rüschhaus zu verlassen, wo ich dann jedenfalls zu alt und kränklich seyn würde, um mich zwischen dem jungen Schwarm in Hülshof heimisch zu fühlen. –

d. 14ten. Heute muß ich diesen Brief schließen, wenn er noch zur rechten Zeit kommen soll – Ich trenne mich ordentlich schwer von ihm, denn Sie sind mir fast wie gegenwärtig wenn ich so zu Ihnen rede – Ich las neulich von einer Erfindung, die man noch zu vervollkommnen, und zum Besten der Politik auszubeuten hofft; nämlich durch eine, wenig kostbare, Vorrichtung von drahtdünnen Röhrchen unter der Erde, den Schall auf große Wegstrecken so fortzupflanzen, daß man z. B. in Minden nur sprechen, und ein Anderer in Münster das Ohr anlegen darf. – Ich denke mir diese Einrichtungen würden dann Regale, und man förmlich auf *billets*, nach vorläufiger Bestellung, zu Unterredungen zugelassen, – Ach Gott, Lies, was würden wir da manchen halben Gulden todtschlagen! – Mein Mütterchen ist seit drey Tagen in Münster, und übt sich in der Ungeduld, in Erwartung meines Onkels Fritz, der sie zu seinem Empfange hinbestellt, und schon vorgestern hätte ankommen sollen. – Ich fürchte mich etwas vor seiner Ankunft, so lieb ich ihn habe – er raucht so unmenschlich, und wird mir dadurch gewiß meinen Krampfhusten wiederbringen – Im Sommer, wo wir zumeist im Freyen waren, gieng's noch an, aber im geschlossenen Zimmer kann er's zuweilen treiben, daß die Lichter beynahe verlöschen, und man nicht begreift, wie E i n Mensch so viel Qualm auspuhsten kann. – der Arzt hat es ihm zwar verbothen, aber es ist ihm leidenschaftliches Bedürfniß, und er wird es lieber auf das Schlimmste ankommen lassen, als einen Tag die Pfeife entbehren. – Hoffentlich kömmt er nicht auf lange nach Rüschhaus; in Hülshoff kann ich mich ab und zu über Seite bringen, da macht's mir nicht so viel. – Dort (in Hülshoff) ist Alles wohl, und mein Päthchen in der That ein niedliches Muckelchen; – denken Sie, es kennt mich schon, und reicht mir die Aermchen entgegen! – *NB.* Werner hat jetzt in Heidelberg den Lißt gehört, und wie hat er ihm gefallen? – miserabel! – Er sagt: »die Kunst übersteige alle Begriffe, wer es nicht gehört könne sich gar keine Vorstellung davon machen, aber damit sey es auch rein alle, und man dürfe sich nur einbilden, daß statt E i n e s, d r e y oder v i e r Menschen auf verschiedenen Flügeln spielten, so sey der Zauber total gelößt, und was übrig bleibe ein hartes unharmonisches Getrommel, wo man nur mit Mühe hier und da etwas Weniges von Tackt und Melodie heraus fische, doch sey es allerdings sehr der Mühe werth ihn e i n m a l zu hören, zum z w e i t e n male aber würde er lieber Geld zugeben, wenn er nur wegbleiben dürfe.« er setzte hinzu: »Ein wirkliches *Concert* auf 3–4 Flügeln, von nur einigermaßen tüchtigen Spielern aufgeführt, würde gewiß ohne Vergleich schöner seyn, und sich doch keine Seele dazu drängen, soviel thut die Einbildung und das Bewustseyn der Schwierigkeit!« – was sagen Sie dazu? – haben Sie nicht auch den Lißt gehört? – Ich denke mir, Werner hat zuviel Lieblichkeit erwartet, und übertreibt nun aus Aerger nach der andern Seite. – bey so gänzlichem Mangel an Feinheit und Ausdruck wäre doch dieser kolossale Ruhm unmöglich! – Von Münster kann ich Ihnen nichts schreiben, Ihre Freunde haben mir nichts erzählt, und sonst bin ich ohne Quellen. – der Tod des [Erzbischofs] hat einen Augenblick große *Sensation* gemacht, und es ist in allen Kirchen darüber gepre[digt worden. Aber hin ist hin. Jetzt] spricht man von etwas Anderm! – Nanny sagt mir, daß meine [Kusine Galen jetzt anfange in Kassel ebenso beliebt zu werden] als sie anfangs verhaßt gewesen; sie habe an einem schöne Tage mit einem Male allen Hochmut abgelegt und [sei die Freundlichkeit und Natürlichkeit selbst geworden, und obwohl man mit Händen greifen könne, daß das nur aus Politik geschehe, sogar wisse, daß ihr zu diesem Zwecke Vorstellungen gemacht worden, so fühle sich doch jedermann angezogen, und ihre Stellung werde in kurzem höchst angenehm sein. Schreibt Ihre liebe Mutter oder Tante Minna nichts darüber?

Schlüters sind wohl. Sie tragen sich seit Wochen mit dem Plan einer Tour nach Rüschhaus, haben aber alle gute Zeit verstreichen lassen, und ich rechne nicht mehr darauf. Die Lombard hat Nanny gesagt, daß Schlüters »Welt und Glaube« am Rhein Furore mache, und bereits als das Ausgezeichnetste der neuen Poesie rezensirt worden sei. Das erstere mag in einer gewissen frommen Klasse wirklich der Fall sein, und ich habe es Ihnen ja auch vorausgesagt; von dem letzteren habe ich aber den stillen] Glauben, daß [damit die bewußte lobende Anmerkung im Magisterbüchlein gemeint sei. Nanny, der] ich diese Anmerkung (als eine [Zugabe) zeigte, kam zuerst darauf, und in meinem Herzen glaube ich es auch.] Es wurde mir übrigens schwer, das Lachen zu verbei[ßen, da, wie Sie wissen (um Gottes willen aber] Niemandem sagen müssen, vor Allen auch Nanny'n und Luischen nicht) die *Lombard* [selbst einen Teil des] Buchs geschrieben hat, und somit ihre eigne Posaune bläßt. – Diese Frau läßt sich ungern hinter die *Coulissen* sehn, aber wenn es Einem zufällig gelingt, ist es desto *amusanter*. – Lieb Lies, ich plage mich wie ein armer Hund mit meinen

schlechten Stahlfedern, und habe schon ein ganzes Kästchen durchprobirt, aber alle wollen entweder die Dinte nicht lassen, oder haben immer von Neuem Haare im Schnabel, als wenn ihnen ein Bart nachwüchse – Glückselig wer mit Gänsekielen schreiben kann! ich kann's nicht, denn ich verstehe sie nicht zu schneiden und Mama eben so wenig. – Ich muß bey diesem feuchten Wetter das *Daguerrotyp* wohl sorgfältig *emballiren*, sonst bekommen Sie am Ende die leere Platte. Dem Deiters sind mehrere an einer feuchten Wand rein weggeschwunden. – Adieu mein theuerstes liebstes Herz; von Mama'n kann ich Ihnen, trotz ihrer Abwesenheit, die zärtlichsten Grüße bringen, die sie mir aufgetragen sobald sie hörte daß ich Ihnen schrieb, Sie hat Sie wirklich noch lieber als ich gewußt habe, und bejammert förmlich Ihre Abwesenheit bey jeder Gelegenheit. – Es ist aber auch was Betrübtes! – die Zeit vermag zwar viel, aber was sie nicht hat kann sie doch nicht geben! – ich fühle daß mit Ihnen mein halbes Herz und alle meine liebsten Stunden dahin sind. – *adieu*, Lies, bleiben Sie mir nur recht treu, – ich denke täglich an Sie, oft ganze Stunden in Einem Stücke, wenn ich Abends auf meinem Kanapee dusele; dann möchte ich Ihnen dieses, dann Jenes erzählen, und endlich bitterlich weinen, daß Sie nicht da sind. –
adieu, Ihre Nette.

[Am Rand] Nanny und Luise wollen sich gemeinschaftlich eine Lupe anschaffen, blos um Ihre Bilder anzusehn.

Ihrem Herrn Gemahl meine freundlichsten Grüße, und er solle mich in gutem Andenken behalten. – Wenn Sie nach Hause schreiben 1000 Grüße an Ihre lieben Eltern und Tante Minna.

Denken Sie nicht, daß mir Ihr Aufsatz über Dingelstedt nicht gefällt, weil ich seiner zu erwähnen vergessen er ist ausgezeichnet geistreich geschrieben, und verräth wahrhaftig keine Frauenhand!

[Aus der Handschrift ist ein großes Stück herausgeschnitten. Die fehlenden Stücke (zwischen den eckigen Klammern) sind gedruckt bei Schulte Kemminghausen.]

27

[Rüschhaus, den 26.–30. Januar 1846. Montag–Freitag.]
Rüschhaus d. 26ten Januar 46.

Mein lieb lieb Herz!

Haben Sie doch an mich und meinen steinalten Geburtstag gedacht, unter all den Reise*troublen* und Berliner *Reminiscenzen?* – Ich habe Ihren lieben Brief und das zierliche Leuchterchen erst spät bekommen, sonst hätte ich früher geschrieben, doch habe ich die Zögerung, freylich sehr unfreywillig, selbst veranlaßt. – Sie wissen, Lies, ein bischen miserabel bin ich immer, stichts mich hier nicht so kneifts mich dort, z. B. jetzt seit drey Wochen im Ohr, macht einen Lärm wie drey Pulke Cosacken, und mich nebenbey so dumm, daß man Mauern mit mir einrennen könnte – wahrhaftig, Lies, Sie würden mich nicht wiedererkennen, – ein *completer* Wechselbalg! stocktaub auf Einem Ohre, und hat man mir endlich das Nöthigste eingeschrieen, so begreife ich es noch nicht mahl, weil mir immer wie unter dem Schaffhauser Wasserfalle ist. – Man sagt die Geschwulst werde nun bald durchgehn – *proficiat!* – mag sie's thun, heimlich oder öffentlich, ich werde ihr keinen Steckbrief nachschicken! Da hat mir denn das gute brave Luischen zweymal geschrieben, – das erste Mal förmlich gegen eine Antwort protestirend, (da sie mich unwohl wuste) das zweite Mal den Punkt mit Stillschweigen übergehend, und doch wohl, mit Recht, der Bothenfrau entgegen sehend, um dann ihr nächstes Briefchen glorreich mit dem Mindener Paketchen eintriumphiren zu lassen, wer aber nicht schickte das war ich. – Ich war aber auch übel daran. – krank und voll Herzensangst, denn Werner war von einem Hunde gebissen den man für toll hielt, und von unserm Heinrich war die Nachricht aus München gekommen, daß er so schwer am Schleimfieber erkrankt sey, daß man ihn habe ins Hospital bringen müssen, das war doch wohl genug um einen so kranken Kopf wie den meinigen total *confus* zu machen! – Acht Tage lebten wir so in der Angstschwebe, dann kamen von allen Seiten Erleichterungen, – einige Zeilen vom Heinrich selbst, der zwar noch im Hospital aber bedeutend besser ist; Auch der famose Hund wurde endlich eingefangen, und ist, gottlob, nur ein ordinärer bissiger Köter; Am selben Tage wurde auch die Geschwulst in meinem Ohr entdeckt, mir zum großen Trost, denn bis dahin glaubte ich an ein Kopfübel, und phantasierte von Schlagfluß und Verrücktwerden. und wie denn Gutes wie Schlimmes immer zu Haufen kömmt, so segelte am selben Tage ihr liebes liebes Briefchen mit seiner niedlichen Fracht ein, – spät und einsam – Luischen hatte allen Muth verloren, ihm eine Zeile mitzugeben. – Ich habe dem lieben Kinde gleich geschrieben, und ihm alle meine Sünden abgebethen. – Aber Sie, mein Lies, wie wohl thun sie mir durch Ihre Briefe! – das ist die rechte, und in diesem Regenwinter einzige, Abendröthe, die zuweilen in mein Stübchen fällt, das über Tag jetzt gar nicht heimlich, sondern recht düster und grau ist, Abends dagegen, beym Ofengeflacker und Lampenlicht, wieder so wohnlich, daß ich meine Sie könnten nirgends besser sitzen, und auch nirgends lieber. – Ach kommen Sie nur bald, bestes Herz! – Ich freue mich nicht allein so ungemein darauf, sondern auch Mama von ganzem Herzen, und ist schon jetzt daran alle andern uns *annonçirten* Besuche durch Briefe, *bongré malgré*, in den Februar und März hinein zu nöthigen, damit schöner langer freyer Raum für Sie bleibe; – Auch den Reiseplan hat sie mit einer Art Begeisterung ergriffen, und ist sehr angenehm gespannt auf die Bekanntschaft Ihrer lieben Mutter! – Ich verspreche mir himmlische Freuden von dieser Reise, aber die Hauptsache ist und bleibt mir doch immer Ihr Aufenthalt hier. – Kommen Sie nur recht zeitig, Mama rechnet auf ein langes Stück Besuch, deshalb messen Sie mit der möglichst längsten Elle, die Münsterschen Freunde werden doch nur zu viel herunter zwikken; – d. 30ten Vier Tage habe ich pausiren müssen, so widerspänstig war mein Kopf, und dies leider ganz ohne *Catastrophe*; Im Gegentheil scheint die Geschwulst etwas beyzufallen. – das wird dann auch wohl Besserung bringen, aber eine sehr langsame. – Gestern war Kühnast hier, – in der Dämmerung, wie immer, denn er kömmt erst zwischen drey und Vier, und bleibt allemal etwa eine Stunde, bis der Weg über die langen Kämpe anfängt bedenklich zu werden – der arme Schelm! er ist in heller Verzweiflung! – seine Mittheilungen waren so *confus*, daß ich anfangs glaubte ihm rathen zu müssen noch jetzt nach Thorn zu reisen, – endlich zu einer Uebersicht gelangt, sah ich ein, daß er sich hierzu die Suppe schon zu arg verkocht hat, aber seinem Bruder kann und muß er noch schreiben, um wenigstens klar in der Sache zu sehn, – liebt seine Kläre ihn wirklich nur halb so sehr wie er sie, dann kann und wird sie ihm Alles um so eher vergeben, da er nur aus einem wunderlichen Ehrgefühl und noch wunderlicherer *Delicatesse*, – kurz, wie gewöhnlich nach Grundsätzen verkehrt gehandelt hat. – Persönliches Wiedersehn wäre freylich das bey Weitem Wirksamste, aber da er ihr bereits ihren Ring wiedergeschickt, und überhaubt die Auflösung des Verhältnisses völlig angenommen hat, so würde er sich mit der Hinreise doch jetzt zu sehr bloß geben, und allzu klatrig dastehn, wenn es misglückte; – aber da sein Bruder (den er zwar auch böse gemacht hat, aber als sehr versöhnlich schildert) so sehr für das Festhalten dieser Verbindung war, so denke ich es mir doch als möglich, daß dieser Alles wieder in's Gleis bringen könnte d. h. wenn sie ihn liebt; – leider läßt sich wenig oder nichts schließen aus den Briefen eines jungen Mädchens, das einem älteren und an Bildung über ihr stehenden Geliebten im schönen Briefstyle nachzueifern strebt. – Ich habe aus Kühnasts Reden, so zart und dunkel sie waren, doch heraus verstanden, daß er jetzt halbwege fürchtet ein *faute de mieux*, ein Wesen »Das sie vom Jungfernfluch erlößt, – Und sich an's Ehkreuz nageln läßt« gewesen zu seyn, – wenigstens in den Augen der Mutter gewiß, und auch nicht ganz ohne Rückwirkung auf die Braut. – und da es nun mit der Aufrichtung des Kreuzes so gar langsam geht, und vielleicht irgendwo ein andrer Galgen winkt – *et cet* – kurz, eine Schlüter-Junkmannsche Geschichte. – und freylich, wenn die Gegenparthey nicht gerührt seyn will, und vielleicht schon längst nach dem Zaun ausgesehn hat, von dem sie die Gelegenheit brechen könnte, dann ist nichts zu machen – aber das muß der Bruder beurtheilen können – wenn er ihm nur schreibt! – er war keineswegs geneigt dazu, und hatte wieder ein ganzes Regiment Grundsätze zur Hand; – ich hoffe aber seine wirklich sehr große Liebe besiegt dieses mal seine Grundsätze, – Geht es schlimm, so wird er viel unglücklicher werden, oder es wenigstens viel länger bleiben als Junkmann, denn es ist weniger Poesie und gar kein Ehrgeiz dabey im Spiel, sondern reine persönliche Zuneigung, sie ist gerade das Mädchen, was ihn wunderbar rühren und an's Herz treten würde, wenn sie auch im Spinnstübchen säße, wie Fausts Gretchen, – bey Junkmann wirkte die GeheimerathsTochter, und vom verehrten Lehrer hochgestellte Schwester doch wohl unbewußt mit. – Sie mögen den Kühnast nicht? – er ist freylich verkehrt genug, und ist gegen mich schon mit allen seinen verdrehten Ansichten losgerückt, aber ich habe ihn dennoch sehr gern, denn er ist ganz kunstlos warm, und von einer Unfähigkeit nur einen Augenblick unwahr zu seyn, die ihn zwar noch hundertmal in Schaden bringen wird, aber die höchste Achtung verdient. – Kann er doch nicht mal verbergen, wie viel schlechter ihm meine Gedichte wie die der Plönies gefallen, – wenn die Rede darauf kömmt, und ich ganz offen meine Vorzüge und dann auch die ihrigen anführe, so sieht er mich bey den Ersten ganz ängstlich und verblüfft an, bey den Letzteren aber wird er lebendig, nickt unaufhörlich mit dem Kopfe, lacht vor Seelenvergnügen, und es fehlt nur ein Haarbreit daß er ausriefe »Richtig! richtig! o, kein Vergleich!« – halbe derartige Worte sind ihm auch wohl entwischt. – Das ist doch wirklich rührend *naiv*! und ich kann sagen, daß ich es immer mit Vergnügen ansehe, denn das Demüthigende in der Sache geht mir nicht grade zu Herzen, und jedenfalls weiß ich es nun längst; und wenn ich denke, wie furchtbar mir z. B. die Bornstedt, mir oft ins Gesicht geschmeichelt und entzückt gethan hat, um mich dann hinterm Rücken zu zerreißen, – wie wenig wir armes Federvolk überhaubt auf Aufrichtigkeit rechnen dürfen, – wie sogar wir selbst, Sie und ich, einem andern Autor gegenüber, glauben gewisse Floskeln hersagen zu müssen, – so kann ich nur mit einer Art von Vergnügen diesen ungekünstelten Ausbrüchen, die keine Ader von Böswilligkeit, keine Spur von vermindertem Wohlwollen mit sich führen, zuhören. – kurz, ich halte große Stücke auf diese *candide* Seele und möchte herzlich wünschen, ich dürfte mir, von irgend einer Seite, bessere Aussichten für sie machen, als ich es, eben ihrer *Candeur* wegen, kann. – Berühren Sie, in Ihren Briefen an ihn, aber ja Nichts von Allem was ich über ihn geschrieben, – er folgert immer anders wie andre Menschen, und Sie Selbst würden nicht voraus sagen können, ob er nicht eine Beleidigung, – eine Anreizung die Aufrichtigkeit zu übertreiben – oder Gott weiß was sonst – daraus nähme. – Junkmann soll in Bonn sehr vergnügt seyn. – er hat mir kürzlich geschrieben, und ich zögere mit der Antwort, um es weniger auffallend zu machen, wenn ich auf keinen seiner Briefpunkte eingehe. – Ich fürchte er kömmt oder ist bereits in schlechten Händen, ich meine denen der Demagogen, – der eine *Redacteur* der Cölner Zeitung, Brüggemann (ein berüchtigter Demagog, unter dem das Blatt bereits eine sehr böse Richtung soll genommen haben) ist sein *intimster* Freund, und in seinem Briefe steht »Schaffen Sie Sich das Vorurtheil aus dem Kopfe, als hätte ich politische Vorurtheile; Ja! politische Einsicht habe ich, und politischen Spott, mehr als man in Westphalen vertragen kann, und die sogenannte katholische Parthey. – Aber was kann man dafür wenn man klüger ist als Andre? Ich habe das durch Leiden, durch Studien, durch ausgebreitete Bekanntschaft mit allen Partheyen mir erworben.« – Erkennen Sie unsern frommen Junkmann darin wieder? – Nehmen Sie dazu, daß ich ihm seit er fort ist nicht geschrieben, folglich zu dieser Verwahrung nicht die mindeste Veranlassung gegeben habe. – Ich fürchte das böse Gewissen spricht aus ihm, und er weiß sich bereits als den Verfasser des einen oder andern anrüchigen Aufsatzes. – Für die schlesische katholische Zeitung scheint er schon mal gar nicht mehr zu passen. – Auch sonst deutet Manches darauf hin. – Sein Hauptumgang ist (außer Simrocks) im Kinkelschen Hause. (Für einen Stockkatholiken doch nicht grade passend.) – sein Briefstyl ziemlich burschikos und impertinent, »Ich habe ihm ein Exemplar meiner Gedichte versprochen, und müsse es ihm schicken, denn er habe kein Geld, und es sey mir ein Leichtes in Deiters Laden zu gehn, (er nimmt also an ich müsse das Buch kaufen.) – Auch »eine Perle aus meinem in den Kaisergräbern gefundenen Rosenkranze« verlangt er, und »wolle ich dem Buche meinen Namen einschreiben, oder ein Brieflein beyfügen, so werde ihm das um so angenehmer seyn, jedoch, mit oder ohne Brief, solle ich ihn nicht zu lange warten lassen.« – Diese sind zwar die auffallendsten Sätze, und es steht noch allerley dazwischen, wodurch sie getrennt, und deshalb weniger auffallend, aber sonst nicht besonders gemildert werden. – Klagen über Schücking, der ihn an seinem in's Rheinische Jahrbuch aufgenommenen Gedichte Vieles verändert. *et cet.* – Mir hat der ganze Brief einen höchst unheimlichen Eindruck gemacht. – Großer Gott! daß alle Dichter doch so wandelbar sind! daß man auf Nichts bey ihnen bauen kann! – keine jahrelange Kenntniß ihres Karakters! – Ich fürchte, und wahrlich mit großer Betrübniß, daß Junkmann, über kurz oder lang, auch zu denen gehören wird, die ich wünschen muß nicht so genau gekannt zu haben. Für jetzt werde ich ihm noch alles Verlangte schicken, mit Uebergehung seiner Briefpunkte von allen Bekannten erzählen, aber mich schon streng hüten eine Meinung auszusprechen. – das alte Vertrauen ist hin! – wer hätte das noch vorm Jahre gedacht! – Schückingen muß ich auch jetzt schreiben, ich bin ihm auf zwey Briefe Antwort schuldig, – der letzte hat mich auch nicht eben gefreut, so freundlich er war, fürs Erste schickt er mir seine Gedichte, worin er als entschiedener Demagog auftritt. – Völkerfreyheit! Preßfreyheit! – alle die bis zum Ekel gehörten Themas der neueren Schreyer – Worin eine Abtheilung »Liebesgedichte« eingeleitet durch Eins an seine *Louise*, worin er ihr als der »ächten königlichen Isolde, vor deren Schein alles verbleicht« diesen Abschnitt gleichsam widmet, und dann *pele, mele*, was er je an Damen geschrieben. – jedes Gedicht bringt ein paar Groschen mehr – Ich suchte aus Neugierde nach einem an die Bornstedt, konnte es aber nicht errathen. – dagegen sind einige mir bekannte ausgelassen – Ich habe meiner Mutter die Gedichte nicht zu lesen gegeben, sie würden sie zu sehr gegen ihn einnehmen. – Den Brief aber las ich ihr vor, und es kam eine Stelle darin vor, die sie furchtbar stieß und *par contrecoup* auch mich. – Nachdem Sch. mir nämlich die bevorstehende zweyte Niederkunft seiner *Louise* und seinen dadurch erweiterten Hausstand *annonçirt*, sucht er mich zu bereden, mein Vermögen zum, mit ihm gemeinschaftlichem, Ankaufe eines kleinen Gutes am Rhein zu verwenden, und dort mit ihnen zu leben. – Mama wurde ganz blaß, und sagte sehr scharf: »Glaub nur, das ist ihm ganz und gar kein Spaß!« und bald nachher, »Wenn er es nicht ausgedacht hat, dann hat's *Louise* ausgedacht, und er ist doch darauf eingegangen; Was wollten sie mit einem Gute anfangen, das sie nachher wieder verkaufen müßten? aber Du bist ja sein Mütterchen und Pathin zu seinem Kinde!« Großer Gott! wärs möglich, daß dieser Mensch, dem ich viel Gutes gethan habe, schon auf meinen Tod spekulirte, weil er denkt, ich mache es nicht lange mehr! – darüber könnte ich doch noch weinen!

[Am Rand:] Alles Herzliche von Mama; Luischen hat mir gestern einen sehr lieben Brief geschrieben, aber gesehen habe ich die lieben Kinder erst einmahl.

28

Rüschhaus d. 2ten April. 46 [Donnerstag.]

Mein theures liebstes Lieb!

Ich weiß daß Sie mit Ungeduld auf diesen Brief gewartet haben, aber gewiß nicht mit größerer, als womit ich auf eine endliche vernünftige *Constellation* all der Wandel- *respective* Irrsterne die über dem Rüschhauser Dunstkreise schnurren, immer nah genug um gehört zu werden, und immer unsichtbar. – Mein Warten war umsonst, ich weiß heute noch weniger als ich vor 14 Tagen zu wissen glaubte. – lauter *Confusion*! und nur das steht fest, daß wir Sie im May mit großer Freude erwarten, und daß ich wenigstens die Schweizerreise mit Ihnen machen werde. – Im Uebrigen steht es so: – Im Januar schrieb ein Fräulein v Dücker, »daß sie, nebst Nichte, uns besuchen würde, und Mama bäte den Zeitpunkt zu bestimmen, da ihnen selbst nichts im Wege stehe sich darnach einzurichten« – Acht Tage später zwey Tanten (Mutterschwestern) ganz dasselbe. – Wieder acht Tage später Tony *Galieris ditto*. – Mama antwortete Allen dasselbe, bat sie, der Schweizerreise halber früh, und des beengten Raums wegen einzeln zu kommen; bestimmte der Dücker die letzte Hälfte Februars, den Tanten die letzte Hälfte der Fasten, Tonyn den April und meinte nun Alles wie am Schnürchen zu haben. – und das *Resultat*? – Die Dücker hat acht Wochen lang gar nicht geantwortet, bis endlich gestern: »Durch Dies und Jenes abgehalten, und jetzt am Krankenbette einer Verwandtin sitzend, könne sie über ihren Besuch noch gar nichts festsetzen, werde aber ganz gewiß kommen« – Die Tanten haben schon 4-5mal geschrieben. »Ach, liebste Therese, wie längst wäre ich bey Dir, wenn Sophie nicht wieder so leidend am Magen wäre!« – oder umgekehrt: »Ich hatte schon gepackt, da schreibt mir

Dine, sie habe seit acht Tagen wieder ihre Anfälle von Kopfgicht, das hält immer lange an, nun weiß Gott wann sie wieder *mobil* ist!« – so geht es immer *alternirend*, – die beyden armen Schelme sind so schwächlich! – Tony hat am schnellsten geantwortet, aber frischweg, »daß sie nicht vor Mitte Mays kommen könne« – So liegt unser Kartenhaus übern Haufen, und Alles ist dem blinden Glücke anheim gestellt. – Mama ist gefaßter hierbey als ich, sie sagt: »ich habe mein Möglichstes gethan Alles nach ihrer Bequemlichkeit und sonstigen Sympathien zu *arrangiren*, kömmt es nun Anders, so kann ich nicht dafür; satt machen kann ich sie schon, und mit dem *Logis* müssen sie sich behelfen,« – Das ist's auch nicht was mich ärgert; sollten (möglicher Weise) Alle zugleich kommen, so richte ich meinem Lies das Stübchen hinter meinem Schlafzimmer ein, wohin ich durchaus keine Andre nehme, und dies *Arrangement* ist grade mein bester Trost, weil wir dann doch die Früh- und Abendstunden ganz für uns haben, – aber der übrige Tag ist uns verdorben, darin kann ich mich nicht finden! – Bleiben Sie aber um Gottes willen nicht aus! Sie dürfen grade gar nicht aus bleiben, es würde Mama sehr betrüben. – Mit den Dückers (auf die ich mich unter keinen Umständen freuen würde) wäre es ein Anderes, und (aber ganz unter uns) auch mit der Tony, die gar nicht angenehm im Hause ist; sehr verwöhnt und launig, aber das Lies und die guten Tanten, das sind unsre Lichtsterne in dieser bedenklichen *Constellation*, und an dem Kommen der Letzteren verzweifle ich fast, da Sophie im Frühlinge immer am Anhaltendsten kränkelt, und nun die Arbeiten in Feld und Garten begonnen haben, schwerlich mehr aus der großen Haushaltung, die ihr, seit des Onkels Tode, obliegt, wird vollkommen abkommen können. –

Daß sich, unter diesen Umständen, die Zeit unsrer Abreise nicht genau bestimmen läßt, begreifen Sie, liebes Herz, doch dürfen wir auf die letzte Hälfte Juny's rechnen, da Tony (ohne Zweifel der letzte unsrer anderweitigen Gäste) am 13ten Juny, als dem Namenstage ihrer Gräfin, schon wieder in Belgien seyn muß. – Die Verwandtin der Dückers ist nur vorübergehend krank (*fausse couche*), Mama hat heute gleich geantwortet, und nochmals angetrieben, so werden sie doch wohl im April kommen, und es bleibt mit unsrer Abreise hoffentlich beym Alten. – aber mein Mamachen wird sich die Freude mit Ihnen und Ihrer verehrten Mutter zu reisen wohl versagen müssen. – Es ist ihr eine andre *route* vorgeschoben worden, der sie sich schwerlich wird entziehen können. – Ihre Geschwister sind Alle so niedergeschlagen über den Tod des guten Onkels Fritz, es ist ihnen so schwer auf's Herz gefallen, daß dieser binnen drey Jahren der Dritte aus ihrer Mitte Scheidende ist, – Jeder glaubt dies Schwert des *Damocles* über sich zu sehn, und so wollen sie denn noch einmal Alle zusammen kommen, nahe bey Würzburg auf dem Gute der Wittwe Eines der Brüder. – Daß Mama sich als einzige (aber überaus geliebte) Halbschwester am wenigsten hiervon ausschließen kann, begreifen Sie – Ich mag ihr auch gar nicht mahl zureden, um so weniger da Würzburg ja eigentlich auf ihrem Wege liegt, sobald sie über Cassel geht. – Es wird schon nicht anders seyn, sie muß sich zum *rendezvous* einfinden! und thut es auch einerseits gern, bedauert aber aufrichtig die Reise nicht mit Ihnen machen zu können, und hätte den Plan deshalb sehr gern auf die Rückreise im nächsten Jahre vertagt; – daran ist aber nicht zu denken, ein Jahr ist eine lange Zeit, für Leute die theils schon wirklich alt, theils sehr schwächlich sind, und jetzt alle meinen in ihr offnes Grab zu sehen. – So ist es denn ausgemacht, daß i c h mit Ihnen reise, Mama und Marie aber nachkommen sobald es angeht. – Ganz wohl ist mir nicht dabey, mein armes Mütterchen so allein der Reise und auch den Erschütterungen dieser jedenfalls mehr trüben als freudigen Zusammenkunft ausgesetzt zu wissen, aber es wäre doch wohl schwerlich ein Winkelchen für mich übrig, auf einem Landgute wo z e h n Parthien Gäste ankommen, und die meisten wohl mit Bedienung. –

ich glaube der Tante Wittwe, die zwar sehr freundlich, aber immer nur eine Schwägerin ist, werden die Haare doch schon genug zu Berge stehn, über dies *collossale* Besuchs-*complott*! – Gebe Gott daß dieser vielköpfige Plan sich nur bald ordnet, und sie Mama dann nicht zu lange in Bayern aufhalten,! es wäre mir doch sehr ängstlich wenn sie erst nach Monaten nachkäme, und ich in der Zeit nicht mahl recht wüste wo ich sie hätte! – Jetzt haben wir allerdings mehr Freyheit hinsichtlich der Zeit unsrer Abreise, doch muß ich Tony's Hierseyn jedenfalls erst mitmachen, wüste auch, wie Sie begreifen, sehr gern erst etwas Bestimmtes über Mama's Abreise, ehe ich von ihr gehe, und dann, lieb Herz, muß ich auf unsern ersten gemeinschaftlichen Reisetag verzichten, ich muß einige Tage voraus, und Sie in Bonn erwarten, meiner *Cousine* wegen, der ich diesen Besuch lange versprochen habe, und deren Empfindlichkeit Sie Selbst kennen; – Doch wird dies Alles hoffentlich uns nicht hindern, noch vor Ende Juny's den Rhein hinauf zu rauschen. – Kommen Sie Selbst nur sobald wie möglich! – das Uebrige ist keinen Schwierigkeiten unterworfen, wenn sich auch allerdings der Tag der Abreise heute noch nicht bestimmt angeben läßt; – Sind Sie hier so lassen sich die gegenseitigen Wünsche und Gründe am besten gegeneinander abwägen, und gewiß sehr leicht vereinigen. – Bis Tony abgereißt ist (etwa am 9ten Juny) werden die *Oncles* und Tanten ja auch wohl ihre Suppe gar gekocht haben, daß ich etwas über Mama weiß, und dann giebts, von meiner Seite, keine Hindernisse mehr.

Unser liebes *Louis*chen ist ziemlich hergestellt, aber doch noch etwas schwach, – weder sie noch die, mir ebenfalls sehr liebe Nanny habe ich in all dieser Zeit gesehn, aber ich schicke zuweil[en] die Bückersche an, und Kühnast weiß mir immer von Beyden zu erzählen, – auch Büch[er] haben mir die lieben Kinder geschickt, »Andersens Reisen« und »Josephine, von Bellani« ich war recht lesehungrig und bin drüber hergefallen wie eine dürre Ziege über den Kohlstrunk. – Der *Andersen*, das ist mein Mann! – ich wollte ich hätte auch neben ihm geseßen im *Concert*! und das will bei mir nicht wenig sagen. – Aber den *Yorick* hat er fleißig gelesen, und *Bracebridge-Hall* und Oehlenschlägers Reiseskizzen auch – das schadet aber nicht! – das rein Natürliche kann man nie weder Schule, noch Manier nennen. Von Schlüterchen habe ich vorgestern einen sehr herzlich gemeinten, aber grausam hölzernen scherzhaften Brief in Versen bekommen, – es ist komisch–rührend, auf diesem Meere von Güte und wahrer Kindlichkeit den Philisterzopf so stattlich herumsegeln zu sehn! – Die lieben Leutchen denken ich sey sterbenskrank, weil ich, meiner noch immer hartnäckigen Geschwulst im Ohre wegen, nicht ausgehen kann, und wollen mich nun mit auserlesenen attischen Scherzen erheitern. – Ich habe noch nicht darauf geantwortet, will aber nächstens daran, und frisire schon an einer geistigen Schwanzperücke. – Kühnast kömmt so ziemlich jede Woche, (d. h. er denkt es in Zukunft zu thun, bis jetzt ist die Sache noch nicht recht im Gange und morgen muß ich wieder nach Hülshoff auf *circa* 14 Tage) – Ich habe ihm zugeredet, sich nicht mehr so zu *isolire[n,]* seine Augen umher gehen zu lassen nach irgend einem gesetzten, soliden, kenntniß[reichen] Freunde, und auf Wen meinen Sie daß er verfallen ist? – Auf den Schnittger sam[t] Ehehälfte, die er Beyde nicht hoch genug stellen kann. – *De gusto non est disputandum*! ich habe das sehr wohl und gut seyn lassen, und er mag wirklich, nach seiner Eigenthümlichkeit, ganz gut gewählt haben. – Sein Liebesunglück trägt er mit vieler Festigkeit aber, glauben Sie mir, es geht ihm viel tiefer zu Herzen als er eingestehn mag! – Das Verhältniß hat ihn zwar, seit längerer Zeit, nur noch gequält, und so fühlt er Erleichterung, aber nur wie man sie nach dem langen Schmerzenslager und endlichem Tode sehr lieber Personen fühlt, mit einem überwiegenden Zusatze von Kummer, und einer verdoppelten Glorie um das Verlorene. – Junkmann hat nicht für gut gefunden Notiz von meinem Geschenke und Briefe zu nehmen, oder vielmehr zu geben; – Artig ist das nicht aber mir recht lieb; J. ist ein so seltsamer Mensch, daß man aus seinen Briefen eigentlich auf gar nichts schließen kann – oft meint man sie ganz klar zu verstehn, und er behauptet hintennach grade das Gegentheil gemeint zu haben – wie? weiß Gott und er allein, – *ironisch*? – das will nicht immer paßen. – ich denke hieroglyphisch. – so will ich ihn nicht voreilig richten, aber bis ich ihn selbst gesehn und mich vielleicht eines Erfreulicheren überzeugt habe, bleiben Er und sein Briefwechsel mir unheimlich. – Schücking hat mir dagegen einen wirklich herzlichen Brief geschrieben; er konnte mir Geld und einen sehr artigen Brief von *Dumont* schicken, da hat seine natürliche Gutmüthigkeit und Lust andern Freude zu machen ihn liebenswürdig gestimmt. – Er hat jetzt ein Töchterchen, »Gerhardine«, das aber sehr viel schreit, und, wie ich fürchte, in der elterlichen Liebe dem kleinen »Herrn der Schöpfung« sehr wird nachstehn müssen. – dem Lotharchen wird, als mütterliches Erbtheil, ein ganz *enormes* musikalisches Talent zugeschrieben; Gehn und Sprechen kann er noch nicht, aber »trotz seiner 14 Monatchen eine Polka ganz tacktfest singen.« – Der gute Levin weiß nicht, daß seine *Louise*, trotz ihrer *magnifiquen* Stimme, fast eben so wenig Gehör hat als er selbst! – Er fordert mich ganz *naiv* auf, eine *Recension* seiner Gedichte von Dingelstedt (ich meine im Morgenbl. der Allgemeinen) zu lesen. – (Das Klübbchen thut gar nicht heimlich damit, daß es sich unter einander *recensirt*!) – Diese hab ich nicht gelesen, aber eine im Frankfurter *Conversations*blatt, von Riehl: Nro. 17–18. – die er mir schwerlich würde empholen haben – Sie ist von einer *perfiden* Freundlichkeit – so wohlwollend; und so herabsetzend! – Gleich der Eingang »Es giebt Schriftsteller, die man nicht scharf *recensiren* kann, die durch das Harmlose ihres Auftretens und Schaffens, durch ein mildes freundliches Wesen, *et cet*, – so geht es voran – das *Résumé* des Ganzen: »Er sey ein gemüthliches, weibliches Talent, nur dann unangenehm, wenn er über seine Sphäre hinaus wolle, freiligrathisire, *et cet*, werde schwerlich Epoche in der Litteratur machen, aber in manchem sinnigen Gemüthe, und er sey, mit einem Worte, (als Schluß) ein Dichter dessen Gedichte man sinn- und gemüthvollen Frauen nicht genug empfehlen könne!« – Ich fürchte hiervon eine sehr schädliche Wirkung. Statt sich auf das ihm bezeichnete Feld (für ihn wirklich die einzige kränzetragende *Arena*) zu beschränken, wird er nun doppelt donnern und blitzen, – das Kraftgenie *forciren* wollen, – und dann ruinirt er seinen ganzen, ohnedies schwankenden, Ruf, was doch, in seiner Lage, ein *reelles* Unglück wäre. – Ich möchte ihn gern warnen, aber es wird nichts helfen, und meine Mitwissenschaft um diesen angehängten Flecken ihn nur beschämen und erbittern. – Hat Ihnen schon Jemand geschrieben, daß Madame Glaß gestorben ist? – vor acht Tagen, im Wochenbette. – so ist der letzte Faden gerissen, der Münster mit der Bornstedt verband, und alle *directen* Nachrichten hören auf, die *inclination* aber nicht; sie hat wieder eine Heiligenlegende bearbeitet, – Kühnast hat das Buch gelesen und ist davon angesprochen worden. – Nun *adieu*, mein lieb lieb Herz, ich muß dieses mal kürzer seyn als gewöhnlich, denn ich kann wenig auf einmal schreiben, und weiß, Sie warten mit Ungeduld auf diesen Brief, – meine herzlichen Grüße an Rüdiger. – Mama grüßt 1000mal, und nur kommen! recht bald kommen! zu ihrer treuen Nette.

[Adresse] Der / Frau Ober.Reg.Räthin Rüdiger, geborene Freyinn / von Hohenhausen / Hochwohlgeboren, / in / Preußisch=Minden. / Frey.

29

[Rüschhaus, 17. Mai 1846.] Sonntag: Morgens im Bette.

Also das Lies ist wirklich da! das alte, miserable, liebe Lies! – Gott, wie freue ich mich! – und Es will erst am Osterdienstage kommen? – das ist schrecklich lange! – viel zu lange – obwohl sonst recht passend, und der liebe Gott hat es Ihnen in den Sinn gegeben Ihren Münster=Aufenthalt zuerst abzumachen, denn hier sieht es in den ersten acht Tagen noch gar nicht so aus, wie ich es bey Ihrer Ankunft möchte. – Meine Eine Tante ist abgereißt, die Andre hatte den Fuß schon im Wagentritte, als die Bückersche ihr einen Brief von ihrem Sohne überreichte, worin er sie bittet bis zum 23sten zu bleiben, wo er durchreisend (ich meine nach Berlin) mit seinem Söhnchen hier eintreffen, und ihr dasselbe zurücklassen werde, um mit ihm Bönninghausen *consultiren* zu gehn, und es dann sofort der Heymat wieder zuzuführen, damit seine Schulstudien nicht leiden. – Die Tante verlangt sehr nach Haus, und hätte beynahe geweint, muß aber doch nun bis zum 25–26 bleiben, und in den letzten Tagen sind jene zwey Andern noch dazu hier, so daß kaum Platz für mein Lies, und gar kein freyes Zusammenseyn für uns gewesen wäre, besonders wenn Tony indessen eintreffen sollte, was gar nicht anders zu erwarten ist. – Aber Pfingstdienstag ist weit hinter dem 25–26sten, und eine endlos lange Zeit,! – läßt sich nichts davon abknipsen? – Jetzt ists hier so schön! – alle Syringen und Gewürzstrauche in voller Blüthe, so daß der Duft sogar durch die geschlossenen Fenster dringt, wer weiß wie es nachher aussieht, wenn Sie so lange trödeln! – Bedenken Sie das wohl, und schlagen Sie in Sich, böse Vorsätze können vergeben werden, mit Thaten ist es ein Anderes. – Adieu, altes liebes Ding, ich bin angst die Bükkersche rennt mir fort ohne meinen Brief; – *NB.* bekomme ich auch zuweilen ein *billet doux*? – *adieu*, altes, dummes, liebes Herz. – Ihre Annette.

Mama freut sich sehr, und grüßt nur nicht weil sie noch schläft, – Alles Liebe an mein lieb Luischen und Nanny.

30

Rüschhaus, 30ten Juli 1846. [Donnerstag.]

Mein lieb Herz!

Jetzt müssen Sie doch wohl wieder zu Hause sein. Ich bin richtig hier geblieben, im strengsten Inkognito, was auch höchst nötig war, denn ich bin schändlich krank geworden. Vorher hatte ich nicht Zeit dazu aber jetzt habe ich ein ganzes Jahr voll Kummer, Sorge und Ärger nachzahlen müssen. Zudem war mein Homöopath verreist, ist erst vor einigen Tagen rückgekehrt, und ich habe mich solange allein durchgebissen – ganz heimlich, besonders vor den Hülshoffern, um den Klövekorns, Wörlitzens et cet. zu entgehn. Schade, daß der Bönninghausen eine Frau hat, er würde mich sonst gewiß nehmen, wenn nur ein Funken Dankbarkeit und Edelmut in ihm ist. Jetzt aber wird niemand nehmen und hat genommen als ich – nämlich vorgestern das erste Pülverchen, und die Beklemmungen haben danach schon so bedeutend nachgelassen, daß ich heute unternehme Ihnen zu schreiben. Aber was? Das mögen die Götter voraus wissen, aber ich nicht; hier ist der Welt Ende, und ich werde von dem, was weiter als 1000 Schritte von meinem Kanapee passiert, nicht mehr gewahr, wie die Heroen im Elysium von der Oberwelt. Es war indessen nahe daran, daß Kühnast mein Wochenbesuch geblieben wäre. Er kam gerade, als Mama abreiste, und wollte gleich wieder gehen. Mama und ich waren aber so betrübt und verduselt, daß uns das Geheimnis rein aus dem Kopfe gekommen war und Mama mich bat, ihn zurückzuhalten, damit ich in den ersten Stunden nicht so allein sei. Sie können sich seine Verwunderung nicht vorstellen, als ich nicht mit in den Wagen stieg, und jetzt erst fiel mir meine markierte Verschollenheit ein. Ich habe ihr indessen dadurch wieder auf die Beine geholfen, daß ich ihm nach einigen Tagen sagen ließ, er möge mir keine Bücher mehr schicken, da ich nach Hülshoff ziehe. Späterhin wird dies ja auch geschehn, weil Werner es dringend wünscht und es ihm allzu empfindlich scheint, daß ich lieber so todallein als mit den Seinigen sein mag, aber für den Augenblick war es keine Lüge, sondern ich fühlte mich nur ernstlich krank werden und wollte meine Bataille ohne Zeugen und Störung abmachen. So bin ich ganz ohne Nachricht von dem Kreise, der mir durch Sie und um Ihretwillen liebgeworden ist, und es wird mich sehr freuen, wenn Sie Ihre Wissenschaft etwas auf mich zurückstrahlen lassen.

Was macht Nanny? Was macht vor allem unser armes Luischen? Ich habe es doch mir selber nicht zuleide tun mögen, so gar nichts von ihr zu hören und habe die Bückersche zu heimlicher Spionerie angeleitet (*NB*. sie hat ein schönes Talent dazu!), aber Luischen ist lange fort, aufs Land; so sind meine Künste zu Ende! *Ad vocem* »Bückersche«! Ihr Sohn, der Schneider, den Sie nicht ungeneigt waren zum Bedienten zu nehmen, möchte sehr gern diese schöne Präbende annehmen. Ist sie noch frei und Ihre Absicht unverändert, so lassen Sie mich es doch wissen! Delius' haben den Burschen gesehn und sich günstig über ihn geäußert. Ich selbst kenne ihn zwar von seiner Kindheit an, aber wie man solche Leute kennt, d. h. oberflächlich. Zuerst als freundliches, etwas schüchternes Kind, ohne sichtliche Unarten, das seiner Mutter Kühe nie in unsern Hof laufen ließ. Und in demselben Stile ist er auch aufgewachsen, sieht freundlich und offen aus, trägt sich gern proper und gilt für einen ehrbaren guten Burschen. *En détail* kenne ich seine Eigenschaften, z. B. größere oder mindere Anstelligkeit, Sauberkeit im kleinen et cet., freilich nicht, bin aber doch geneigt, das Bessere vorauszusetzen, da er sich wenigstens am eigenen Körper reinlich hält und obwohl nicht gerade schlau, doch für einen münsterschen Bauernjungen aufgeweckt genug aussieht.

Von meiner lieben Mama habe ich vor einigen Tagen die ersten Zeilen erhalten; nur wenige, denn sie hatte gerade ihr Herzklopfen gehabt, aber mir doch ganz beruhigende, da sie glücklich übergekommen und, wie mir scheint, sehr kregel und mit allem in Meersburg aufgeschickt ist. Doch das ist sie ja immer! Jenny hat nicht nur das Glück, entschieden ihr Lieblingskind zu sein, sondern auch die kleinen Mädchen gehen ihr bei den Hülshoffer Enkeln weit, weit vor! Es ist natürlich, sie kann dort miterziehen und sich an der Entwicklung kleiner Talente freuen, die bei den Hülshoffern entweder nicht vorhanden oder wenigstens ganz außer ihrem Bereiche sind. Laßbergs waren bei ihrer Ankunft nicht in Meersburg, sondern im Bade zu Überlingen. Wir wußten dies voraus. Jenny hatte es geschrieben, aber Mama mochte ihre Reise deshalb nicht aufschieben, da einmal alles gepackt und auf dem Sprunge war; so hat es in Überlingen (was auf dem Wege liegt) eine Überraschung gegeben, halb freudig, halb auch nicht, da die gute Jenny sehr betrübt über mein Ausbleiben gewesen ist. Sie hat mir so herzlich und wirklich bekümmert darüber geschrieben, daß ich ganz in Reue zerfließen würde, träte mein Befinden nicht zu siegreich dagegen auf, aber nun danke ich Gott, daß ich hier bin.

Mein Mütterchen hat bis Freiburg auch nicht die mindeste Ermüdung von der Reise gespürt, wodurch ihr der Kamm so gewachsen ist, daß sie den Hauderer an den Nagel gehängt und, um schneller überzukommen, sich der Schnellpost anvertraut hat; den Tag durchgefahren bis nachts 12 Uhr; dann bis drei in einer Passagierstube gesessen, die voll rauchender Herren gewesen ist; und endlich doch angeführt, denn in Stockach blieb die Post am hellen Tage liegen, und Mama nahm, um doch wenigstens ein verkümmertes Röschen von diesem Dornenstrauch zu brechen, Extrapost, und erreichte so wirklich ihren Zweck; aber sehr degoutiert und todmüde. Laßbergen hat sie sehr wohl aussehend gefunden, Jenny aber an einem hartnäckigen Husten leidend, mit handgroßer spanischer Fliege auf der

Brust, doch gottlob bereits auf der Besserung, doch noch elend aussehend. Sie ist mitgefahren nach Meersburg auf einige Stunden, solange der Postillon sich ausruhte, dann aber nach Überlingen zurück, und Mama hat zehn Tage lang das alte Schloß allein beherrscht; ich glaube zu ihrem großen Behagen, da ihr vorerst Ruhe das nötigste und das Wiedersehn einiger geschätzen Bekannten sehr erwünscht war, und Laßbergs quecksilberne Natur hätte sie zu beidem sobald nicht kommen lassen. Jetzt sind alle wieder beisammen, Jenny ordentlich unter Arztes Händen und daher auch wohler. Sie und Ihre liebe Reisegesellschaft wurden noch immer erwartet, obwohl mit sehr abnehmender Hoffnung. Ich hatte es mir wohl gedacht, daß Sie nicht hingehen würden, Sie hatten so keinen Appetit dazu. Nun! Da ich nicht dort bin, ist's mir ziemlich einerlei, wiewohl ich Laßbergs doch die Freude gegönnt hätte. Meines Bruders Fuß ist besser, aber erst nach einer harten Kur mit immer neuaufgelegten und wieder abgerissenen Fliegenpflastern über das ganze Bein, ein dreiwöchiger Lazaruszustand ohne Schlaf mit höchster Nervenüberreizung; aber, wie man behauptet, eine Radikalkur! Gott gebe es! Bis jetzt geht er noch am Stocke – freilich, ein gutes Avancement vom festen Bettliegen, aber doch noch lange keine Heilung!

Lieb Herz! Es lautet schändlich Ihnen gegenüber, aber ich werde wahrlich aufhören müssen zu schreiben aus Mangel an Stoff. Sie können sich die Tiefe meiner Verschollenheit gar nicht denken! Kein Brief (der von Mama der einzige), kein neues Buch, keine Zeitung, kein Besuch, auch keine mündliche Nachrichten, da ich die Bückersche nirgends hinschicke und, was Hülshoff anbelangt, so habe ich Werner noch zuletzt meiner Mutter leise sagen hören: »Man muß ihr mal ganz ihren Willen lassen – die allertiefste Einsamkeit – das ist eine fixe Idee – da läßt sich nichts dagegen machen, sie wird es schon bald müde werden und zu uns kommen!« Da hat er freilich nebenhergeschossen, meine Einsamkeit ist mir täglich lieber; aber Wort gehalten hat er,

Hülshoff ist für mich wie gar nicht vorhanden, und leitete ich mir nicht durch Nebenquellen Nachrichten von seinem und der Seinigen Befinden zu, so könnten dort Mirakel geschehen, ohne daß ich es gewahr würde. Vorgestern schickte ich Hermann mit Mamas Brief hin, schrieb auch einige unbefangene Zeilen dazu, und es hat mich sehr gerührt, wie er ihm durchs Fenster entgegengerufen hat: »Hermann, hieher! Will meine Schwester kommen? Wann soll ich sie abholen?« Es ist ein gutes Blut! Ach, ich werde nicht mehr so gar lange zögern dürfen! Ich werde in den greulichen Kinderlärm, in den jetzt endlosen Besuchstrain hinein müssen, wenn ich ihn nicht mehr kränken will, als ich vor meinem Gewissen verantworten kann! Aber jetzt mag ich noch nicht, ich muß erst ganz wiederhergestellt sein, d. h. bis auf den Punkt, über den ich wohl leider nie mehr hinauskomme. Und es ist noch so schön hier! Wenn die rote Sonnenkugel in den Eichen steht, denken Sie daran? Ich liege jetzt jeden Nachmittag auf der Harfe (morgens steht die Sonne auf der Treppe), lese eine Menge älterer Bücher, Geschichtswerke, lateinische Klassiker, die sich seit zwanzig Jahren in dem unzugänglichen Schrank über dem Flügel braun und gelb geärgert haben; und es ist mir noch nie so klar geworden, wie die Menschen sich zu allen Zeiten so gleich gewesen sind, und namentlich die Verschiedenheit der Stände schon vor 1800–2000 Jahren ganz dieselben Ansichten und Gesinnungen mit sich geführt hat. Ich bin jetzt eben in dem vertrauten Briefwechsel Ciceros – welche Moquerie! welche durchtriebenen Intrigen! und welche ungemeine Höflichkeit und Feinheit des Takts! Und welches scharmante Entgegenkommen und gegenseitige heimliche Verachtung der Geld- und Geburtsaristokratie! Sie dürfen nur das Alleräußerlichste und Nichtsbedeutendste ändern – statt Toga »Frack« – statt Senat »Parlament« – statt Sklaven »Domestiken« setzen, und Sie haben (soweit es den herrschenden Ton anbetrifft) Memoiren aus jeder beliebigen überfeinerten, verderbten Zeit. Man muß sich erst hineinlesen und allerdings die Kenntnis einer Anzahl kleinerer Beziehungen (gesetzliche und gebräuchliche) zu eigen machen, aber sobald man vollkommen *au fait* ist, gibt es kaum eine anziehendere Lektüre. Mag ich nicht mehr lesen, so zeichne ich, d. h. ordentlich, ausgearbeitet, obwohl freilich noch fehlerhaft genug, aber doch mitunter Skizzen, die mir selbst Spaß machen. So gehen die wenigen Stunden, wo ich etwas unternehmen kann, pfeilschnell hin, und in den übrigen muß mir natürlich Ruhe und Alleinsein doppelt lieb sein. Sähe ich dieser Lebensweise, die mich so zufrieden macht, wie es bei entschiedenem Übelbefinden irgend möglich ist, Dauer an, so würde ich mir durch Einschreiben in die Leihbibliothek noch eine große Ressource eröffnen, käme vielleicht, wenn die begonnene Besserung fortschreitet, bald wieder dahin, selbst etwas schreiben zu können, aber – wozu Luftschlösser bauen! Vielleicht ist mein nächster Brief schon von Hülshoff!

Bitte, lieb Lies, teilen Sie niemanden diesen Brief mit! Fürs erste ist es ja ein Geheimnis, daß ich hier bin, und dann auch um meines Bruders willen, der mir sein Haus so freundlich öffnet und es nicht um mich verdient, wie ich es noch in der Welt umherschreibe, wie ich lieber hier bin. Morgen werde ich indessen einen Exzeß begehen, aus dem mir wohl unangenehme Spannungen enstehen können; ich begehe ihn auch sehr ungern. Ich werde nämlich nach Münster fahren, um die kranke (jetzt ganz schwachsinnige) Bernhardine Wintgen zu besuchen, gegen die Mama bei ihrer Abreise leider nicht reinen Mund gehalten, und die seitdem die fixe Idee hat, mich sehen zu wollen. Seit drei Wochen muß die Bückersche täglich zu ihr, wird von ihr traktiert und beschenkt und kömmt mit einer Ladung flehentlicher Bitten und dringender Klagen zurück. Bis jetzt hätte ich mit dem besten Willen nicht gekonnt, und selbst jetzt wird es mir auch noch sehr schwer und setzt mich in große Verlegenheit, namentlich Schlüter gegenüber; aber ich muß doch wohl; ob ich zuerst bei Schlüters vorfahre? Sehen möchte

ich sie ganz gern; das versteht sich, sogar recht sehr gern; wenn ich nur niemanden dort treffe. Doch, daß ich nicht verreist bin, wissen wohl schon manche, und daß ich von Rüschhaus und nicht von Hülshoff komme, sieht mir ja niemand an der Nase an, um so weniger, da mir Werner, den ich vorgestern durch Hermann darum bitten ließ, seine Pferde dazu herleiht. Schlüters selbst sage ich natürlich die Wahrheit. Wissen Sie wohl, lieb Herz, daß ich bereits viel, viel zu lange geschrieben habe? und mir die Brust geht wie ein kochender Topf? Das Lies verführt mich immer zu Ausschweifungen. Ich will nur ein paar Worte schreiben, aber es wird immer ein langer Brief. Wären Sie hier, da hätte ich es wohlfeiler! *NB*. was meinen Sie, wenn ich mich im Frühjahr wieder hieher machte, und Sie kämen dann zweisiedeln? Es ist ein köstlicher Gedanke und, wie mich dünkt, ganz ausführbar, wenn Sie es nur jetzt schon darauf anlegen. Antworten Sie mir doch hierauf, dann baue ich auch schon den Winter durch vor. Adieu! 1000 Küsse für Sie, und einen schönen Gruß für Rüdiger!
Ihre treue Nette

31

[Meersburg, den 4. – 16. Febr. 1847. Donnerstag – Dienstag.]
Meersburg, d. 4ten Febr. 47.

Mein lieb lieb Lies!

Ich wage es einen Brief an Sie anzufangen – jeden Tag einige Zeilen, da muß es doch endlich Etwas geben. – Mein Gott! wie ist doch in Münster die Trennung der Gesellschaften so groß! daß auch nicht Einer Ihrer Bekannten erfahren hat, wie elend krank ich gleich nach meiner Mutter Abreise geworden bin, und daß nur die äußerste Noth, die allerseitige Ueberzeugung, daß ich in diesem Zustande keinem westphälischen Winter entgegen gehn dürfe, meine nachträgliche Reise, wie Alles Nothwendige, – auch möglich gemacht hat, – denn Sie müssen wissen, daß ich Hülshoff in einem Zustande verlassen habe. wo ich keine halbe Stunde außer dem Bette seyn konnte ohne ohnmächtig zu werden, – doch gieng die Reise leidlich; hier brach aber das Uebel erst recht los, – ich bin mehrere Monate völlig bettlägerig gewesen, und noch immer sehr schwach, – dies ist mein erster Versuch zum Schreiben, – doch ich habe bis zu Ihrem anberaumten Geduldstermin noch viele Zeit vor mir, – noch fast vier Wochen, – so hoffe ich sogar etwas weitläufig werden zu können – Ja, lieb Herz, alle meine schönen Träume von Rüschhauser Einsamkeit, Harfenruhe und Abendroth haben kaum ein paar Tage lang einen schwachen Anlauf zur Realität nehmen können, dann war es vorbey. – die Spannung der letzten Zeit hatte mich aufrecht erhalten, und nun fiel ich zusammen wie ein Taschenmesser. – miserabel! – 6–7 mal im Tage Erbrechen – ein erstickender Husten und Schleimandrang – immer Fieber – kein Schlaf. Der gute Kühnast, der wenige Minuten vor Mama's Abfahrt nach Rüschhaus, gekommen und somit, da wir Alle zu verwirrt und angegriffen waren um unsre Worte zu wägen, hinter das Geheimniß des *Incognitos* gekommen war, mußte sich dennoch behandeln lassen, als sey von Allem Dem nichts passirt, ich ließ ihm nämlich in der nächsten Woche sagen »Er möge mir keine Bücher mehr schicken, da ich sogleich nach Hülshoff abfahren werde« – und er hat's geglaubt, was mir sehr lieb war, denn ich hätte ihn sehr ungern beleidigt, und noch unlieber weh gethan, und war doch viel zu elend Besuche anzunehmen, am Wenigsten von Herrn. – Werner, dem ich Nachricht von meinem Befinden geschickt, und dem sein armes Bein nicht zu kommen erlaubte, schien, bedeutend ungläubiger, (kein Prophet in seinem Vater-Lande *respective* -Hause!) Alles für Schulkrankheit zu halten, (Hülshoff hier die zu schwänzende Schule) und rieth Diät, Verlassen der Einsamkeit, und vor Allem Bewegung an. – An letzterer habe ich mich dann auch in der ersten Zeit halb todt exercirt, bis ich umfiel, und endlich das Bett völlig hüten mußte. – Ach, lieb Lies, da war Rüschhaus gar kein liebes heimliches Winkelchen mehr! – ich sah den ganzen Tag nur die niedrigen Balken meines Schlafzimmers, und außer dreymal im Tage sah keine Seele nach mir, da die Erndte im Gange war, und auch die Köchin viel daran half – sonderlich Nachmittags, wo sich das Gemüse–Aufwärmen und Saure–Milch–Aufsetzen in einer Viertelstunde abmachen ließ, war von Eins bis Sieben das Haus ringsum verschlossen, – ich mutterseelen allein darin, fiebernd und würgend, bedurfte ich etwas Unvorhergesehenes, so mußte ich aus dem Bette klettern und mir selber Rath schaffen, oder, wenn ich grade im Fieberschweiß lag, geduldig aushalten bis zur Erlösungsstunde; – Ich habe dies in meinem Eremitenleben sonst auch schon mitgemacht, aber nicht krank – dann freute ich mich dieser tiefen Einsamkeit, da mir Küche und Keller ja offen standen, und ich im Nothfalle an der steinernen Gartenbank meine Leute sehr leicht errufen konnte, aber jetzt kam ich mir oft vor wie ein armer Soldat, der sich auf dem Schlachtfelde verblutet; – Freylich war das meine eigne Schuld, ich hätte ja nur Jennchen oder Anna zu Hause behalten können, aber die Leute sahen alle so eilfertig aus, rannten und schnauften so furchtbar, daß es mir gar nicht einfiel Jemand dem großen Werke zu entziehen, – lieber gieng ich nach Hülshoff, – nicht ohne Scheu vor Gottes neunfachem Segen dort. – Werner und Line empfingen mich an der Treppe jubelnd und spottend, daß die Langeweile mich endlich hergetrieben, wurden aber mäuschenstill, als ich so elend aus dem Wagen stieg, und nach einigen Minuten im Wohnzimmer ohnmöchtig wurde. – man brachte mich gleich in meine Stube, und ich kann nicht Anderes sagen, als daß ich bis zu meiner Abreise die sorgsamste zärtlichste Pflege dort genossen habe, doch ohne Erfolg für meine Gesundheit, da zu allem Anderen noch die *Cholerina* kam, und endlich in eine vollständige Blutruhr übergieng, – Sie können denken wie mir nun erst völlig elend wurde. – Werner riß sich fast die Haare aus dem Kopfe, daß ich keine Arzney nehmen wollte, – und als die letzte schlimme Krankheitszugabe sich später verloren hatte, und ich nun täglich etwa eine halbe Stunde aufsitzen konnte, kam meine Reise denn zur Sprache – Ich sagte »nach Meersburg!« – Werner meinte, »er wolle froh seyn, wenn er mich nur bis Bonn hätte, dort sey auch schon Bergluft und sehr geschickte Aerzte« – Der arme Schelm war ganz betrübt, Reisen schien ihm eigentlich unmöglich, und Bleiben noch schlimmer – Er gab mir seinen Heinrich mit, (der grade in den Münchner Ferien dort war) und fuhr selbst mit bis nach Münster, um zu sehn wie mir das Fahren bekomme, aber das Rütteln that mir wohl. – In Münster legte ich mich gleich zu Bette, und ließ Schlüters herüber bitten, nach deren Fortgehn ich dann zu Nanny und Luischen schicken wollte. (es war fast finster wie ich ankam) statt dessen kam Rosine Wintgen, die mich hatte vorüber fahren sehn, um mir aus Briefen ihrer *Valencienner* Schwestern endloses Lob der Meersburger mit auf den Weg zu geben, mir die Anzeige des »Rheinischen Jahrbuchs« zu bringen, und mich zu bitten Maaßregeln zur Unterdrükkung meiner Charakteristik bey lebendigen Leibe zu ergreifen – mir war dieser Gedanke ebenfalls höchst widrig, an sich, und gewiß allen den Meinigen ein gräulicher *Scandal*, so ärgerte ich mich tüchtig, – Schlüter kam allein mit seinem Vorleser, – die Wintgen gieng – und nun war es so spät daß ich nicht mehr daran denken konnte Nanny und Luischen noch herzubescheiden, so trug ich denn Schlütern auf ihnen alles Liebe und Herzliche von mir zu sagen, und auch sonst Alles – daß ich fort müsse, – wie krank ich sey – wie gern ich sie noch gesehn hätte – und das Alles möchten Sie Ihnen berichten, mit dem Zusatze, »daß Sie Sich nicht wundern dürften vielleicht ein halbes Jahr lang keinen Brief von mir zu erhalten, da jedes Bükken mir Erbrechen zu Wege bringe, und das Uebel jetzt viel zu *decidirt* auftrete, als daß ich es noch ferner *braviren* dürfte, so daß ich, besten Falls, einer langen strengen Kur entgegen sehe« – Es scheint Schlüterchen hat Alles vergessen, und mich wahrscheinlich gar nicht so krank gefunden, da er mich ja nicht sehn konnte, und ich zum Abschiede lebhafter sprach als mir gut war. – auch für Kühnast gab ich ihm einen Gruß, und Dank für so manche Gefälligkeit mit – wird auch wohl nicht angekommen seyn! – Doch ich muß mich kürzer fassen – Der Weg bis Bonn wurde mir recht schwer, – hätte ich den Heinrich nicht bey mir gehabt, der mich fortwährend im Arme hielt, und überhaubt pflegte wie eine Wartfrau, ich wäre im ersten besten Dorfe liegen geblieben, – er verließ mich mit der Ueberzeugung, daß ich in Bonn bleiben werde, was auch Pauline, deren Empfang rührend herzlich war, als ausgemacht annahm; – Ich blieb fast 14 Tage in Bonn, – Schückings ließen, zu meiner großen Erleichterung, nichts von sich hören, obgleich fast unmittelbar nachdem ich angekommen, meine Ankunft und wahrscheinlich längerer Aufenthalt in der, (ich glaube gar Cölner-Zeitung –) stand. – reden hört ich aber mitunter von ihnen, – Sie wird schön gefunden, und in jedem Betracht bedeutender als Er

– beliebt scheinen Beyde nicht, – sie gelten für kalt, aufgeblasen, und man zuckt sehr bedenklich die Achseln über ihren gewaltigen Aufwand, – als Autoren betrachtet scheint *Cottas* gegen Sie ausgesprochene Ansicht auch am Rheine die allgemeine zu seyn. – Mir wurde in Bonn besser, oder wenigstens bequemer, – die inneren Krämpfe fiengen an sich, nach Fieberart, auf gewisse Stunden zu beschränken, wo sie freylich um so ärger handthierten, ich gewann aber freye Zeit, wo ich sogar aufstehn, und Besuche sehn konnte – Junkmann besuchte mich dreymal – Sie haben Recht, er ist der alte reine Charackter geblieben, aber ich fürchte, er geht bürgerlich zu Grunde, – er hat jeden Gedanken an ein Docktor–examen, und überhaubt eine feste bürgerliche Stellung aufgegeben, und *exaltirt* sich in der Idee als freyer Litterat die Hydra des Zeitgeistes zu bekämpfen – freyer Litterat! – das ist die grade Straße zum Bettelstabe! – wenigstens für ihn, dem Fruchtbarkeit und populäre Schreibart so gänzlich fehlen, gewiß! – Ich machte ihm die beweglichsten Vorstellungen, auch von Schlüters Seite, der mich eigends dazu beauftragt, »doch zuerst, und zwar gleich, ehe er Alles vergessen, sein Examen zu machen, um jedenfalls einen Broderwerb im Hinterhalte zu haben« er lachte aber so krampfhaft und wild, daß es mich ordentlich grauste, und rief: »hoho! Brodstudium! das sind mir die rechten Philister! da erkenne ich das ächte münsterische Pfahlbürgerthum, wo ihr noch Alle bis über die Ohren dadrin steckt! Ich bin aber seitdem mit vielen andern Leuten umgegangen, und längst weit darüber weg. – im schlimmsten Falle kann ich ja alle Tage Kapuziner werden.« – Dann zog er einen Fünf-Thalerschein aus der Tasche, und sagte: »Sehn Sie, das ist alles Geld was ich noch habe, aber das macht mir nichts!« und nun gieng das krampfhafte Lachen und Herzählen seines künftigen glorreichen Wirkens und wie er Alles zu Boden donnern wolle, wieder an. – Muß Einem da nicht bange bey werden? – Ich fürchte, wir erleben noch traurige Dinge an ihm! – es ist nicht möglich das ein Körper dieser ewigen

Aufgeregtheit, diesem furchtbaren Andrange von Ehrgeiz und Ueberspannung auf die Dauer widerstehn kann. – Ich bat ihn zu Kinkel zu gehn, die bewuste Charackteristik im *Manuscript* zu durchlesen, und falls sie nicht *discreter* sey als sich überhaupt von der Charackteristik einer noch lebenden Person erwarten lasse, Schücking in meinem Namen um Unterdrückung derselben zu bitten. – Er theilte meine Ansicht von dem Widrigen dieser Schaustellung, gieng aber keineswegs zu Kinkel, und antwortete mir jedesmahl ganz ruhig: »ja! sieh! da habe ich nicht an gedacht!« bis fast 14 Tage darüber verflossen, wo er mir dann eben so ruhig die Nachricht brachte »Er sey um ein Geringes zu spät gekommen, die Charackteristik komme eben aus der Presse« – an Entschuldigen dachte er nicht, war aber übrigens mitunter warm und herzlich wie immer, und nahm sehr bewegt Abschied von mir, als ich den scheinbar tollen Entschluß ausführte, ganz allein die weite Reise nach Meersburg zu unternehmen. – ich fühlte mich sehr krank, glaubte nicht an Besserung, und wollte bey den Meinigen sterben. Ich machte mich in der letzten Zeit stärker als ich war, um Paulinens Widerstand zu besiegen, die mich nicht begleiten konnte (weil ihr ein junges Mädchen in den Ferien anvertraut war) und mich mit großer Liebe und Sorge entließ, – sie hatte Alles gethan mir die Reise zu erleichtern, mir alle Karten für Dampfboote und Eisenbahnen, sogar für den *Omnibus*, bis Freyburg verschafft, (diese Anstalten stehn mit einander in Berechnung) und zugleich ein Empfelungsschreiben vom *Director* der Cölnischen Dampfschiffahrt, was an sämmtliche Wagen- und Schiff*conducteure* gerichtet, ihnen jede Rücksicht für mich auf die Seele band, so bin ich übergekommen fast so bequem wie in meinem Bette (d. h. bis Freyburg) – die Herrn *Conducteure* führten mich immer gleich in den Pavillon, nahmen andern Kanapees ihre Kissen um es mir bequem zu machen, versorgten mein Gepäck, banden mich den *Marqueurs* so eng aufs Gewissen, daß fast jede Viertelstunde Einer kam nachzusehen ob ich etwas bedürfe, und wenn wir angekommen waren, ließen sie mein Gepäck gleich auf das morgige Dampfboot bringen und führten mich selbst an den *Omnibus*; – Auf der Eisenbahn gieng es eben so, – ich bekam beyde Mahle einen Waggon für mich allein, und fast bey jeder Station erschien ein Gesicht am Wagenschlage um zu fragen ob ich Etwas bedürfe – und doch hat dies Alles meine Reise nur unbedeutend vertheuert, – die *Conducteure* nahmen Nichts, und meine männlichen Wartfrauen waren am Rheine mit einem Gulden, weiterhin schon mit 30 Kreuzern, überglücklich. – Sie sehen, lieb Lies, ich bin wie in einem verschlossenen Kästchen gereißt und habe (außer meinen lieben Wartfrauen) kein fremdes Gesicht gesehn, nicht mal in den Gasthöfen, wo ich mir gleich ein eigenes Zimmer geben ließ, wenn ich auch nur eine halbe Stunde blieb; – so fühlte ich mich in Freyburg so wenig erschöpft, daß statt (wie früher beschlossen) Extrapost zu nehmen, ich mich dem Eilwagen anzuvertrauen beschloß, obwohl er Abends abgieng. – Meine Emphelungen waren zu Ende, aber mein Glück verließ mich auch hier nicht, – ich hatte bis Mitternacht einen Beywagen ganz für mich allein, – dann muste ich freylich in den allgemeinen Rumpelkasten, voll schnarchender Männer und Frauensleute, die brummend und ächzend zusammen rückten als ich mich einschob, – dann gieng das Schnarchen wieder an, ich allein war wach bey dieser scheuslichen Bergfahrt, und merkte allein, wie den Pferden die Kniee oft fast einbrachen, und der Wagen wirklich schon anfing rückwärts zu rollen; – mein *Vis a Vis* stieß mich unaufhörlich mit den Knieen, und die Köpfe meiner Nachbarn baumelten an mir herum. – doch gottlob nicht lange! – es war noch stockfinster als wir mit der Post nach Constanz zusammen trafen und siehe da, meine g a n z e Bagage kugelte und kletterte zum Wagen hinaus, und ich war wieder frey! frey!, – und machte mir ein schönes Lager aus Kissen und Mantel, auf dem ich es sehr leidlich aushalten konnte, bis nach Stockach, wo ich um Zehn ankam, gleich *Extrapost* nahm, und in

Meersburg die Meinigen noch bey Tische traf. – Sehn Sie, lieb Lies, dies ist mein Reiseroman, einen so ledernen haben Sie wohl Ihre Lebtage nicht gelesen. – Hier war große Freude über meine Ankunft, aber auch große Bestürzung über mein Aussehn, ich mußte gleich zu Bette, und zwey Aerzte annehmen, (Einen aus der Stadt und den sehr geschickten Brunnenarzt von Ueberlingen) – da habe ich denn viele Medizin geschluckt, und bin immer elender darnach geworden, zuletzt so nervenschwach, daß mir jedes Wort klang wie eine Posaune, und zuweilen im Stockfinstern mir das Zimmer für einige Sekunden erleuchtet schien wie vom grellsten Sonnenschein, und ich die kleinsten Gegenstände genau unterscheiden konnte; – zudem nahm mein Magen auch gar nichts mehr an, selbst Wasser und Haferschleim mußte ich sogleich wieder von mir geben, – und dabey immer Fieber und Beklemmungen, – immer halb todt husten, – Ach Lies! ich war schrecklich elend, und wünschte auch gar nicht wieder besser zu werden, nur todt! todt! – Endlich erklärte der Brunnenarzt: »mir tauge keine Medizin – ohne Ausnahme, – ich sey in allen innern Theilen völlig gesund, aber meine Nerven in einem Zustande der Ueberreizung, wie ihm noch nie vorgekommen, – er habe mir Dosen gegeben wie sie für ein eben geborenes Kind paßten, und ich habe die ihnen entsprechenden Zufälle bekommen, als ob er mich mit ganzen Pfunden vergiftet hätte« er fügte hinzu; »könnte ich an Homöopathie glauben, so wäre dies das Einzige was ich bey Ihnen anwenden möchte, aber so leben Sie wenigstens homöopathisch. – ich sage jetzt aus voller Ueberzeugung, daß Ihr natürlicher Widerwillen gegen Gewürze, Wein *et cet* Ihr gröstes Glück gewesen ist, und Ihre Hartnäckigkeit 17 Jahre lang keine Arzney zu nehmen, das Klügste was Sie thun konnten – ich kann Ihnen nichts verordnen als die möglichste geistige und körperliche Ruhe, – liegen Sie ganz still – Schlafen? – so viel Sie irgend können – Denken? wo möglich gar nicht, oder nur Angenehmes was Sie nicht aufregt. – so werden Sie Sich wahrscheinlich allmählich von selbst erholen« – und so ist es auch gekommen. – ich bin jetzt eigentlich hergestellt, aber noch ungeheuer schwach und reizbar, – kann noch keine drey Seiten nach einander lesen, und dieser ist mein erster Brief an dem ich gewiß schon 14 Tage lang schreibe – Sehn Sie Lies, daß ich doch immer mehr für Sie thue, als für jeden Andern? aber es ist auch ein miserabler Brief! – ein bloßes Krankheits*bulletin*! – Ich habe gedacht »das Lies hat mich lieb, ängstet sich um mich, und für dieses Mal sind ihr genaue Nachrichten mit zuletzt beruhigendem Schlusse lieber als die schönsten *litteraria*. – Uebrigens kommen mir dergleichen auch wieder zu Ohren – lesen darf ich ja noch nicht – habe seit meiner Ankunft (2ten *Octobre*) mein Zimmer nicht verlassen, und nehme, außer der Salm, durchaus keinen Besuch an, – dennoch habe ich Gesellschaft genug in meiner Spiegeley – Laßberg kömmt jeden Nachmittag auf eine Stunde, und Mama und Jenny bringen regelmäßig die Abende bey mir zu, – dann wird aber alles Aufregende im Gespräche vermieden, und ich höre, auf einen großen Lehnsessel an der Schattenseite des Ofens gekauert, ganz behaglich an was von Tagesbegebenheiten, kleinen Abentheuern auf Spatziergängen *et cet*, vorgebracht wird. – Ueberhaubt langweile ich mich gar nicht, – meine Phantasie arbeitet nur zu sehr, und ich muß aus allen Kräften dagegen ankämpfen – jede etwas unebene Stelle an der Wand, ja jede Falte im Kissen, bildet sich mir gleich zu, mitunter recht schönen, Gruppen aus, und jedes zufällig gesprochene etwas ungewöhnliche Wort, steht gleich als Titel eines Romans oder einer Novelle vor mir, mit allen Hauptmomenten der Begebenheit. – Sie sehn wie überreizt ich noch bin; - Gott! dürfte ich jetzt schreiben, (d. h. *dictiren*) wie leicht würde es mir werden – aber wie bald würde ich auch wieder alle Viere von mir strecken! – Meine Spiegeley ist ganz reizend – heizt sich vortrefflich, faßt jeden Sonnenblick auf, und ist durch den Widerschein des Sees, selbst in den trübsten Tagen immer hell, – dazu vor mir auf dem Tische immer ein paar Töpfe in voller Blüthe aus dem Treibhause, – wenn ich aufsehe, der immer lebendige oft himmlisch beleuchtete, See mit seinen Fahrzeugen und die Alpen – ich spüre auch gar nichts vom Winter, und freue mich deshalb auch gar nicht auf den Frühling mit seinem garstigen *Aequinoctium*, was mich immer krank macht, um so weniger da ich doch vor dem Eintritt beständiger Sommerwärme (etwa um das Ende Mays, oder Anfangs Juny) das Zimmer nicht verlassen soll. – Lieb Herz, ich habe eben Ihren Brief durchsehn, und will beantworten soweit meine Wissenschaft reicht [zehn Zeilen von fremder Hand unleserlich gemacht] Kinkel war (Ende September) wieder gesund und in voller Thätigkeit, – seine Johanna aber hätte man steinigen mögen, weil sie den nagelneuen Streit zweyer Frauen aus geachteten, und mit halb Bonn verwandten Familien auf die *Scandaleuseste* Weise als Novellenstoff verarbeitet hatte. – die *Indiscretion* des Federviehs ist doch heut zu Tage wahrhaft scheuslich! – meine *Charackteristik* im Jahrbuche mag auch ein rares Stückchen seyn, da sich der gute Kühnast so daran geärgert hat! – Sie können wohl denken, daß ich es nicht gelesen, und wahrlich keine Lust dazu habe. – Bädeker hat mir das Buch geschickt, d. h. nach Hülshoff – Werner schickte nur den Brief, behielt aber das versiegelte Paket bis auf weitere *Ordre* zurück, – dort mag es ruhn bis zum jüngsten Tage! – hier ist es Gottlob eine *terra incognita*, wie überhaubt alles Norddeutsche, was sich nicht durch hervorragendes Talent Bahn brechen kann. – Lieb Lies, mein Entschluß mich von allen litterarischen Bekanntschaften (außer von Ihnen) immer mehr zurückzuziehn wird immer fester, so wie der niemals eine *Recension* oder kritischen Aufsatz zu lesen. Sie sind, bey der jetzigen Partheywuth und den überhand nehmenden persönlichen Antipathien und Sympathien, immer einseitig, partheyisch, und sehr häufig nicht einmal im Einklange mit dem eignen Urtheile des Schreibers, der nur, seinem Freunde zu Liebe, versucht, ob es ihm gelingen will, irgend einigen dummen Teufeln von Nachbetern Schwarz für Weiß vorzumachen. – das ist doch kläglich! – und doch wird manches sonst gesunde Urtheil dadurch für Augenblicke *confus* gemacht, obwohl es nicht nachhält, und Jeder doch kauft und liest was ihn freut, und liegen läßt, was ihm, trotz allen Lobpreisungen, nicht zu Gemüthe will. – Lieb Herz, mein Papier geht zu Ende, – schreiben Sie mir doch ja recht umständlich von Luischen und Nanny, und von den Verhältnissen der Letzteren zu ihrem getreuen Halbgeliebten, – Grüßen Sie die lieben Kinder auch herzlich von mir, – Alles sie Betreffende liegt mir recht nah am Herzen, – Auch Schlüters möchte ich gern Grüße und einige Nachrichten zukommen lassen, kann aber vorläufig noch nicht schreiben, vielleicht übernehmen die lieben Mädchen dies auszurichten. – Sie fragen mich, ob Sie zu einer gewissen Zeitung zurückkehren sollen? – meine Antwort kömmt so spät, daß Ihr Entschluß gewiß jetzt längst gefaßt und ausgeführt seyn wird, sonst würde ich sagen »wenn Sie einen andern Ausweg haben thun Sie es nicht, doch ist nicht gar viel mehr dabey; – gewisse Spannungen kommen selbst mir jetzt völlig veraltet vor, wie viel mehr einem viel schwächeren Gedächtnisse, dem sie fast *antediluvianisch* erscheinen werden, doch giebt es ein sehr starkes und feindliches Gedächtniß, das sich vielleicht diese Gelegenheit nicht würde entgehen lassen, sich über *Indelicatesse*, Tacktlosigkeit, *et cet*, halb todt zu wundern – doch ist Ihnen vielleicht an dem Urtheile zweyer Menschen nicht viel gelegen, und über ihr *tete a tete* hinaus wird die Verwunderung keineswegs reichen. – und nun *adieu*, mein theures theures Herz! – sollte ich Ihnen Alles Liebe sagen, was mir Mama und Laßberg aufgetragen, so müßte ich wenigstens noch eine Seite Raum haben, – Sie bleiben der Liebling, obwohl Ihr Mütterchen und Tante Minna auch sehr gefallen haben, Ersteres hat man noch bildschön und Beyde höchst liebenswürdig gefunden. – *adieu*, lieb Lies, – mit immer gleichem Herzen

Ihre treue Nette.

[Am Rand] Meine schönsten Grüße an Rüdiger. – ich ende diesen Brief am Fastnachtsdienstage, und habe doch täglich daran geschrieben, – Sehn Sie wie lieb ich Sie habe!

32

[Meersburg, den 20. Juli – 7. August 1847. Dienstag – Samstag.]

Meersburg d. 20ten July 47

Mein liebes theures Lies.

Es ist Ihnen Beym Anblicke dieser Zeilen wohl zu Muthe, als hörten Sie eine Stimme aus der andern Welt. – so schlimm ist es indessen nicht, ich bin lebendig, und leide wenig, aber schwach, schwach! – jetzt ist es fast ein Jahr, daß ich meine Spiegeley nicht anders verlasse, als um bis zur grünen Bank auf dem Hofe zu schleichen, – Mein Gehen ist so gut wie gar Nichts mehr, – Schreiben bringt mich nach wenigen Zeilen einer Ohnmacht nahe, – Lesen darf ich nur mit großer Vorsicht ab und zu ein kleines Gedichtchen, oder einen kurzen Zeitungsartikel. – Im Uebrigen ist mein Schlaf wenn nicht gut doch zur Notdurft hinreichend, – Apetit *ditto*, – fieberhafte oder schmerzliche Zustände nicht vorhanden, – Stimmung heiter, – Aussehen ganz erträglich – und endlich der langen Rede kurzer Sinn, daß nach der Aussage aller meiner Aerzte, (ich bin jetzt schon in den Händen des Dritten) durchaus nicht krank seyn soll, nicht mahl nerven l e i d e n d sondern nur gränzenlos nerven s c h w a c h – und dieser miserable Zustand (sein Anfang liegt in meiner zu frühen Geburt, seine gegenwärtige Steigerung in meinen fünfzig Jahren) soll mehrere Jahre, in denen ich nur *vegetiren* darf, anhalten, und dann? – nun dann soll hintennach Alles *charmant*, und mir Gesundheit (soweit die Altersschwäche) Denkfreyheit (so weit die Altersstumpfheit) und sogar die Erlaubniß zu schreiben (soweit die Grosmama's–Brille es erlaubt) zu Theil werden – sind das nicht glänzende Aussichten? – zudem glaube ich nicht mahl daran, nicht mehr als an den Juden-Messias. – aber das glaube ich selbst, daß unter günstigen Umständen (d. h. wenn ich mich behandle wie eine Seifenblase oder ein weiches Ey und kein Unglück von Außen auf mich einstürmt) die Geschichte sich noch lange lange hinspinnen kann. – Doch wie Gott will! ich bin jede Stunde bereit, und meinem Schöpfer sehr dankbar, daß er mir durch das beständige Gefühl der Gefahr einer vollkommnen Befreundung mit dem Tode, so wie, durch eben dieses Gefühl, eine doppelt innige und bewuste Freude an allen, auch den kleinsten Lebensfreuden, die mir noch zu Theil werden, gegeben hat. – Sie dürfen deshalb nicht meinen, mein liebes liebstes Herz, als ob Ihr Brief und Ihre lieben Geschenke mir weniger Freude gemacht hätten als sonst, – sie haben mich mehr als gefreut, tief gerührt, – aber antworten konnte ich nicht, und hatte auch Niemanden der es statt meiner gethan hätte. – Jenny litt wieder wochenlang, und mein Mütterchen war durch Sorge um uns Beyde so angegriffen und nervenschwach, daß ich nicht weiß wen von den beyden armen Seelen ich am unliebsten hätte anstrengen mögen – und von den Kindern ist, in dieser Art, noch gar Nichts zu haben, – es sieht mit ihrem Schreiben noch erbärmlich aus, – langsam wie Schnecken, und dann Krähenfüße und vier Wörter auf die Zeile, – Jenny läßt sie alle ihre Zeit auf jene Unterrichtsstunden verwenden, zu denen die Gelegenheit vorübergehend, oder auch wegen zu großer Kosten vielleicht in späteren Jahren nicht durchhaltend zu benutzen wäre, – so sind sie schon recht hübsch voran im Zeichnen, Klavier, Französischen *et cet* und recht schmählich zurück in allem Nothwendigerem, aber allerdings unter Jenny's eigner Leitung leicht Nachzuholendem. – Ach, Lies, es ist recht betrübt daß wir wirklich bereits genöthigt sind, in allen Dingen Vorbereitungen auf eine Zeit zu treffen an die wir so ungern denken mögen, aber der gute Laßberg nimmt gar zu sichtlich ab, und alles Körperliche an ihm, – Gesicht, Gehör, Gedächtniß, Muskelkraft, – Alles geht jetzt mit seinen 77 Jahren gleichen Schritt, wo nicht noch etwas vor. – nur sein Geist und seine Heiterkeit haben keine Abnahme erlitten, oder erleiden höchstens nur *momentane,* wenn er sich, wie man zu sagen pflegt, mahl so recht selbst fühlt – d. 7ten August. Sie sehn, Lies, wie schlecht es mit meinem Schreiben geht, – 2–3 Zeilen im Tage, – aber heute muß etwas gewagt und geleistet werden, denn unser Heinrich, von München abgehend und über Meersburg reisend um Mama auf ihrer Heimreise zu begleiten, ist schon vor drey Tagen angekommen, und wieder nach drey Tagen (am 10ten) steht mir die harte Stunde der Trennung bevor – von meiner Mitreise kann keine Rede seyn, – habe ich wirklich noch Jahre zu leben, so müssen wenigstens die nächsten und gefährlichsten in diesem Clima durch *vegetirt* werden, – so sagen wenigstens die Aerzte und Andere auch, – selbst Mama. – Es ist sehr hart von einer 74 jährigen Mutter zu scheiden, vor Allem wenn man selbst krank ist. – das Wiedersehn ist eine Durchfahrt zwischen *Scilla* und *Charybdis.* – mein einziger Trost ist die ziemlich offen liegende Nothwendigkeit Jennyn eine recht nahstehende Gesellschafterin zu lassen, – sie leidet, obwohl 1½ Jahr älter als ich, doch an denselben Erschütterungen einer körperlichen Veränderung, – wird, wie ich, noch Jahre lang mehr oder minder damit zu kämpfen haben, und grade bey ihr macht die Seelenstimmung Alles aus, – ein lieber Besuch, ein freyes Ausströmen ihrer Gefühle macht sie auf der Stelle gesund, – das Gegentheil mehr oder minder rückfällig in ihre leidenden Zustände – jetzt ist sie, Gottlob, ganz wohl – Laßberg auch, nur hinfällig, und überaus gütig gegen mich; – Lieb Lies, wie unterhalten wir aber fortan unsre Verbindung? – da ich nicht schreiben kann – als erste Maaßregel werde ich mein liebes Mütterchen bitten jede Nachricht von hier Nannyn oder Luischen zukommen zu lassen, – eine *directe Correspondenz* würde mir noch passender scheinen, wenn ich nicht überzeugt wäre, daß Sie auf diese Weise unendlich weniger erfahren würden, – denn Mama wird selbst zu den guten Kindern gehn, und dann erzählt sie recht gern und umständlich, während sie selbst sehr ungern, und, weil es ihr so schwer wird, nur kurz schreibt. Daß ich gern mitunter einen Brief von Ihnen, mein altes mir immer gleich theures Herz, sähe, brauche ich nicht zu sagen, aber ein Brief auf den man vielleicht erst nach einem halben Jahre Antwort erwarten kann ist ein Opfer, – wollen Sie es mir zuweilen bringen, um unsrer Liebe willen die doch wohl stärker ist als Krankheit und Tod? – und in die Briefe, die fortan wieder von hier an Mama abgehen, einige versiegelte Zeilen an Sie einlegen, das werde ich doch hoffentlich immer können, und unsre lieben Münsterkinder besorgen sie Ihnen dann – wären es auch nur die paar Worte: »ich lebe noch, und habe Sie sehr lieb« –

33

[Münster, Ende Januar oder Februar 1840?]

Meine liebe Annette!

da Sch[ücking] seinen Botengang nach Rüschhaus, wie Schlüter und ich es scherzweise nennen, auf einen andern Tag verlegt hat, so mußte ich ihm gegen meinen Wunsch den Münchhausen ohne Brief mitgeben. Eine abermalige Gelegenheit, die sich heute in aller Morgenfrühe durch Ihre Jungfer präsentirte, kann ich leider nur benutzen um Ihnen einen kurzen Guten Tag zuzurufen, weil ich nämlich einen schlechten Tag habe, der mich durch allerlei Fesseln: Schreibereien, Clavierstunde und Ballzwang, um die Zeit bringt mit Ihnen zu plaudern, was zwar etwas gegen meine Natur ist wie Sie wissen, aber nicht gegen mein Schanie. Mein Schanie (Genie) ist aber noch jung, denn es ist erst durch meinen neusten Umgang geweckt, kein Wunder also, daß es noch nicht so viel und schön sprechen gelernt hat, wie dieser. – Von Tante Ittchen soll ich Ihnen viel Liebes sagen, sie ist gerührt und wahrhaft erfreut worden durch Ihren Brief; es geht ihr Gott Lob gut, sie schriftstellert viel, was sie nur erheitert da sie keinen Ehrgeiz und keine Eitelkeit, aber Selbstgenügsamkeit, im besten Sinne nämlich, hat. Ihnen ein herzliches Lebewohl und Ihrer Frau Mutter die angelegentlichste Empfehlung
von Ihrer *Elisa*

[Adresse] Fräulein Annette von Droste / Hochwohlgeboren / In / Rüschhaus

ANHANG

Ausschnitte aus Briefen von Annette von Droste-Hülshoff mit Zitaten und Mitteilungen aus Briefen von Elise Rüdiger; außerdem mit Nachrichten, die sie betreffen.

Meersburg, 4.–5. Mai 1842.

[...]

Von Elisen habe ich zwei Briefe, den ersten schon vor einigen Wochen; doch mir fällt eben ein, daß Du noch hier warst und ich ihn Dir mitgeteilt habe. Jetzt nun habe ich einen zweiten, vom 18ten April; er betrifft den jungen Braun, den sie gern zu Deinem Nachfolger machen möchte. Der ganze Brief ist fast ausgefüllt mit der Lebensgeschichte, den Verhältnissen, Kenntnissen et cet. dieses jungen Mannes; es war mir äußerst leid, ihr diesen Wunsch so unbedingt zerstören zu müssen, daß ich nicht einmal mit Laßberg davon habe reden mögen; Du weißt selbst, wie wenig man jemand zweihundert Stunden weit zu dem noch übrigen Restchen Arbeit und Einnahme einladen kann. Jenny, mit der ich doch, um Elisen wenigstens möglichst gefällig zu sein, davon sprach, meinte auch, die Sache sei so gänzlich unmöglich, daß es bei Laßberg nur mein *sanum judicium* in Mißkredit bringen würde, wenn ich davon anfinge. Ich habe also der guten Elise, die eine ganz falsche Ansicht von diesem Geschäft hat, was sie für eine bleibende Versorgung zu halten scheint und »die Bibliothekarstelle bei Ihrem Herrn Schwager« nennt, gleich geantwortet und alle ihre schönen Pläne mit ein paar Federstrichen zerstören müssen. Du weißt, sie schrieb schon im vorigen Briefe so obenhin von dieser Idee und hat sie zur selben Zeit ihrer Mutter mitgeteilt, die nun nichts eiliger zu tun wußte, als mit erster Post den Braun zu benachrichtigen, aus dessen Antwort mir Elise einen Auszug gemacht hat, der mich wirklich betrübt; so voll Jubel und Glückseligkeit ist der arme Mensch über die Aussicht zu einer festen Versorgung, wofür er das offenbar hält. Da sieht man, was aus einer Sache werden kann, wenn sie durch mehrere Hände, respektive Federn geht; sowohl Du wie ich haben doch Elisen die Verhältnisse dieser Stellung deutlich genug mitgeteilt, und nun ist sie schon in der dritten Feder zu einem förmlichen Amte geworden. Übrigens schreibt Elise sehr gefaßt, kritisiert meine ihr von Dir geschickten Gedichte, unter denen ihr »Die junge Mutter« am besten gefällt, aufs ausführlichste, schreibt von Büchern, die sie gelesen et cet. Ferner schreibt sie: »Lutterbeck ist nun auch fort, als Professor nach Siegen, wie Sie im ›Merkur‹ werden gelesen haben; er soll sehr froh sein. Die arme Bornstedt hat ihr Quartier gekündigt, ihre Möbel anderwärts untergebracht und sich selbst für den ganzen Sommer nach Herbern exiliert. Der Schweizer scheint abermals umgeschlagen zu sein, doch soll sie noch immer auf die Heurat im Herbste hoffen. Die Einladung der Gräfin Bocarmé war auch nicht weit her, und so mag die Arme denn verstimmt und bedauernswert genug sein. Schlüters sind wieder in Gräfrath. Annchen Junkmann sagte neulich seufzend: »Ja, wenn man nur immer jung bleiben könnte, dann wollte ich gewiß lieber nicht heuraten!« (*NB.* Levin, Du weißt doch schon, daß Annchen den Schulte, ihres Bruders Freund, heuratet?) »Hierbei fällt mir ein, daß ich schon seit langer Zeit einen alten Brief von Junkmann an Schücking für Sie zurechtgelegt habe; wenn dieser nicht zu dick dadurch wird, will ich ihn beilegen.« Dieser Brief lag nun wirklich bei, und ich schicke ihn Dir; steinalt ist er, aber schön; denn ich habe, nachdem ich aus dem auf der einen Seite von Elisen Hinzugefügten gesehn, daß sie ihn gelesen, mir gleichfalls diese Freiheit genommen; der Junkmann ist doch ein ganz eigentümlich liebenswürdiges Naturprodukt! Von den darin berührten Gedichten ist mir aber nichts zugekommen; hast Du sie schon auf anderm Wege erhalten oder liegen sie noch in Elisens Schreibtisch? Es ist ein kleiner schlauer Streich von Elisen, Dir auf diese Weise indirekt zu schreiben. Sie ist ein liebes Herz, und ich habe ihr auch gleich alles von Deiner Abreise und aus Deinem Briefe so viel mitgeteilt, als ich ohne Indiskretion glaubte tun zu können, und ihr noch dabei eingeknüpft, niemanden zu sagen, wenn ich ihr schreibe, und noch weniger eine Silbe aus meinen Briefen, wem es auch sei, mitzuteilen. Obwohl ich nun viel Vorsicht gebraucht und in dem Auszuge sehr vieles fortgelassen habe, wünschte ich doch von Dir, liebes Herz, in Zukunft angemerkt, was ich ihr *nicht* sagen soll. Nach unserer Übereinkunft bei Deiner Abreise sollte ich ihr eigentlich *alles* zu wissen tun, was Deine Lage beträfe, da Du früher doch wohl gewohnt warst, Dich vollkommen auf ihre Verschwiegenheit zu verlassen, und es war nur mein eigner Instinkt, der mich veranlaßte, manches nicht zu berühren. In Deinem letzten Briefe scheint aber der Ausdruck »Keinem, wer es auch sei«, auch Elise von mancher Mitwissenschaft ausschließen zu wollen; ich wünsche also, daß Du fortan dasjenige auf Deine Lage und Stimmung Bezügliche, was auch sie nicht wissen soll, mir durch Einklammern bezeichnest. Ich freue mich darauf, Elisen das Filigranbüchschen zu geben, von dem ich ihr schon geschrieben, des lockigen Inhalts aber nicht erwähnt habe, teils aus Vorsicht, teils um ihr noch eine Überraschung aufzuheben. Von der Versetzung ihres Mannes schreibt sie nichts dieses Mal, hoffentlich ein Zeichen, daß dieser Plan gescheitert ist, was mir sowohl um ihret- als meinetwillen sehr lieb wäre; mag sie anderwärts ihr mehr zusagenden Umgang als den meinigen finden – möglicherweise – sie wird doch niemanden finden, dem sowohl natürliche Neigung als Verhältnisse es so zur Pflicht und Vorsatz gemacht haben, unter allen Umständen an ihr zu halten. Auch würde ich sie selbst sehr schwer entbehren; besonders jetzt, wo von allem, woran ich mich vier Jahre erfrischt und geistig genährt habe, sie und Schlüters mir allein geblieben sind. Gott, was können ein paar Monate alles mitnehmen!

[...]

Meersburg, 25.–27. Mai 1842.

[...]

Von Elisen habe ich einen neuen Brief, wo sie mir für meine Nachrichten dankt und große Freude über meine nahe Zurückkunft äußert. Die Bornstedt ist nicht in Herbern geblieben – auf Anraten ihrer Freunde, wie sie sagt – sondern fortwährend in Münster, wo sie Elisen und mir alles gebrannte Herzeleid anzutun sucht. Aber wart, du schwarze Hexe, ich will dich schon zusammensetzen, wenn ich erst da bin! Rüdigers Versetzung liegt im weiten Felde, und Elise glaubt nicht mehr daran. Aber – wie doch der literarische Geschmack verschieden ist! – meine »Weltverbesserer«, das einzige meiner Gedichte, was mir auswärts wirkliche Beachtung zuwege gebracht hat, scheint in Münster höchst klatrig fortzukommen; wenigstens gibt mir Elise allerlei verschleierte Winke über »Unverständlichkeit« und »vernagelte Köpfe«. Im Lafleur hat sie die Bornstedt auf der Stelle erkannt und meint, es werde jedem so gehn, außer ihr selbst. Schlüters sind mit etwas besseren Hoffnungen von Gräfrath zurückgekommen. Die Bornstedt scheint sich ganz dort eingenistet zu haben, wie sie jetzt auch höchst intim mit der Lombard ist; es wird doch etwas dazu gehören, sie in die Luft zu sprengen. Mit Junkmann geht es schlecht; zweimal hat er gehofft, befördert zu werden, und zweimal ist Einschub gekommen.

[...]

Meersburg, 13. Juni 1842.

[. . .]

Elisen hat Dein »Lafleur« gefallen, doch, wie mir scheint, nur lau, da ihr wirklich der Sinn fürs Humoristische abgeht. [. . .]

Rüschhaus, 11.–12. September 1842.

[...]

Liebes Herz, Sie werden von Elisen einen Brief erhalten haben, worin sie ihre Briefe und Porträt, sowie auch beides von *mir*, zurückwünscht. Sie können sich auf mein Wort verlassen, daß diesem Wunsch Elisens keine Bitterkeit zum Grunde liegt, sondern nur eine natürliche Furcht vor dem Schwerte des Damokles, das ihr durch die Klatscherei der Bornstedt erst recht sichtbar geworden ist. Daß diese Klatscherei, die übrigens nur wenigen bekannt war, fast in der Geburt erstickt ist, haben wir teils Schlüters zu verdanken, teils dem Umstande, daß die Bornstedt mich ganz auf dieselbe Weise angegriffen und dadurch ihrem boshaften Plane zwei Köpfe gegeben hat, die sich einander auffraßen. Ich habe übrigens Elisens Wunsch *nicht* angeregt, aber ihr allerdings recht gegeben: beides ist besser bei ihr aufgehoben. Dazu kömmt der fatale Umstand, daß jedermann das Bild kennt; Rüdiger glaubt, es sei in Minden, ihre Eltern, es sei in Münster, und so muß sie sich damit durchlügen, was auf die Dauer gar nicht geht, sobald die beiden Parteien zusammenkommen; es liegt also alles daran, daß sie es gelegentlich vorzeigen kann, während es doch Dein Eigentum bleibt. Ich habe Elisen über Erwartung gut gefunden, wohl aussehend und nicht trübsinniger, als dieses einmal in ihrer Natur liegt. Sie hat Deine Absicht vollkommen begriffen und geht mit einer Klarheit darauf ein, die ich hauptsächlich dem durch die Klatscherei der Bornstedt gewonnenen Gefühl, wie wenig sie dazu gemacht sei, der Meinung der Welt zu trotzen, zuschreibe; doch haben auch ihre religiösen Ansichten, die jetzt sehr klar und bestimmt sind, großen Anteil daran. Sie ist Dir vielleicht herzlicher zugetan als je, aber in einer andern Weise. Auch in ihrer äußern Lage hat sich manches besser gestaltet. Sie hat das Band mit Schlüters – mit Thereschen duzt sie sich jetzt – mit Annchen Junkmann und Luise Delius, die jetzt mit ihr gemeinschaftlich schriftstellert, was beiden viel Erheiterung gibt, viel enger gezogen und in Nanny Scheibler eine neue Freundin gewonnen. Sie liest viel, schreibt, wie gesagt, zuweilen kleine Aufsätze, wozu ich sie möglichst ermuntere, obwohl ihr Talent sich nicht so entwickelt, wie ich es erwartete, und vielmehr sie gleich anfangs die Grenzen ihrer Leistungen scheint erreicht zu haben, was aber immer schon ganz hübsch und hinlänglich ist, ihr eine angenehme gesellige Stellung zu sichern. Auch hat sie jetzt die Hoffnung, beide Kinder ihrer Schwester in Kost und Erziehung zu bekommen, worauf sie sich sehr freut. Daß ich ihr getreuer Pylades bin, darfst Du wohl voraussetzen; ich habe sie sehr, sehr lieb, und sie mich auch. Wir schreiben uns jede Woche, und sie wird übermorgen, schon zum drittenmal in dieser kurzen Zeit, auf mehrere Tage zu mir kommen – ich denke, der Gewinn ist auf beiden Seiten – wir sind dann froh wie Kinder, fangen allerlei dummes Zeug an, reden fast immer von Dir, und es tut mir unsäglich wohl, anzuhören, wie heiter, herzlich und doch ganz im Gefühle ihrer jetzigen Stellung Elise von Dir spricht. Darüber, daß Du mir auf vier Briefe nicht geantwortet, schien sie mir pikierter, als sie es sich gegen mich wollte dünken lassen, und vielmehr behauptete, es müsse ein Brief verlorengegangen sein; ich dagegen machte auch *bonne mine à mauvais jeu* und sagte, Du seist bloß ein fauler Schlingel, obwohl mir innerlich schlecht genug dabei zumute war. Zu Deiner Rechtfertigung habe ich ihr nun nebst dem Gelde den ganzen Brief geschickt, sie aufmerksam darauf gemacht, daß Laßbergs Brief mit meiner Aufforderung an Dich statt vor sechs Wochen erst jetzt eingelaufen, einige Reue über eine Pikiertheit, die ich wohl nicht ganz verbergen können, geäußert, schließlich alle Deine Aufträge, nach denen sie nur die Hand auszustrecken braucht (da Junkmann in Münster ist, ich aber meine armen Füße durch Regen und Kot treiben müßte), bei ihr niedergelegt und erwarte nun stündlich die Antwort. Du wunderst Dich wohl, daß ich auch mein Bild und Briefe zurückverlangt habe?

Mein gutes Herz, das habe ich bloß aus Rücksicht für Elisen getan; mich dünkte, es war ein Opfer, was ich ihrem Selbstgefühl schuldig war, um der Sache so ganz das trübe Ansehn eines Austausches alter Liebespfänder zu nehmen. Zum Glücke ist jetzt von ihr selbst die Idee ausgegangen, daß dieses ja gar nicht nötig sei, und sie ist in ihrem letzten Briefe ganz der Meinung, daß ich Dir mein Porträt doch ja lassen solle; ich brauche Dir nicht zu sagen, wie angenehm mir dieses zu lesen war, und mit wie betrübtem Herzen ich es würde haben wieder anrücken sehn. Mit den Briefen ist es ein andres; manche sind gefährlich für Elisen, und diese müssen durchaus aus der Welt (auch dieser Brief darf das Leben nicht behalten; deshalb lasse ich mich auch so ruhig gehn mit dem lieben alten Du, dem es mir recht schwer wird fortan zu entsagen). Wenn ich sicher wüßte, daß Du Deine Faulheit so weit bezwingen könntest, sie alle, d. h. die meinigen, gewissenhaft wieder durchzulesen und nebst jenen, worin von Elisen die Rede ist, noch alle zu verbrennen, worin ich Dich duze, oder die sonst Mißverständnisse und Spöttereien über mich schütten könnten, so wollte ich Dir die andern gern lassen. Aber das kannst Du nicht, Du kannst keine alten Briefe lesen, das geht gegen Deine Natur; darum sind sie Dir auch zu nichts nütze. Wenn die Vor-Meersburglichen aber noch in Münster sind und Du auf Elisens Vorschlag, daß wir, mit einem Passe von Dir versehn, hingehn und jeder das Seinige zu sich nehmen soll, eingehst, so kann ich nach geschehener Auswahl Dir den Rest ja zuschicken, wenn Du es wünschest, obwohl Du noch neue Briefe genug von mir bekommen wirst. *NB*. Richte Deine Briefe von jetzt an doch so ein, daß ich sie, wenigstens zuweilen, Elisen zeigen kann; es wird Dir nicht schwer werden, denn da sie einerseits Dein volles Vertrauen besitzt und anderseits wohl weiß, wie lieb Du mich hast, so kannst Du Dich ja fast ganz gehn lassen, und willst Du mir ein Extrablatt einlegen, nun, so leugne ich nicht, daß dies mir um so lieber ist und ich es wohl eher lesen werde als alles übrige.

[...]

Da kömmt soeben Hermann mit Elisens Antwort. Das ist schlimm! Sie will, daß ich nichts von Zurückgabe ihres Bildes schreibe; ein Zeichen, daß sie also auch nichts davon geschrieben, sondern bloß von den Briefen, und ich kann doch mein langes Sendschreiben deshalb nicht zerreißen; tue also, als wüßtest Du nichts davon. Nach meiner Meinung ist das Bild zwar geeignet, nicht den größten, aber wohl den nächsten Verdruß herbeizuführen; indessen – wie sie will! Übrigens zeugt es freilich nicht so entschieden wie Briefe, besonders wenn es nicht gleicht. Es scheint, sie fürchte, Dich mit diesem Wunsche, obschon die Gründe dazu auf der Hand liegen und durchaus nichts Kränkendes haben, doch zu beleidigen. Ich soll Dich auch fragen, ob Du den Brief *quaestionis*, vom 2ten September, dem sie einen hübschen Thomas a Kempis als Namenstagsgeschenk hinzugefügt, auch erhalten hättest. Man hatte Annchen Junkmann, die ihn zur Post gebracht, dort das Überkommen der Entfernung halber als sehr bedenklich vorgestellt; schöne Posten! Ferner soll ich Dir ausdrücklich sagen, daß sie nie einen Augenblick daran gezweifelt, daß Du Deine guten Gründe zu dem langen Stillschweigen gegen mich gehabt; ich sei ihr dieses wahrlich schuldig, zur Rechtfertigung einiger Stellen ihres Briefes, die sie unter meinem zweifelsüchtigen Einflusse geschrieben; sie freue sich jetzt doppelt, daß sie noch ein herzliches Blättchen über meine Sorge um Deinen Kahlkopf und unser letztes Zusammensein in Rüschhaus hinzugefügt habe. Ferner: Rüdiger würde gern Statistisches beitragen, anderes schwerlich; verreise aber morgen auf acht Tage, könne also nicht sogleich; an Hüffer möchtest Du doch ein paar Worte schreiben, der würde sich dadurch grenzenlos geschmeichelt fühlen und könnte Dir gewiß die pikantesten Details geben; ferner: mit Junkmann wolle sie reden, die Bücher für Dich seien soeben angekommen, und sie werde sie übermorgen mit hieher bringen; und endlich: sie habe wegen Paulinchen an Antonie

Ziegler geschrieben, die ihr, da sie katholisch sei, in Frankreich vielleicht eine gute Stelle verschaffen könne. Und jetzt bin ich müde, als ob ich gedroschen hätte; es ist auch elf Uhr vorüber. Gute Nacht, mein liebstes Herz, Gott segne Dich!
[...]

Rüschhaus, 10.–14. Oktober 1842.

[...]

Die Rüdiger ist wohl; sie war gestern hier, und wir sprachen viel von Ihnen; Mama hat sie sehr lieb. Sie erzählte viel von Annchens Hochzeit, von Nanny Scheibler, mit der sie sich immer nähertritt, auch von Nanny Bruchhausen, mit der sie zwar weniger eng, aber doch auch befreundet ist. Meine Liebe zu ihr und die Enge unsers Verhältnisses steigt fortwährend; sie hat mir ihr Bild zum Aufheben gegeben und ich ihr das meinige, so sind beide nötigenfalls immer zur Hand, wenn Nachfrage darnach geschehn sollte, und zwar an einem ganz passenden Orte. Das gute Herz hätte jetzt wohl eine Stelle für Paulinchen in Belgien mit schönem Gehalte; aber Katholizismus und musikalische Fertigkeit und Kenntnisse sind streng geforderte Requisite, und die Rüdiger wird sich deshalb bei ihrer Tante erkundigen, wie es mit letzterem steht, da eine Antwort von Ihnen zu spät kommen würde, weil schnelle Auskunft gefordert wird. Man scheint viel zu verlangen, eine Art Meisterschaft, und ich fürchte sehr, daß hieran die sonst sehr lockende Aussicht scheitert; deshalb wird die Rüdiger auch schwerlich der Sache gegen Sie erwähnen, aber gewiß ihr möglichstes tun. Sie können überhaupt auf ihre unwandelbare Freundschaft und Sorge für immer und in jeder Beziehung rechnen, obwohl sie völlig im klaren ist, so fest wie auf die meinige, deren Sie doch wohl hinlänglich versichert sind, und Ihre Lage, ob gut oder schlimm, geht und wird uns immer zu Herzen gehn wie die eigne.

Doch Sie suchen mit Ungeduld nach Auskunft über Ihre Bücher (die gekauften) und das Material zum »Deutschland«. Wenn dieser Brief den ersteren und dem bis jetzt mobil gemachten Teile des letzteren nicht beigeschlossen ist, so werden sie fast unmittelbar folgen. Rüdiger und Junkmann schicken, was sie haben; mit meinem Onkel August ist's mir verkehrt gegangen; er ist in Apenburg, und ich adressierte, da er oft abwesend ist und die Briefe dann lange liegen, den meinigen an die Tante Sophie, die der Haushaltung wegen sonst nie fortkömmt, damit er ihm sogleich nötigenfalls nachgeschickt würde; statt dessen ist er nun zu Hause, die Tante gegen alle Regel in Hannover, und mein Brief macht einen Fleischergang, muß aber doch jetzt längst angekommen sein. Deshalb hoffe ich, der Onkel schicke etwas, weil ich ihn gebeten, widrigenfalls auf der Stelle zu antworten, damit Sie andern Rat schaffen könnten; auch sonst hatte ich ihn zur Eil angetrieben, aber das Ordnen und vielleicht Abschreiben verlangt seine Zeit. Doch ist mein Brief vor mehr als drei Wochen abgegangen, und ich hoffe immer noch auf eine Sendung vor Abgang der Bücher; wo nicht, schicke ich sogleich nach, was mir zukömmt. Das Manuskript über Westfalen ist leider nur eine späte Übersetzung des Kerssenbrock, den Laßberg schon mehrfach, deutsch und lateinisch, gedruckt und handschriftlich besitzt; ihn kann es also nicht freuen, Ihnen aber vielleicht jetzt nützen, und die Rüdiger ist der Meinung, daß man es den übrigen Büchern beipacken solle, was wohl geschehn wird. An einem andern der Bücher, was eine Menge sehr roh vorgetragener Geschichtchen enthält, nahm die gute reine Seele großen Skandal und möchte es lieber gar nicht abschicken; viel verloren wäre nicht daran.

[...]

Rüschhaus, 15.–17. November 1842.

[...]

Ich habe die ganze Zeit bei Elisen logiert, die auch katarrhös unwohl war und über Magenschmerzen klagte. Die grenzenlose Verwirrung der Düringschen Angelegenheit und die vielen fatalen Briefe, die sie fortwährend darüber erhält, wo der Konkurs immer von neuem an die Tür gepocht hat und wieder auf einige Wochen abgeschoben ist, lassen sie gar nicht aus der Sorge kommen, da die Kinder ihr jetzt fast am Herzen liegen wie eigne. Ich wollte, das Unvermeidliche wäre erst geschehn, Düring wieder wohlbestallter Leutnant, die Kinder bei der Rüdiger mit der Aussicht auf das großelterliche Erbe; denn diese Lage zwischen Hängen und Würgen ist schlimmer als alles, was kommen kann. Wir haben eine sehr liebe Zeit zusammen verlebt; Tante Ittchen war noch nicht da, und ich kroch derweil in ihr Bette, vor das sich Elise dann jeden Abend setzte, wo uns unter Ernst und Lachen oft die Mitternacht über den Hals kam, ehe wir es dachten; ich denke recht bald wieder hin zu gehen; es sollte mich wundern, wenn einem gewissen kleinen Pferdchen die Ohren nicht fleißig geklungen hätten, besonders, obwohl wider Verdienst, das rechte. Einen Brief erwartet Elise eigentlich nicht von Ihnen, da sie die an mich geschriebenen als für uns beide bestimmt ansieht, doch würde er sie gewiß sehr freuen. Die Ausführlichkeit des letzten an mich hat ihr sehr wohlgefallen, und sie hat es mir in Rechnung gebracht, durch ihre Merkuriale soviel dazu beigetragen zu haben. Jawohl ist sie seelengut; ich weiß sonst niemanden, der so durch und durch gut und mild wäre, außer etwa Schlüter, und ich glaube auch nie eine Freundin so, ohne Schwärmerei, herzlich und wie mein eignes Blut geliebt zu haben; und von ihr glaube ich das gleiche zu empfangen. Sie freut sich an jedem meiner kleinen Triumphe dreimal mehr, als wäre er ihr selbst zuteil geworden, sammelt alle einzelnen Lobsprüche wie Klein-

ode, schrieb mir sogleich ein Stück Briefes ihrer Mutter ab, worin diese meine »Judenbuche« hochstellt et cet. Gott gebe, daß sie nur immer in Münster bleibt, ich würde sie sehr schwer vermissen. Luise Delius brachte ein paar Abende mit uns zu; sie ist doch ein gutes und auch gescheutes Persönchen, das nur ganz in andern lebt, und somit auch *le bois dont on fait les anges.* Nanny Scheibler mußte zweimal absagen, weil ihr Vater ernstlich krank geworden ist an der Brustentzündung, die ihn jedes Jahr befällt und jedesmal auf gefährliche Weise; er war, als ich fortging, etwas besser, und es tut mir leid, Sie für heute so gleichsam in der Krisis von ihm scheiden zu lassen, da er Ihnen wahrscheinlich bekannt und lieb ist. Schnittger war einen Abend bei der Rüdiger, aber so steif und verlegen, daß er sich völlig ausnahm wie ein anderer Mensch und sich nicht ein einziges Mal in die Seite griff; es war schade darum, ich hätte so gern der Erinnerung halber das Original zu Ihrer Kopie gesehn!
[...]

Rüschhaus, 15.–16. Februar 1843.

[...]

Die Rüdiger war gestern hier, und wir haben einen sehr angenehmen Tag verlebt. Das gute Herz hat viele Sorgen; ihr Schwager Düring steht durchaus zum Bankrott, und sie fürchtet jetzt die Kinder nicht zu bekommen, da die Mama Hohenhausen sich verraten hat, daß sie nur auf diesen Augenblick warte, um zuzufahren und sie selbst an sich zu nehmen, wogegen Düring aufs äußerste ist und es nun nicht mehr wagt, die Kinder von sich zu lassen. Für Elisen selbst kann eine Sache so kaum mehr wünschenswert sein, die ihr in der Perspektive völlige Spannung mit den Eltern zeigt. Die Hohenhausen ist doch eine egoistische, gewalttätige Person! Mich freut nur, daß Tante Ittchen dagegen sich fast überschlägt vor gutem Willen und Liebe gegen Elisen; sie ist noch immer in Münster, wird wohl bis zum Sommer bleiben, und das Verhältnis ist überaus zärtlich und erheiternd für beide. Ihren Brief habe ich gleich übergeben und denke, Sie werden wohl bald Antwort erhalten. Über Ihre Lage ist Elise ebenso betrübt und empört wie ich. Sie haben auch an Laßberg darüber geschrieben, und Jenny meint, er werde Ihnen zu einer offnen Erklärung mit dem Fürsten raten und zu der Forderung, entweder Sie mit den Kindern zu entfernen oder Ihres Amtes zu entlassen. Das ist leicht gesagt, aber wohin dann? Ich würde zu einer so halsbrechenden Katastrophe nicht raten, bevor es Ihnen gelungen ist, sich irgendeine Aussicht zu eröffnen; dahin aber muß freilich aus allen Kräften gearbeitet werden. Elise meint, Sie sollten sich an die verschiedenen österreichischen oder auch bayerischen Gesandtschaften um eine Stelle als Gesandtschaftssekretär wenden, das sei ein leichtes Amt mit schöner Einnahme; ich denke mir aber, darum bewerben sich Hunderte, und die Eingebornen und von Empfehlungen Unterstützten laufen Ihnen den Rang ab.

[...]

Elise hat mir gestern die Abschrift zweier Gedichte von Alfred Tennyson – übersetzt von Freiligrath im »Morgenblatte« – überschickt, von denen sie meint, sie seien genau wie von mir. Es ist wahr, die Ähnlichkeit in Sprache und Bildern ist sehr auffallend; aber ich wollte, ich schrieb so schön. Wissen Sie etwas von dem Patron, so teilen Sie es mir mit, wo er lebt, ob er schon mehreres geschrieben oder ein ganz neues Licht ist. Vergessen Sie ja nicht hierauf zu antworten; es ist Elise, die sich auf diese Nachrichten entêtiert und mir die Frage dringend ans Herz gelegt hat.
[. . .]

Gesund bin ich noch lange, lange nicht, huste noch sehr, habe immer Halsweh, jeden Abend noch Fiebermahnungen, und mit Schlaf und Appetit geht's auch nicht über das Notdürftigste hinaus; dennoch fühle ich mich gegen früher wie im Himmel und sehe an der unverhohlenen Freude des Arztes, daß ich wirklich auf entschiedener Besserung bin. In Rüschhaus hätte ich mich nie erholt; denn unser armes Mariechen wird sterben, an Skrofeln in der Lunge, die jetzt aufbrechen, und da das gute Ding, die, wie alle wirklich Schwindsüchtigen, nicht im geringsten apprehensiv ist, sich nicht abhalten ließ, sich täglich einigemal zu mir heraufzuquälen, um mich mit der Ähnlichkeit unsrer Zustände zu trösten, so können Sie denken, wie dies auf mich wirkte. Menschen mochte ich gar nicht sehn außer wenigen, und diese grade konnte ich nicht haben. Junkmann war nicht da, Schlüters kamen nicht, und auch mein bester Trost, meine liebe Elise, konnte nicht kommen, da sie selbst in großer Not steckte mit dem Tantchen, die schwer bei ihr erkrankt war und sie kaum eine Stunde von sich lassen mochte. Das ging mir denn auch sehr nah; hatte ich keine Nachrichten, so war ich voll Unruhe, und die ich bekam, konnten mich leider selten trösten. Hier hat mich nun freilich in dieser Beziehung ein harter Schlag erwartet; während ich dieses schreibe, wird der Körper, den eine so reine, milde Seele bewohnt hat, der Erde wiedergegeben; am Freitagabend um neun hat sie vollendet an der Wassersucht und zuletzt hinzugetretenem Lungenschlage; Elise ist überaus betrübt, aber gefaßt. Zum Glück sind vorgestern ihre beiden Eltern angekommen; ich hoffe, die jetzt eintretende Ruhe nach so langer Körperanstrengung wird ihr bei allem Schmerze doch wohl tun und schlimme Folgen für ihre Gesundheit verhindern; auch gibt ihr der Arzt nervenstärkende und kalmierende Mittel, um dem vorzubeugen. Ich bin sehr froh, grade jetzt hier zu sein. Nanny Scheibler und Luise Delius haben sich Elisen in dieser Prüfungszeit sehr treu bewährt, sind ihr fortwährend zu Trost und Hilfe zur Hand gewesen, und ihr Freundschaftsverhältnis ist natürlich dadurch noch um vieles inniger geworden, was mir überaus lieb ist. Daß ich zu ihrer Aufrichtung tun werde, was meine armseligen Kräfte gestatten, und vielleicht noch etwas drüber, brauche ich Ihnen nicht zu sagen. Elise ist mein zweites Ich. Lieber Levin, Sie werden sich natürlich jetzt sehr geneigt fühlen, Elisen zu schreiben; tun Sie es nicht, ich bitte dringend darum; sie erwartet es nicht, wie sie mir selbst gesagt hat, da sie ja eben einen Brief von Ihnen erhalten, und Ruhe, Ruhe, Entfernung jeder Nervenaufregung ist ihr jetzt das einzig, aber streng Nötige. Ich habe ihr immer, wie Sie es ja selbst wünschten, Ihre Briefe an mich mitgeteilt; kein inniges oder ehrendes Wort, deren allzeit ja so viele für sie darin verstreut waren, ist je verlorengegangen, und wo die Ausdrücke schwankend waren, ist Ihr Mütterchen ehrlich genug gewesen, nach all der Wärme, aus der sie sie hervorgegangen wußte, auszulegen und aus unsern Meersburger Gesprächen zu ergänzen. So ist Elise immer Ihrer allertiefsten Anhänglichkeit gewiß gewesen; aber es ist besser, sie trägt diese Überzeugung ruhig und wohltuend in ihrem Innern, als daß sie durch Briefe aufgeregt wird, jetzt, wo wir alle uns nur absorgen, sie im möglichst ruhigen Gleise zu erhalten, damit ihre nach so langem Wachen und Sorgen unvermeidliche Nerven*reizbarkeit* sich nicht als Nerven*schwäche* festsetzt. Zum Überfluß habe ich Elisen noch gesagt, daß ich Sie dringend bitten würde, ihr vorläufig nicht zu schreiben, und sie ist ganz mit mir einverstanden gewesen, so wie sie sich überhaupt jetzt vor jedem etwas ungewöhnlichen Briefe fürchtet, weil sie weiß, wie schlecht er ihr bekömmt. Legen Sie ihr dieses ja nicht als Mangel an Teilnahme aus; Elise ist Ihnen mit so warmer und inniger Freundschaft zugetan, daß Ihr Mütterchen sich hierin nicht mal den Platz über sie anzumaßen wagt. Sie hat meine Sorge geteilt, daß in jenem Sodom und Gomorra irgendeine ränkevolle Person unter erborgter Tugendglorie Eingang in Ihre arglose Teilnahme finden und Sie betrügen möchte – ein Gedanke, der Ihnen, der Sie jede einzeln kennen und verachten, vielleicht empörend scheint. Sie müssen aber bedenken, daß wir, solange die Fürstin lebte, uns doch auch einen anständigen Kreis, wenigstens von Besuchenden, um diese ehrenhafte Frau denken mußten, und doch schien uns – eigentlich recht weiblich inkonsequent – in einem solchen Hause könne alles nur Lug und Trug und zu Ihrem Verderben sein. Elise hat auch zuerst Ihnen die Gall bestimmt und die Andeutungen eines steigenden Interesses in Ihren Briefen mit der wärmsten Teilnahme verfolgt; Ihr endliches bestimmtes Aussprechen dieses Verhältnisses ist uns beiden zu gleicher Beruhigung und Freude gewesen. Ich war schon krank, meinte aber doch zur gewöhnlichen Zeit antworten zu können, und Elise schickte mir in der warmen Teilnahme ihres Herzens ein Briefchen zum Einschluß; ich wurde aber von Tag zu Tag elender, konnte nicht mal die empfangenen Briefe ohne Verschlimmerung lesen, um so weniger selbst welche schreiben. Ach, Levin, ich habe schrecklich ausgestanden und oft gemeint, es ging über meine Kräfte; auch jetzt schreibe ich schon den dritten Tag über diesen paar Zeilen, aber es geht doch, und mir wird nicht schlimmer danach.

Liebes Kind, wie ich diesen Brief anfing, glaubte ich Elisens freilich etwas alt gewordene Zuschrift vor mir in der Lade zu haben und entdecke nun mit Schrecken, daß ich ein anderes gleich geformtes Briefchen an mich selbst dafür mitgenommen. Was ist zu machen! Den Schlüssel zu meinem Schreibtische kann ich unmöglich hergeben; Sie müssen sich gedulden, bis ich wieder in Rüschhaus bin, wo ich Ihnen das Blatt jedenfalls schicken werde, wenn es auch steinalt geworden ist. Elise, der ich meine Not geklagt, sagt, ich möge Ihnen schreiben, der Hauptinhalt sei gewesen, daß sie Ihnen ihre Freude über jene nach ihrer Ansicht sehr passende Wahl ausgedrückt und Sie angetrieben, die Gall jetzt

möglichst bald persönlich kennenzulernen; das übrige seien Tagesneuigkeiten gewesen, z. B. daß Hutterus sein drittes Examen glänzend bestanden, auch schon etwas von der Tante Krankheit und einige *Bornstedtiana.* Genug, Sie sollen den Zettel haben! Es tut Elisen sehr leid, daß Sie ihn nicht erhalten, um so mehr, da Sie in ihrer jetzigen Lage an Beantwortung Ihres letzten Briefes vorläufig gar nicht denken kann und mir deshalb die gewünschten Journale, die schon lange für Sie bereit lagen, nebst den freundlichsten Grüßen zur Besorgung an Sie überschickt hat; sie sind unter Kreuzband und werden hoffentlich mit diesen Zeilen zugleich ankommen.
[. . .]

Hülshoff, 11. Mai 1843.

[...]

In Münster ist alles beim alten, Elise die meiste Zeit über ziemlich wohl, nur nach jeder Gemütsbewegung sehr angegriffen, aber immer von Nanny und Luischen umgeben, die dergleichen zu verhüten suchen. Sie läßt Sie herzlich grüßen und ist äußerst gespannt auf Ihre Zusammenkunft mit der Gall. Diese indirekten Mitteilungen regen sie keineswegs auf, sondern erheitern und beruhigen sie, da die Sprache in Ihren Briefen an mich durchgängig heiter, ruhig und herzlich ist und die jetzige Wendung Ihres Schicksals sie wahrhaft freut, um so mehr, da es ihr fast vorkömmt, als habe sie die Sache gemacht, da sie schon lange von den Schriften der Gall eingenommen war – »Die Maske« im »Morgenblatt« – und bei Ihrer ersten flüchtigen Erwähnung derselben sich gleich in den Kopf gesetzt hatte, diese müsse Ihre Frau werden und keine andre. Kurz, lieber Levin, der Himmel hat es auch hier sehr gnädig mit Ihnen gemacht, verderben Sie nur selbst nichts!

[...]

Abbenburg, 24.–30. Juni 1843.

[...]

Ich habe absichtlich, was ich jetzt zu sagen habe, für ein neues Blatt verschoben, damit Sie es abschneiden und sogleich verbrennen können. Es ist ein Antrag von E[lise]. Lieber Levin, Sie haben ihre Stimmung durchaus mißverstanden, sonst hätten Sie den bewußten Brief nicht geschrieben, über den ich Ihnen nichts sagen wollte, da es doch mal geschehen war, jetzt aber doch seiner erwähnen muß. E[lise] hat keine Ader von Bigotterie, aber ihre innere Natur ist so in sich rein, gerecht und religiös, daß, wie sie mir sagte, ihre Skrupel in keiner Periode der Leidenschaft beschwichtigt gewesen seien und sie längst zur bewußten Klarheit und Festigkeit ihrer früheren Ansichten rücksichtlich unzulässiger Verbindungen zurückgekehrt sei. Dennoch wünschte sie Ihr Andenken gleich wert zu erhalten, und dies konnte nur geschehen, indem sie alles Störende rein hinter sich warf und zu vergessen suchte, daß Sie ihr je etwas anderes als der nächste teuerste Freund, der werteste Bruder gewesen wären. Ich glaubte, Ihre genaue Kenntnis E[lisens] gebe Ihnen dieses von selbst an die Hand und deshalb Ihre Vermeidung jeder Anspielung. Es war auch alles gut und E[lise] in Beziehung auf Sie wieder herzlich, innig und unbefangen wie ein Kind geworden; nun sah ich, daß sie von einer direkten Korrespondenz und natürlich noch mehr von einem persönlichen Zusammentreffen unangenehme Berührungen fürchtete, glaubte aber in dieser Beziehung auf Ihre Vorsicht rechnen zu können. Nachdem ich Ihnen dieses gesagt, können Sie wohl denken, daß in jenem Briefe Ihr direktes Vorführen einer Vergangenheit, an die sie nur ungern zurückdenkt, E[lise]n tief verletzt hat. Doch war sie Ihnen keineswegs böse und erkannte vollkommen Ihre freundliche Absicht, aber sie fühlte sich von Ihnen unverstanden, und die ruhige anspruchlose Reinheit Ihrer Freundschaft nicht anerkannt, was ihr gerade jetzt, wo sie

Sie mit so wirklich schwesterlich frohem Herzen als den Bewerber um eine andre sah, höchst beschämend war. Was sie aber wirklich ärgerte, waren ein paar dem Ende des vorigen Briefes angehängte, ihr höchst widrige Anekdoten von unerlaubten Verhältnissen, für die Sie große Sympathie äußerten und sie gleichsam auch von ihr zu fordern schienen, und ich gestehe Ihnen, Levin, daß gerade unter diesen Umständen mich dieses auch verletzt hat. Als ich abreiste, wollte sie Ihnen gerade antworten. Ich fand dieses mal à propos, vor allem weil ich fürchtete, der Brief könne Ihrer Braut vor Augen kommen und störend wirken, doch ließ ich ihr ihren Willen. Statt dessen enthält nun ein Brief an mich hieher folgende Stelle für Sie, die ich Ihnen ehrlich abschreibe. »Nicht wahr, es ist Ihnen im Grunde doch nicht lieb, daß ich an L[evin] schreibe? *Votre volonté soit fait, mon ange gardien!* Aber nun sagen Sie ihm alles! Er muß es ja von selbst wissen können, wie mich sein Glück freut. Sagen Sie ihm, daß ich es fast wörtlich vorhergesagt hätte, obwohl Sie mich ausschalten über meinen Hang zur Illusion und Romantik, in denen ich gar nicht übertrieben hatte, wie jetzt das Resultat zeigt. Außer seinem Vater hat gewiß niemand so mit ihm gefühlt wie ich bei dieser Gelegenheit. Geben Sie der Wahrheit die Ehre, mein lieb Engelchen, habe ich mich nicht viel lebhafter gefreut als Sie? War ich nicht halb mit verliebt in die Gall, deren Schönheit ich Ihnen sogar aus den schlechten Gallinagedichten vordemonstrierte und aus ihren Novellen noch mehr? Über den englischen Brief können Sie sagen, was Sie wollen, er wird sich doch die einzelnen Ausdrücke schwerlich zurückrufen können und läßt es sich gewiß nicht träumen, daß in manchen, noch dazu wohlgemeinten Äußerungen desselben tief einschneidende Kränkungen für mich lagen, wie die Voraussetzung von Sympathie bei mir für gefallene schlechte Leute, aber es war gewiß nicht böse gemeint, darum bin ich ihm auch gar nicht mehr böse deshalb. Übrigens sollte einem sein letzter Brief an Sie Freundschaften und Dichter zuwider machen. – Die

»rosenrote« jenes Stiftsfräuleins von Seckendorf macht mir alle übrigen ridikül; für Freiligrath habe ich nur noch eine mitleidsvolle Abneigung, auch Lenau war mir zuwider, doch bin ich jetzt mit ihm ausgesöhnt, und seine spekulative Poesie in den Albigensern beschäftigt mich sehr, ich lese ihretwegen den Spinoza, den Feuerbach et cet., wo sie mir nur begegnen, jedoch nicht ohne eine wehmütige Teilnahme an diesen Verirrten im pantheistischen Chaos zu empfinden. Noch eins liegt mir schwer auf dem Herzen, und doch wünsche ich es sehnlichst auszusprechen: L[evin] schrieb, er fühle keine Reue, und bedenkt nicht, daß er die meinige dadurch noch verschärft; ich weiß: es ist dieses eine Art Großmut und Zartsinn, wie der ganze Brief ein Akt derselben war, aber gerade deswegen für mich nur demütigend, obgleich ich ihm für seine Absicht in Gedanken aus vollem Herzen dankbar bin. Es wird mir schwer, es niederzuschreiben. Sagen Sie ihm, daß ich jene unglückliche Verbindung allerdings s e h r bereue, da sie eine große Sünde, und mich schäme, da sie eine große Torheit gewesen, und daß deshalb, so unbefangen und freundlich auch seinerseits eine Begegnung sein würde, für mich doch immer eine bittre Beschämung darin liegen müßte, ich also an sein Zartgefühl appelliere, mir diese zu ersparen, was ja leicht sei, da ich wahrscheinlich nicht mehr in Münster bin, wenn er nach Jahren herkömmt, also nur auf Reisen eine Möglichkeit vorhanden wäre, die er aber leicht vermeiden kann, da meine kurzsichtigen Augen ihn nicht erblicken, wenn er mir nur zehn Schritte aus dem Wege geht. Seine Frau und Kinder möchte ich aber gern einmal sehn, vorausgesetzt daß ich ihnen unbekannt wäre. Auch müssen Sie ihn b e i s e i n e r E h r e verpflichten, jedes, auch das kleinste schriftliche Wort von mir zu vertilgen, wenn er es etwa noch nicht getan haben sollte. Und dann, bitte, sagen Sie ihm, daß ich ja nie bitter gegen ihn gewesen, wie er dieses zu glauben scheint, daß ich ihn immer hochgestellt und gelobt. Sie wissen das ja am besten! Und er möge meiner freundlich gedenken, sooft irgendeine wehmütige Musik seinen Geist der Vergangenheit näher bringt. Und nun leben Sie wohl, mein teures Herz, et cet.«

Ich darf voraussetzen, mein liebstes Kind, daß Du den Wünschen einer Frau, die uns beiden so teuer ist, und die nicht zart und hochachtungsvoll genug behandelt werden kann, pünktlich und, soweit es den Augenblick geschehen kann, auf der Stelle nachkommen wirst. Ich bitte Dich deshalb, sobald Du diesen Brief gelesen, alles Schriftliche von E[lise]n auszusondern, auch meine Briefe durchzusehen und jede hierauf bezügliche Stelle auszuschneiden, dieses Blatt hinzuzufügen und alles sogleich zu verbrennen. Du bist es ihr schuldig, als Freund und als Mann von Ehre so an ihr zu handeln, wie Du für Deine Schwester handeln würdest, wenn sie an einen geachteten Mann verheuratet wäre und Dir ähnliche Briefe von ihr in die Hände fielen. Ich weiß gewiß, Du würdest sie nicht eilig genug in den Ofen stecken können, und daß diese an Dich gerichtet sind und somit alles Übel, was dadurch entstehen könnte, nicht passiv, sondern direkt von Dir ausginge, vermehrt Deine Verpflichtung noch um ein Großes. Auch davon abgesehen, ist es hinlänglich, daß sie es wünscht, und der Bräutigam einer andern hat kein Recht, an ihren Wünschen zu mäkeln, so wie es Deine Braut auch schwerlich freuen würde, wenn sie wüßte, daß Du Dich weigertest alte Liebeserinnerungen zu vernichten. Verbrenne also sogleich alles, jedes Wort von E[lise]n und jedes Wort in meinen oder anderen Briefen, was darauf hindeutet! Ich weiß, es ist Dir lästig, die alten Papiere durchzusehn, aber auch mich dünkt, die Aufopferung von ein paar Stunden bist Du ihr doch reichlich schuldig. In Deinem nächsten Briefe an mich erwarte ich dann nur die einfachen Worte: »Die Papiere sind verbrannt«; nicht mehr. Wie ich auch selbst hinfort jedes Wort vermeiden werde, was auf jenes Verhältnis deuten könnte. Denn Du sollst meine Briefe nicht vor Deiner Braut verstecken müssen, dazu habe ich Euch beide zu lieb und einen viel zu hohen Begriff von der Heiligkeit und tiefen Würde der Ehe, die nicht mit kleinen Falschheiten und *arrière-pensées* anfangen darf. So fällt es mir auch nicht ein, von Dir zu verlangen, daß Du Luisen Deine frühere Neigung verbergen sollst, aber weder über den Namen noch sonst leicht verratende Umstände hast Du Gewalt; da spricht eine höhere Pflicht als selbst die des ehlichen Vertrauens, die des Gewissens und der Ehre, und ist Deine Luise ein so edles, taktvolles Wesen, wie ich sie mir vorstelle, so wird sie dieses selbst fühlen und nicht in Dich dringen. Ich werde Dir übrigens natürlich nach wie vor von einer so nahen und treuen Freundin wie E[lise] Nachrichten mitteilen, so wie ihr Deine Briefe, es möchte dann sein, daß ersteres Luisen beunruhigte, in welchem Falle ein halbes Wort von Dir genug ist, um mich nach ihrem Wunsche handeln zu lassen, und allerdings bin ich auch der Meinung, daß leicht daraus entstehende kleine Phantasiespielereien mit alten Gefühlen in Deiner Lage höchst unrechtlich wären.

[...]

Levin Schücking an Annette von Droste-Hülshoff.

Darmstadt, den 3.–6. Juni 1843

[...]

Ich fahre in den Stuttgarter Erlebnissen fort; ich besuchte noch am Abend meiner Ankunft Dingelstedt, ein Mensch, so liebenswürdig, wie es ein etwas blasirter, eitler Mensch sein kann. Entsetzlich lang, nervenschwach von allerlei Abenteuern in Europas Hauptstädten und von den bitteren Angriffen der Journale, ist er recht geistreich, Vorleser des Königs mit 1500 Gulden jährlich. Er führte mich zur Frau Obristin von Suckow, Emma von Niendorf, wo auch seine Freundin, Stiftsfräulein von Seckendorf, war; die Freundschaft ist von ihrer Seite sehr rosenroth. Er aber giebt vor, in die reiche Sängerin Jenny Lutzer verliebt zu sein.

Mit Emma Niendorf, einer jungen, sehr hübschen und liebenswürdigen Frau, bin ich in dicke Freundschaft gerathen, ich darf kaum erzählen, wie sehr! Sie hat mir ihr Bild und ihr neuestes Buch geschenkt, und wir haben uns zwei Abende im Theater lauter Gespenstergeschichten erzählt. Wir versprachen uns auch, dieselben zu bearbeiten und drucken zu lassen, wozu ich aber schon wieder die Lust verloren habe. Brentano nannte dieses kindlich harmlose Wesen einst eine Anmuthstrampel! Sie führte mich auch an einem Abend zu Reinbeck's, wo Lenau wohnt. Letzterer besuchte mich am andern Tage und blieb mehrere Stunden bei mir. Seine Freundschaft ist mir außerordentlich erfreulich gewesen, denn er ist der erste eigentlich tiefe, gedankenunergründliche Mensch, den ich nach Ihnen und Freund Junkmann kennen lernte. Freilich ist Letzterer mehr einem stillen Gebirgssee zu vergleichen, während Lenau einen Vulkan in sich birgt.

[...]

Annette von Droste Hülshoff
an Wilhelm Junkmann.

[Feburar 1846]

[...]

Der Rätin Rüdiger habe ich Ihre Grüße und Entschuldigungen ausgerichtet. Sie war anfangs sehr mißvergnügt in Minden, hat sich aber jetzt ihren kleinen Salon ausgesondert und scheint sich darin zu gefallen. Ihr letzter Brief ist nicht acht Tage alt, und sie war eben von einem kurzen Ausfluge nach Berlin heimgekehrt, wo sie eine Menge Zelebritäten kennengelernt hat, Tieck, Grimms, Bettina, Andersen et cet., den letzten zufällig als Theaternachbarn, wo sie ihn an der Aussprache für einen Schweden erkannt und ihn gefragt, ob er den berühmten Andersen kenne und wo dieser sich jetzt aufhalte. Worauf er sehr überrascht erwidert: »Für den Augenblick in Berlin« und sich dann mit einiger angenehmer Verlegenheit zu seiner Persönlichkeit bekannt hat. Zu Grimms ging sie mit Grüßen von mir, die sich aber als überflüssig erwiesen, da Wilhelms Frau sich als eine Schulfreundin ihrer Mutter herausstellte. Ein ähnlicher Fall trat bei Bettinen ein (keine Schul-, aber doch Jugendbekanntschaft von Kassel her), zu der die Grimms ihr geraten hatten, nur frischweg zu gehn, da das Verlangen sie zu sehn Bettinen immer als hinlängliche Empfehlung gelte. Sie ist gut aufgenommen worden, Bettina hat über die Maßen schwadroniert und geschimpft, auf Westfalen, Katholiken, den münsterischen Adel (unter dem gottlob keiner die Fatalität hat sie zu kennen) und endlich auch auf die Lichtfreunde, was die Rüdiger einigermaßen versöhnt hat.

[...]

In Berlin hat die R[ätin] Rüdiger auch Ihren Freund Schwarz angetroffen; durchs Examen gefallen, aber deshalb nicht niedergeschlagen, sondern frisch auf einen neuen Versuch lossteuernd; er hat viel und mit vieler Liebe von Ihnen geredet.

[. . .]

Gedichte von Annette von Droste-Hülshoff an Elise Rüdiger und Henriette von Hohenhausen

An ***

O frage nicht was mich so tief bewegt,
Seh ich dein junges Blut so freudig wallen,
Warum, an deine klare Stirn gelegt,
Mir schwere Tropfen aus den Wimpern fallen.

Mich träumte einst, ich sei ein albern Kind,
Sich emsig mühend an des Tisches Borden;
Wie übermächtig die Vokabeln sind,
Die wieder Hieroglyphen mir geworden!

Und als ich dann erwacht, da weint' ich heiß,
Daß mir so klar und nüchtern jetzt zu Mute,
Daß ich so schrankenlos und überweis',
So ohne Furcht vor Schelten und vor Rute.

So, wenn ich schaue in dein Antlitz mild,
Wo tausend frische Lebenskeime walten,
Da ist es mir, als ob Natur mein Bild
Mir aus dem Zauberspiegel vorgehalten;

Und all mein Hoffen, meiner Seele Brand,
Und meiner Liebessonne dämmernd Scheinen,
Was noch entschwinden wird und was entschwand,
Das muß ich alles dann in dir beweinen.

An Elise

Am 19. November 1843

Du weißt es lange wohl wie wert du mir,
Was sollt' ich es nicht froh und offen tragen
Ein Lieben, das so frischer Ranken Zier
Um meinen kranken Lebensbaum geschlagen?
Und manchen Abend hab' ich nachgedacht,
In leiser Stunde träumerischem Sinnen,
Wie deinen Morgen, meine nahnde Nacht
Das Schicksal ließ aus e i n e r Urne rinnen.

Zu alt zur Zwillingsschwester, möchte ich
Mein Töchterchen dich nennen, meinen Sprossen,
Mir ist, als ob mein fliehend Leben sich,
Mein rinnend Blut in deine Brust ergossen.
Wo flammt im Herzen mir ein Opferherd,
Daß nicht der deine loderte daneben,
Von gleichen Landes lieber Luft genährt,
Von gleicher Freunde frommem Kreis umgeben?

Und heut, am Sankt Elisabethentag,
Vereinend uns mit gleichen Namens Banden,
Schlug ich bedächtig im Kalender nach,
Welch' Heilige am Taufborn uns gestanden;
Da fand ich eine königliche Frau,
Die ihre milde Segenshand gebreitet,
Und eine Patriarchin, ernst und grau,
Nur wert um den, des Wege sie bereitet.

Fast war es mir, als ob dies Doppelbild
Mit strengem Mahnen strebe uns zu trennen,
Als woll' es dir die Fürstin zart und mild,
Mir nur die ernste Hüterin vergönnen;
Doch – lächle nicht – ich hab' mich abgekehrt,
Bin fast verschämt zur Seite dir getreten;
Nun wähle, Lieb, und die du dir beschert,
Zu der will ich als meiner Heil'gen beten.

An Elise

Zum Geburtstage am 7. März 1845

Das war gewiß ein andrer März,
Ein Mond, den Blütenkränz' umhegten,
Als Engel dich, geliebtes Herz,
In deine erste Wiege legten;
Das war gewiß ein Tag so frei,
So frisch vom Sonnenstrahl umglommen,
Doch auch im Wintermantel sei
Er wie der schönste mir willkommen.

Mir ward ein schlimmrer Mond zuteil,
Um den kein Vogel je gesungen,
Nur Eiseszapfen blank und steil
Das kalte Diadem geschlungen;
Ach, anders wirken Schnee und Eis
Und anders wohl der Sonnen Güte,
Ich steh, ein düstres Tannenreis,
Du eine zarte Veilchenblüte.

Doch fest zusammen, fest im Raum,
Gehalten in des Winters Stürmen,
Du schmücke mich zum Weihnachtsbaum,
Und ich will deine Blüte schirmen;
Dann muß uns, willig oder nicht,
Das Leben reiche Gaben zählen,
Und niemals wird das Himmelslicht,
Der Poesie Beleuchtung, fehlen.

An Elise, den 19. November 1845

Zum ersten Mal im fremden Land
Sucht dich mein Geist an diesem Tag,
Muß ängstlich spähen, scheu und zag,
Eh er die liebe Schwelle fand.

Das stille Zimmer kenn' ich nicht,
In dem zu dir mein Schatten tritt
Mit leisem, luft'gem Geisterschritt,
Und dämmernd wie ein Elfenlicht.

Du schaust ihn an, er schaut seitab,
Als such' in ungeborner Zeit
Für seiner Treue Seligkeit
Er sich den frommen Zauberstab,

Der aus dem Keim die Blüte ringt,
Erweckt den Nachtigallenschlag,
Und ach, den lieben, warmen Tag,
Der ihm sein Liebstes wiederbringt.

*Nachruf an Henriette von Hohenhausen**

An deinem Sarge standen wir,
Du fromme milde Leidenspalme,
Wir legten in die Hände dir
Des Lenzes linde Blütenhalme;
An deiner Brust, wie eingenickt,
Die blauen Seidenschleifen lagen;
So, mit der Treue Bild geschmückt,
Hat man dich in die Gruft getragen.

Die Sonne sticht, der Regen rauscht –
Wir sitzen schweigend und beklommen;
Es knirrt im Flur, und jeder lauscht,
Als dächten wir du könntest kommen;
In jedem Winkel suchen wir
Nach deinem Lächeln, deinem Blicke,
Wer lehnte je am Busen dir,
Und fühlt im Herzen keine Lücke?

Daß dein Erkennen stark und klar,
Auch andre mögen's mit dir teilen,
Doch daß du so gerecht und wahr,
Daß Segen jede deiner Zeilen,
Der Odem den dein Leben sog,
Der letzte noch, ein Liebeszeichen, –
Das, Henriette, stellt dich hoch
Ob andre, die an Geist dir gleichen!

Du warst die Seltne, die gehorcht
Des Ruhmes lockender Sirene,
Und keine Tünche je geborgt,
Und keine süßen Taumeltöne;
Die jede Perl' aus ihrem Hort
Vor Gottes Auge erst getragen,
Um ernstes wie um heitres Wort,
Um keines durft' im Tode zagen.

Am Sarge fällt die Blüte ab,
Zerrinnt der Glorie Zauberschemen,
Dein Lorbeerreis, es bleibt am Grab,
Du kannst es nicht hinüber nehmen;
Doch vor dem Richter kannst du knien,
Die reinen Hände hoch gefaltet:
»Sieh, Herr, die Pfunde, mir verliehn,
Ich habe redlich sie verwaltet.«

Nicht möcht' ich einen kalten Stein
Ob deinem warmen Herzen sehen,
Auch keiner glühen Rosen Schein,
Die üppig unter Dornen wehen;
Des Sinnlaubs immergrünen Stern
Möcht' ich um deinen Hügel ranken,
Und überm Grüne säh' ich gern
Die segensreiche Ähre schwanken.

* Henriette von Hohenhausen, in Herford geboren, starb im April des Jahres 1843 zu Münster. Sie ist Verfasserin verschiedener Erzählungen, Gedichte und Jugendschriften, die sich durch sittlich religiöse Richtung und große Gemütlichkeit auszeichnen.

Stammbuchblatt

An Henriette von Hohenhausen

Wie lieb, o Nähe; Ferne, ach wie leid;
Wie bald wird Gegenwart Vergangenheit!
Warum hat Trauer denn so matten Schritt,
Da doch so leicht die frohe Stunde glitt?
Ach, wer mir liebe Stunden könnte bannen,
Viel werter sollt' er sein, als der vermöchte
Der trüben schlaffe Sehnen anzuspannen,
Denn Leid im Herzen wirbt sich teure Rechte,
Und wer es nimmt, der nimmt ein Kleinod mit.

Reich mir die Hand! du hast mich froh gemacht.
In öder Fremde hab' ich dein gedacht,
Werd' oft noch sinnen deinem Blicke nach,
So mildes Auge hellt den trübsten Tag.
Laß Ferne denn zur Nähe sich gestalten
Durch Wechselwort und inniges Gedenken.
Reich mir die Hand! – ich will sie treulich halten,
Und drüber her mag immergrün sich senken
Der Tannenzweig, ein schirmend Wetterdach.

Zu dieser Ausgabe

1912 wurden die Briefe von Annette von Droste-Hülshoff an Elise Rüdiger erstmals gesondert von Kurt Pinthus in der »Deutschen Rundschau« veröffentlicht, darunter viele zum erstenmal. Diese Edition ist fehlerhaft, unvollständig und wissenschaftlich überholt, ebenso wie die verdienstvolle Gesamtausgabe der Droste-Briefe durch Karl Schulte-Kemminghausen. Von den Briefbänden der neuen von Winfried Woesler herausgegebenen historisch-kritischen Droste-Ausgabe (HkA) ist erst einer erschienen. Deshalb mußte ich mich entschließen, für die vorliegende Ausgabe soweit wie möglich auf die mir zugänglichen Handschriften zurückzugreifen. Für Nachweise und Datierungen der Briefe bin ich den Mitarbeitern der HkA dankbar verpflichtet. Abgedruckt sind hier alle in der »Droste-Bibliographie« (HkA Bd. XIV.1, Tübingen 1983) aufgeführten Briefe der Droste an Elise Rüdiger, mit Ausnahme des bisher ungedruckten Briefes »Abbenburg 24. Juli 1843«, der nur in einer Abschrift erhalten ist. Die »Droste-Gesellschaft« in Münster als Besitzerin des Briefes hat die Veröffentlichung der Abschrift der von ihr mitinitiierten HkA vorbehalten. Er würde in dieser Ausgabe die Nr. 15 tragen, die ich zur Kennzeichnung der Lücke ausgelassen habe. Ebenso hat ein Privatbesitzer die Erstveröffentlichung von einigen Zeilen der Elise Rüdiger an die Droste vom 26.9.1847 der HkA vorbehalten.

Die Briefe sind nach den Handschriften wiedergegeben. Der zum Teil schlechte Erhaltungszustand, die winzige Handschrift der Schreiberin und ihre oft unzureichenden Schreibwerkzeuge machen vor allem bei der Zeichensetzung (Punkt oder Komma, Komma oder Semikolon, Gedankenstrich mit oder ohne Punkt ...) die Interpretation schwierig. Ergänzungen und Korrekturen der Herausgeberin (so hat die Droste einige Briefe offensichtlich falsch datiert) stehen in eckigen Klammern. Abgekürzte Personennamen habe ich jeweils einmal ergänzt, wenn es nötig schien (d.h. der Name nicht von der Droste zuvor schon ausgeschrieben wurde). Die Abkürzung »r.« steht für »Reichsthaler«.

Annette von Droste-Hülshoff hat die an sie gerichteten Briefe Elise Rüdigers verbrannt, aber sie hat in Briefen an Schücking und in einem Schreiben an Junkmann einige Male daraus zitiert und referiert; die entsprechenden Stellen habe ich im Anhang zusammengestellt, dazu einige Passagen, in denen sie von Treffen mit der Freundin und von deren familiären Sorgen berichtet.

Eine Kommentierung der Briefe war im Rahmen der vorliegenden Ausgabe nicht möglich. Ich habe mich bemüht, sie ersatzweise durch Register zu erschließen: neben dem umfangreichen Personen- und Werkverzeichnis (mit vielen Kurzbiographien) enthält der Band Aufstellungen der in den Briefen erwähnten Werke der Droste und der Zeitschriften und Zeitungen. Auch dabei mußte eine Reihe von Lücken bleiben, die die Erläuterungen zu den Briefbänden der HkA in absehbarer Zeit wohl schließen werden.

Quellennachweis

Für die Genehmigung zum Abdruck der Handschriften danke ich den folgenden Institutionen:

Stadt- und Landesbibliothek Dortmund
1, 2, 2*, 3 (fragm.), 4 (fragm.), 5, 6, 7, 8, 9, 10, 11, 12, 13 (fragm.), 17, 20 (fragm.), 24 (fragm.), 25, 26 (fragm.), 27, 28 (fragm.), 29, 31, 32, 33.

Deutsche Akademie der Wissenschaften Berlin, Sammlung Weinhold 274
6, 19, 22.

Stiftung Preußischer Kulturbesitz Berlin; Autogr. I/1048; Sammlung Härtel
3 (fragm.), 28 (fragm.).

Freies Deutsches Hochstift Frankfurt/M
15.

Staats- und Universitätsbibliothek Hamburg, Sammlung Büsing, Album 75, Nr. 10
20 (fragm.).

Biblioteka Jagiellonska Krakau
21.

Universitätsbibliothek Leipzig
16.

Universitätsbibliothek Münster
18.

Stadtbibliothek Trier; Nachlaß F.X. Kraus, Autographensammlung
24 (fragm.).

Wiener Stadt- und Landesbibliothek, Handschriftensammlung. Inv.Nr. 62326
24 (fragm.).

Nr. 23 ist nach dem Erstdruck wiedergegeben: Alfred Freiherr Mensi von Klarbach, Ein unveröffentlichter Brief der Droste. In: Kölnische Volkszeitung, 27. Januar 1917 (Nr. 73).

Nr. 30 und Abschnitte von Nr. 4, Nr. 24 und Nr. 28 nach: Die Briefe der Annette von Droste-Hülshoff. Hrsg. von Karl Schulte-Kemminghausen. 2 Bände. Jena 1944. Aus dieser Ausgabe stammen auch die im Anhang abgedruckten Texte aus Briefen an Levin Schücking und Wilhelm Junkmann.

Die Zitate aus Briefen von Levin Schücking sind abgedruckt nach: Briefe von Annette von Droste-Hülshoff und Levin Schücking. Hrsg. von Reinhold Conrad Muschler. Berlin 1928.

Die Gedichte des Anhangs sind abgedruckt nach: Annette von Droste-Hülshoff. Sämtliche Werke. Hrsg. von Günther Weydt und Winfried Woesler. Bd. 1,2. München 1973 und 1978 (Winkler).

Für die Genehmigung zum Zitieren aus ungedruckten Quellen im Nachwort danke ich der Universitätsbibliothek Bonn und dem Goethe- und Schiller-Archiv Weimar.

Nachwort

Fernsprecherin

Wenn es Archetypen erfinderischer Phantasie gibt, dann gehört der Traum vom Fernsprechen dazu. Jahrhunderte vor der Entdeckung der Elektrizität hat man sich über die Möglichkeiten seiner Verwirklichung Gedanken gemacht, und ein französischer Zukunftsroman vom Ende des 17. Jahrhundert entwirft schon »Fernsprechortsnetze in großen Städten mit Sprechrohrleitungen, zentralen Vermittlungsstellen, Uhrzeitansage und Musikübertragung«.[1] Die Erfinder experimentierten vor allem mit metallischen Röhren, die den Schall unterirdisch fortpflanzen sollten, und mit instrumentenartigen Sprach-Röhren, die Nachrichten von einer Sprach-Röhren-Station zur nächsten durch die Luft übertragen konnten. Die Entwicklung der Telegraphie legte neue Lösungsmöglichkeiten nahe. »Sollte es nach so vielen Versuchen, das Fern*schreiben* zu kultivieren, nicht interessant seyn, auch dem Fern*sprechen* neue Aufmerksamkeit zu widmen?« fragte (im Jahre 1811) der Privatgelehrte Johann Wilhelm Ritter und erläuterte: »Die *außerordentlich vollkommene* Fortleitung von Schall, Wort und Rede, durch metallische Leitungen, die zu gleicher Zeit auch so *schnell* geschieht, scheint allerdings einer praktischen Verwendung fähig zu seyn. Es ist Aussicht da, daß noch *ganz leise* gesprochene Worte durch viele Meilen lange ganz einfache Drahtcontinuen fortgepflanzt, am anderen Ende der Leitung noch vollkommen vernehmbar anlangen.«[2] 1845 war man der Realisierung dieser Erfindung schon nahe, die möglich machen sollte, was Annette von Droste-Hülshoff in ihren Briefen nur imaginieren und simulieren konnte: die Aufhebung der räumlichen Trennung. »Heute muß ich diesen Brief schließen, wenn er noch zur rechten Zeit kommen soll«, schreibt sie am 14. November 1845 an die Freundin

Elise Rüdiger in Minden. »Ich trenne mich ordentlich schwer von ihm, denn Sie sind mir fast wie gegenwärtig wenn ich so zu Ihnen rede – Ich las neulich von einer Erfindung, die man noch zu vervollkommnen, und zum Besten der Politik auszubeuten hofft; nämlich durch eine, wenig kostbare Vorrichtung von drahtdünnen Röhrchen unter der Erde, den Schall auf große Wegstrecken so fortzupflanzen, daß man z. B. in Minden nur sprechen, und ein anderer in Münster das Ohr anlegen darf. – Ich denke mir, diese Einrichtungen würden dann Regale [Hoheitsrechte], und man förmlich auf *billets*, nach vorläufiger Bestellung, zu Unterredungen zugelassen, – Ach Gott, Lies, was würden wir da manchen halben Gulden todtschlagen! – « (S. 171)

Die Freunde der Droste haben sie als wunderbare Gesprächspartnerin und Erzählerin charakterisiert. Christoph Bernhard Schlüter schreibt sieben Jahre nach ihrem Tod: »Blicke ich jetzt um mich, so finde ich keine Seele, mit der man so leicht und so gradhin über die tiefsten, höchsten und entlegensten Gegenstände des Nachdenkens und Fühlens sich besprechen konnte, ohne je Gefahr zu laufen, nicht verstanden zu werden oder leer und ohne Ausbeute davon zu gehen, als mit ihr; ein Wort der Frage genügte oft, sie in den Kreis der Gedanken und Anschauungen zu versetzen, in welchem man sich eben befand, ihre Teilnahme und ihr Interesse zu erregen und sie zu veranlassen, ihre Meinung und Ansicht nach kurzer Besinnung auszusprechen, welches sie mit der größten Offenheit und Aufrichtigkeit, mit steter Achtung vor der Wahrheit tat; sie war aber so gut, so natürlich und so bequem, daß man meinte, es müßte so sein und verstehe sich alles das von selbst.«[3] Er rühmt ihre ergötzlichen »Erzählungen und Schilderungen, die ins Einzelne, Feinste gingen, aber trotz ihrer Weitläufigkeit interessant waren, da sie von ihrer ausgezeichneten Beobachtungsgabe, ihrem Witz und wohlwollendem freundlichen Gemüt vollgültiges Zeugnis gaben«,[4] ihre Fähigkeit, Dialekte nachzuahmen und sogar zu agieren, was sie vortrug. Elise Rüdiger schildert die Freundin als moderne Scheherezade, die sich auf ihrem großen Sopha »nach Art aller genialen Frauen in halb liegender Stellung mit unterschlagenen Beinen niederzulassen pflegte«[5] und priviligierte Besucher durch glänzende Unterhaltungsgabe bezauberte: »Ihr Gedächtniß war die unerschöpfliche Quelle von Vorfällen und kleinen Zügen aus der Wirklichkeit, die sie mit sprudelndem Witz und ächt dramatischer Lebendigkeit vortrug. Wie in ihren Gedichten stand ihr auch bei ihren mündlichen Erzählungen immer der bezeichnendste, treffendste Ausdruck zu Gebot; ihre humoristische Behandlung, die überraschende Schnellkraft ihres Talents für Komik würden hingereicht haben, eine ganze Gesellschaft zu einem homerischen Gelächter zu begeistern, aber unbekümmert um Beifall, folgte sie nur ihrer natürlichen Lebhaftigkeit und setzte ihre mündlichen Lustspiele in Scene, wo und wie sie gerade dazu angeregt wurde. Am besten gelangen ihr Szenen aus dem Volksleben, das sie überall beobachtete und stets im charakteristischen Accent wiederzugeben verstand. Das treuherzige Plattdeutsch ihrer Heimath hatte besondern Reiz in ihrem Munde, aber nicht minder geläufig redete sie in der Kölner und süddeutschen Zunge.

Aus den heitersten Genrebildern fand sie durch den Humor ... stets den richtigen Uebergang in das Gebiet des Gemüths, in die Tiefen der Seele, die sie wunderbar zu ergründen vermochte. Ein Zwiegespräch mit ihr führte an seinen Ausgangspunkten fast immer in die höchsten Regionen des Denkens und Fühlens. Manch schöne Sommernacht wurde in dieser Art verschwärmt, und wenn die Morgendämmerung und das Lied der Vögel anbrach, fragten sich die Freundinnen verwundert: »ist es die Lerche oder die Nachtigall?«[6]

Briefe waren für die Droste ein »faute de mieux«, ein Ersatz für Gespräche, bei dem ihr nie ganz wohl war. Sie fürchtete ihren Mißbrauch und ihre Weitergabe, sie konnten in falsche Hände kommen, verletzen und verstimmen, zu Steinen gegen die Schreiberin werden. Sie schrieb ihre Briefe nicht für die Nachwelt; daß sie nach der Sitte der Zeit oft im Familien- und Freundeskreis öffentlich vorgelesen wurden und eigentlich vorzeigbar sein mußten, war ihr fatal. Für vertrauliche Mitteilungen legte sie »inostensible« Extrablätter ein. Wenn sie sich doch zu einer Unvorsichtigkeit hinreißen ließ, war sie deswegen in größter Unruhe und Angst: »bitte, verbrennen Sie diesen Brief – ich möchte um Alles nicht, daß diese letzten Worte in der Welt blieben« (2. Jan. 1844, S. 103 f.), beschwört sie Elise Rüdiger, die ihn rettete und wie all die andern Briefe der Droste aufbewahrte, als einen Schatz, von dem sie andern mitteilte: um sich doch nicht zu sehr zu berauben, verschenkte sie auch Briefstreifen, die die Philologen als Puzzleteile aus verschiedenen Bibliotheken und Archiven zusammensuchen und -setzen mußten. Annette von Droste hat die Briefe Elises verbrannt, wie die vieler andrer: »Sehr ernst und eigen gestimmt bin ich auch; denn ich habe gestern und heute bis Mittag Papiere durchgesehn und verbrannt, und damit manches Stück Vergangenheit hinter mir geworfen, was, freylich schon seit Jahren mit Gras überwachsen, doch unter dem Lesen wieder so frisch aus dem Grabe stieg, daß ich wollte, ich hätte lieber blind zugebrannt, dann wäre es wenig gewesen, – jetzt ists mir wie ein halber Mord« (4. Sept. 1843, S. 79). Sie hätte das gleiche auch für ihre Briefe gewünscht, nicht nur für die, die sie ausdrücklich zum Tode verurteilt hatte.

Gerade in dem »faute de mieux« des Schreibens liegt der besondere Reiz der Drosteschen Briefe, die die Qualitäten und Eigenarten ihrer Unterhaltungs- und Erzählgabe bewahren: ihr Eingehen auf die Interessen und Eigenarten des Gesprächspartners; das feine Ohr für Stimmen, für die Physiognomie menschlicher Rede (diese Musikalität hat sie mit George Eliot gemeinsam); der Sinn für die Komik des Alltags; ihr unpretentiöses, es dem andern bequem machendes Wesen (»Ein Lump, wer mehr gibt als er hat«); das wie nachlässige Sichgehenlassen zwischen Klatsch und nachdenklicher Bekenntnishaftigkeit, ohne daß sie je den Faden verlöre (»Meine Feder machts wie ich, sie tut, was ihr eben einfällt, und geht, wohin es ihr beliebt« [I, 138]); die Lebhaftigkeit, mit der sie alle Gegenstände ergreift (und von ihnen ergriffen ist); die alle Details und alle Umstände bedenkende Ausführlichkeit und Weitläufigkeit des Erzählens, die das Medium des Briefes bisweilen überfordert: »ich muß mich kürzer fassen« (4.–16. Febr. 1847, S. 203). Sie will Welten in einer Nußschale einfangen. Ihre winzige engzeilige Schrift überfüllt die Seiten, ein absatzloser Redestrom, der sich nicht in sauber abgeteilte Sätze fügen will und weniger von Punkt, Komma, Semikolon als von den Atempausen der vielen Gedankenstriche gegliedert wird.

Es fehlt ihr nie an Stoff (auch wenn sie über Stoffmangel klagt), weil ihr niemand und nichts zu unbedeutend ist, im Gegenteil: sie stieg »lieber zum Kleineren und Kleinsten hinab, als zum Glänzenden und Größeren hinauf«. Die Sprache des Landedelfräuleins (ein »Greuel von Anstößigkeit« für Puristen) reichert sich von beiden Seiten an: vom Plattdeutsch, von der oft derben, redensartlichen Ausdrucksweise der westfälischen Landbevölkerung und (als einem Relikt des ancien régime) von dem Französisch der guten Gesellschaft. Die »Bauernader« der Droste schlägt besonders kräftig in den Briefen an ihre Schwester Jenny durch, in den Briefen an Elise Rüdiger wählt sie einen feineren Ton. Zwei charakteristische Gegen-Sätze: »Nun bin ich wirklich so leer wie ein ausgestrippelter Darm« (an Jenny, 15. Febr. 1838, I, 288) und »Mama war *rayonnante* vor Vergnügen« (an Elise, 11. Nov. 45, S. 164).

»Man ist nicht nur ein einzelner Mensch«, sagt Fontane untertreibend. Wer vor ihm und seinen Gesellschaftsromanen in Deutschland nach einem Werk sucht, dem diese Überzeugung gleichsam eingefleischt ist, der kann es in den Briefen der Droste finden, mit ihrer Fülle von Personen aus fast allen Ständen, von Geschichten und Lebensläufen, mit ihrem Reichtum an Beziehungen, die einander relativieren und erhellen. (Das Gesamtwerk der Briefe ist deshalb der beste Kommentar eines Einzelbriefwechsels.) Mit den Eigenheiten werden auch die Probleme und Widersprüche der Gesellschaft des nachrevolutionären Westfalen deutlich, das die Erzählerin und Heldin dieses authentischen Gesellschaftsromans als hinter der Entwicklung zurückgebliebenes, schützenswertes und bedrohtes Biotop frommer (katholischer) patriarchalischer Ordnung vorzustellen bemüht ist. Sie selbst ist ein verkörperter Widerspruch.

Als Annette von Drostes Tante Dorly (von Wolf-Metternich), einer der 14 Halbgeschwister der Mutter, in ein Trinkglas eingravieren läßt »Besser rein altadlig Blut als alles Geld und alles Gut« (I,325), aus Ärger darüber, daß ihr Sohn sich unstandesgemäß verheiratet hat, ist das schon ein Rückzugsgefecht, das die reale Macht von Geld und Gut anerkennt und auf peinliche Weise das Legitimationsdefizit des aristokratischen Geltungsanspruchs deutlich macht. Das Argument »Rein altadlig Blut« hält einer Prüfung des Verstandes nicht stand, der seit der Aufklärung jede Autorität ausgesetzt ist. Kants »Beantwortung der Frage: Was ist Aufklärung?« stiftet gleichsam einen neuen Adel des autonomen Geistes, der die Stelle des Geburtsadels usurpiert: »Sapere aude! Habe Mut, dich deines eigenen Verstandes zu bedienen!«[7] Die Droste, die dem alten und dem neuen Adel angehört, wird zum Verräter an beiden: sie benutzt ihren Verstand, um Kants Forderung als Illusion zu entlarven und gleichsam am eigenen Leibe zu demonstrieren, daß es die von ihm postulierte Mündigkeit nicht geben kann, daß es unmöglich ist, sich von seiner Herkunft – seinem Stand, seinem Glauben – und von seinem Körper – zu befreien. Davon handelt ihr Gedicht »Der kranke Aar«: dem poetischen Adler der Freiheit werden von den Autoritäts-Adlern, den Wappenvögeln der feudalen Ordnung, die Flügel gebrochen:

»O Vogel, warst so stolz und freventlich
Und wolltest keine Fessel ewiglich!« –
»Weh, weh, zu Viele über mich,
Und Adler all, – brachen mir die Schwingen!«[8]

Am 10. Januar 1797 wird Annette (Anna Elisabeth) von Droste-Hülshoff im Wasserschloß Hülshoff bei Münster geboren, dem Stammsitz der Familie, die (wie die Familie der Mutter) zum westfälischen Uradel zählt. Das kränkliche, frühreife, reizbare, mit Intellekt und Phantasie reich begabte Mädchen wächst mit drei Geschwistern auf, Jenny (Marianne), Werner und Ferdinand, der jung (1829) an Lungentuberkulose stirbt. Das Regiment in der Familie führt die Mutter, eine strenge, heftige, gescheite Frau. Annette ist ihr Wunder- und Sorgenkind, wird gefördert und gehemmt, vorgezeigt und mißbilligt, überbehütet und bewacht. (Von ihren Konflikten mit Mutter und Familie erzählt die junge Droste in ihrem Dramenfragment »Bertha«.) Im Konkurrenzkampf um die Gunst junger Männer und möglicher Heiratskandidaten sticht sie unter den andern jungen Mädchen ihres Alters, der sanften Schwester, den Cousinen und Tanten, zu sehr hervor, und besteht eben deshalb schlecht. Als Elise Rüdiger sie auf diese alten Zeiten anspricht, antwortet sie ganz erregt: »Was kommen Sie mir denn mit meiner steinalten, seit 25 Jahren begrabenen, Koketterie? – ich habe Ihnen ja schon früher erzählt, wie wir sämmtlichen *Cousinen* Haxthausischer *branche* durch die bittere Noth gezwungen wurden, uns um den Beyfall der Löwen zu bemühn, die die *Oncles* von Zeit zu Zeit mitbrachten, um ihr Urtheil danach zu *reguliren*, wo wir dann nachher einen Himmel oder eine Hölle im Hause hatten, nachdem diese uns hoch oder niedrig gestellt. – Glauben Sie mir, wir waren arme Thiere, die ums liebe Leben kämpften, und namentlich Wilhelm Grimm hat mir durch sein Misfallen jahrelang den bittersten Hohn und jede Art von Zurücksetzung bereitet, so daß ich mir tausendmahl den Tod gewünscht habe. – ich war damals sehr jung, sehr trotzig, und sehr unglücklich, und that was ich konnte um mich durchzuschlagen, – das sind (den nächsten Zeitpunkt angenommen) 25 Jahre hin, und Sie, mein Liebchen, sollten diejenige nicht seyn, die dem Paulus den Saulus vorwirft. – Sie sind ja mit uns gereißt, und haben leider Selbst gesehn, welchen Einfluß noch jetzt dergleichen Aeußerlichkeiten auf eine sonst so vortreffliche und verehrte Person haben, und wie ich in Nichts zusammengeschrumpft bin, als wir uns Meersburg näherten – leider gelten ihr litterarische Erfolge gar nichts, aber das Urtheil und die Ehrenbezeugungen der nächsten Umgebung haben sie ganz in ihrer Gewalt.« (2. Jan. 44, S. 103). Auch Jahrzehnte später ist die Wunde noch nicht verheilt, kann nicht verheilen: die Mutter, »jene sonst so vortreffliche und verehrte Person«, hält sie offen.

Was das zwischen Rebellion und gehorsamer Anpassung schwankende junge Mädchen nach 1820 vom Saulus zum Paulus werden ließ (eine allzu starke Formulierung), ist als ihre »Jugendkatastrophe« in die Literatur eingegangen: die gemeinsame Fiktion streng religiös erzogener junger Menschen, die sich als Protagonisten des großen religiösen Dramas fühlten, in dem über die Heil und Verdammnis entschieden wird. Annette von Droste war auf verschiedene Weise in zwei junge Männer – Heinrich Straube und August von Arnswaldt – verliebt gewesen und die von Arnswaldt provozierte Offenbarung ihres »Verrats« am erklärten Favoriten Straube – tatsächlich einer Gefühlsambivalenz, wie wir sie heute für normal und verständlich halten würden, besonders bei einem jungen Mädchen – wurde von ihren Freunden, aber auch von ihr selbst als schwere Sünde angesehen. Er wünsche sich »nur die Kraft vor ihr niederfahren zu können wie ein Blitz aus heiterem Himmel, und eine Waffe in der Hand des Höchsten zu sein«[9], schreibt der junge Richter/Henker August von Arnswaldt an Straube und Anna von Haxthausen, Arnswaldts spätere Frau, rät von allzu schneller Verzeihung ab: »Lieber Straube, nein ich glaube nicht, daß es gut ist, wenn Nette ihnen schreibt, wäre sie schon ganz fest in ihrer Besserung, ja dann würde es mich selber erfreuen, aber sie ist noch ein zartes Pflänzchen, das wir pflegen müßen und fürchte ich das es nicht gut wäre, wenn sie (Nette) glauben könnte, sich mit Ihnen versöhnt zu haben. N. muß zu ihrer Buße noch oft den Vorwurf in sich fühlen, wie schlecht sie gegen Sie gehandelt hat – glaubt sie aber sich gegen sie gerechtfertigt, [...] dann möchte sie am ende auch glauben gegen den Himmel nichts mehr verbrochen zu haben und wie kann sie das? –«[10] Die Droste ging mit sich nicht anders um und bat deshalb um Nachsicht. Sie habe entsetzlich an Selbstvorwürfen gelitten, und das werde wohl ein Leben lang anhalten, schreibt sie in ihrem berühmt gewordenen »Bekenntnisbrief« an Anna von Haxthausen: »Darum sollt Ihr mich auch nicht schimpfen und quälen, sondern vor Euch sehn, daß Ihr nicht fallt« (I,59). Doch in einem andern Brief hat sie Anna auch bekannt, wie schwer ihr selbst die Befolgung dieses Gebots fiel: »sieh, so wie ich strenger gegen mich werde, werde ich es auch gegen andere – ich komme mir unwillkürlich und unabänderlich vor, wie ein strenger, unglücklicher Richter, der die härteste, nagendste Strafe seiner eigenen Fehler in der unerbittlichen Bestrafung ähnlicher an anderen finden kann« (I,61). Noch in der »Judenbuche« kann die verzeihende Liebe gegen den strengen, unerbittlichen Selbstrichter nicht aufkommen. »Für Dante hat ein einziges seelisches Ereignis für ein ganzes Leben gereicht«[11], bemerkte Mandelstam; das gilt cum grano salis auch für die Droste.

Gerettet, gerichtet: Seit dem »Fall« scheint es manchmal so, als wolle die Droste aus der Welt eine große Zucht- und Bewahranstalt machen, um ihre Mitmenschen vor den überall lauernden Schlangen des Lasters zu bewahren, die wie im viktorianischen Snakes-and-Ladder-Spiel direkt in die säkularisierte Hölle des ökonomischen und moralischen Ruins führen. Das Gesetz der Gesetze heißt nun Gehorsam. Allen Autonomiebestrebungen erteilt sie eine strikte Absage. Sie kämpft gegen jeden Eigenwillen, vor allem aber gegen den eigenen. Die Bekehrung der Droste wurde von der Familie immer wieder lobend erwähnt: »Annette [...] finde ich doch auch zu ihrem Vorteil verändert, sie ist wirklich viel besser geworden«[12] meldete (1826) Tante Sophie der Tante Betty.

Annette von Droste bleibt unverheiratet: offenbar hat sie die Herrschaft der Mutter, der Familie der Fremdherrschaft eines Mannes vorgezogen. Nach dem Tod des weichen, versponnenen, von ihr geliebten Vaters (1826) lebt sie mit Schwester und Mutter in deren Witwensitz, dem Rüschhaus, einem von Schlaun erbauten anmutigen Landhaus. Es liegt nur etwa 7 km entfernt von Münster und doch schon in einer ihr sehr erwünschten ländlichen Einsamkeit. Der redliche, etwas phantasielose Bruder Werner, der gesetzliche Vormund der unverheirateten Schwester, wohnt mit Frau und der immer zahlreicher werdenden Nachkommenschaft in Hülshoff; wenn Therese von Droste-Hülshoff länger abwesend ist, wird Annette gedrängt, zu ihm zu gehen, was sie nur ungern tut, wegen des Kinderlärms und der ewigen Unruhe im Haus, aber auch der Wesensfremdheit von Bruder und Schwägerin. Als Jenny sehr zum Unwillen der Mutter 1834 den damals schon 64jährigen Joseph von Laßberg heiratet, hat die Familie einen weiteren Oberherrn. Meersburg, wo Laßberg 1838 die alte Dagobertsburg gekauft hat, wird für die Droste zu einer zweiten Heimat und gewissermaßen zu einem Kurort, da das milde Bodenseeklima ihr viel besser bekommt als das rauhere, feuchtere Wetter in Westfalen. Der Schwager, ein ganz in der Vergangenheit der alten Ritterzeit lebender Sammler und Büchernarr, ist ein liebenswürdiger, aber sonderlicher, umständlicher, heikler alter Mann, dessen Wünschen sich die Droste oft nur seufzend fügte – so, als er in ihre Verhandlungen mit dem Verleger Cotta eingriff und darauf bestand, die Durchsicht und Korrektur ihrer Gedichte zu übernehmen. Zum Glück verlor er bald die Lust.

Die wichtigste, die entscheidende Autorität bleibt freilich die Mutter, die Annette von Droste fürchtet und liebt. Wahrheitsgemäß unterschreibt sie ihr Leben lang alle Briefe an sie mit »Deine gehorsame Tochter Nette«. Der Wille der Mutter geschieht im Kleinen und Großen; ihr Gefallen oder Mißfallen fördert, trübt, verhindert freundschaftliche Beziehungen oder macht kompliziertes Taktieren nötig. Schon im allgemeinen ist die Mutter davon überzeugt, daß Kinder gehorsamspflichtige Kinder bleiben, solange die Eltern leben; für Annette gilt das besonders, die sie für konstitutionell unmündig hält. Sie sieht in der Tochter eine Treibhauspflanze, die den Frösten der Freiheit (wie den Härten der Witterung und körperlicher Anstrengung) nicht ausgesetzt werden darf. Nette kann »ohne Vormund und Geschäftsführer gar nicht in der Welt bestehen«[13], schreibt sie 1830 der Schwester Sophie, der sie erklären muß, weshalb sie der Tochter eine Schweizerreise mit der Bonner Freundin Sibylla Mertens-Schaafhausen verbietet. (Daß sie Sibyllas Mann, dem reichen Kaufmann Louis Mertens, nebenbei noch unterstellt, er wünsche Nette als Begleiterin seiner Frau deshalb, weil er die Kosten für die sonst nötige Gesellschafterin sparen wolle – so wie sie später unterstellt, Schükking wolle sich durch den Plan eines gemeinsamen Hausankaufs an ihrer Tochter bereichern –, läßt erkennen, in welch hohem Grade soziale Beziehungen für sie ökonomisch motiviert waren. In den Briefen der Droste ist sehr oft von Geld die Rede – doch nirgendwo so viel, wie in denen an die Mutter.) Erlaubt, oft gegen den Willen der Tochter geboten, sind Reisen zu Verwandten, die »wir jederzeit aufsuchen können, – das findet Jeder natürlich und *animirt* uns dazu, dagegen bedarf es bey Freunden gleichen Geschlechts dringender Gründe, und bey Denen eines andern giebt es gar keine« (an Elise Rüdiger, am 18. oder 25. Juni 1840, S. 25)

Die Droste richtete sich ein in den schützenden Zwängen, die sie umgaben, fand Mittel und Wege, sie zu mildern. Daß sich mehrere Personen für sie verantwortlich fühlen, mindert den Druck (durch Zersplitterung der Kräfte, die nicht immer einig sind) und macht es leichter, die Wünsche der Mutter zu unterlaufen. Der gewagteste Coup – mit Hilfe von Schwester und Schwager – ist 1841 die Einladung von Levin Schücking nach Meersburg, aber als er geglückt ist, bringt sie die Angst vor der mütterlichen Verdammung (an Elise schreibt sie: die Angst um die Gesundheit der Mutter) auch fast um den Verstand (14.–18. Dez. 41, S. 44). Man hat sich an ihre Wunderlichkeit gewöhnt, und läßt sie in Maßen gewähren und nach ihrer Façon selig werden, mit ihren Sammlungen (von Mineralien, Münzen, Stichen, Bildern, Uhren, Handschriften ...), ihren Büchern, ihren Kompositionen, mit ihrem unstandesgemäßen, unweiblichen, auch vom religiösen Standpunkt aus nicht unbedenklichen Dichten. Sie ist 41 Jahre alt, als im Sommer 1838 (bei Hüffer in Münster) ihr erster Band mit Gedichten und Versepen erscheint. Kurz vorher hatte sie sich noch mit politischen Besorgnissen des Bruders (wegen der »Schlacht im Loener Bruch«) auseinandersetzen und von der Mutter das Imprimatur erbitten müssen: »Bitte, liebe Mama, antworte mir doch gleich, ob Du nichts gegen die Herausgabe hast«, schreibt sie am 9. Februar 1838 nach Meersburg, und: »Sag Laßberg aber bitte nichts davon, das würde ihm ganz verrückt vorkommen. Ich habe auch viele alte Tröster nachschlagen und mir überall Rats erholen müssen, um damit fertig zu werden« (Briefe I,280). Es muß Therese von Droste-Hülshoff genug gewesen sein, daß man aus den Gedichten überall die Aristokratin und Katholikin herausfühlen konnte. Die unheilbare Modernität, die Zerrissenheit, das zutiefst Anstößige und Schockierende mancher Gedichte hat sie dafür hingenommen: das war *ihr* Liebesdienst für die Tochter, die mit der mütterlichen Erlaubnis auch unter dem Schutz der Familie stand. Die folgenden Sätze aus dem »Totenzettel« für Annette von Droste-Hülshoff klingen wie eine Beschwörung: »Von Gott mit großen Talenten und namentlich mit der schönen Gabe der Dichtkunst ausgestattet, war ihr Streben stets dahin gerichtet, diese Gaben nur zu seiner Ehre zu gebrauchen. Deshalb durchdringt auch der Hauch wahrer Gottesfurcht alle ihre Schriften, und es ist kein Wort in ihnen enthalten, welches Aergerniß geben konnte.«[14]

Dreieck 1

Gegen Ende des Jahres 1838 treten Elise Rüdiger und Levin Schücking in das Leben der Droste. Als junges Mädchen hatte sie Schückings Mutter gekannt, verehrt, sich mit ihr identifiziert, einer physischen Ähnlichkeit wegen und weil Katharina als Dichterin galt, obwohl sie kaum etwas veröffentlicht hatte. Deshalb ihr lebhaftes Interesse am Sohn der früh verstorbenen Freundin, der als 23jähriger nach dem Jurastudium nach Münster gekommen war, um dort ein Auskommen zu finden. »Er ist in einer übelen Lage«, schreibt die Droste, als sie der Mutter erstmals (am 24. Oktober 1837) über ihn berichtet. »Sein Vater, der immer ein *mauvais sujet* war [. . .] ist jetzt wirklich auf dem Punkte, nach Amerika zu gehn. Levin will ihn nicht begleiten, weil er für das, was er gelernt hat, dort kein Brot finden würde. So sitzt er in Münster, wartet auf Gottes Barmherzigkeit und gibt seine letzten Groschen aus, aber was soll er machen? Er läuft genug um eine Stelle als Hofmeister, ist aber schon zweimal abgefahren [. . .] Es ist betrübt, er soll sehr brav sein und ausgezeichnete Kenntnisse besitzen, aber er sieht aus und hat Manieren wie ein Stutzer [...] Es freut mich, daß seine Mutter das nicht mehr erlebt« (I, 246). Von Schückings literarischen Ambitionen schreibt sie nichts. Ihren ersten Besuch bei der damals 25jährigen »Oberregierungsräthin Rüdiger, Tochter der Hohenhausen« macht die Droste am 11. 12. 1837, an dem Abend, da die Bevölkerung von Münster gegen die Gefangensetzung des Kölner Erzbischofs Clemens August durch die preußische Regierung rebellierte (»es war schon spät, und die Rüdiger sagte mehrere Male: ›Hören Sie doch, wie das auf den Straßen rennt!‹« [I,272]) Das ist der Beginn einer langsam wachsenden Freundschaft, die bis zum Ende ungetrübt blieb: »diese Frau hat wenig Blendendes, nimmt aber immer mehr ein durch Verstand, höchst poetischen Sinn und eine unbegrenzte Herzensgüte« (I,368); »Elisens Liebe strömt von ihr aus, ihr Herz ist keine Freimaurerloge, kein heimlich siedender Vulkan, sondern eine stille lebendige Herdflamme, die ihre Wärme gern denen zukommen läßt, die ihr wirklich nahestehen [...] Sehr erfreulich ist es mir, daß meine liebe Mutter dieses aufs vollständigste anerkennt und in der Liebe zu Elisen mir fast gleich kommt, wodurch unser Umgang auch äußerlich sehr erleichtert und befestigt wird.« (I,400) In Elise sieht sie die artige Tochter »ohne Eigensinn und Eigenliebe«, die sie selbst ihrer Mutter nicht sein konnte. Sie spricht die Freundin an als »Mein anderes Ich, oder vielmehr meine abhanden gekommene Hälfte, da Sie grade Alles haben, was mir fehlt« (4. Sept. 43, S. 80), und liebt sie, als wäre sie ihr eigenes Kind: »Jawohl ist sie seelengut; ich weiß sonst niemanden, der so durch und durch gut und mild wäre, außer etwa Schlüter, und ich glaube auch nie eine Freundin so, ohne Schwärmerei, herzlich und wie mein eignes Blut geliebt zu haben; und von ihr glaube ich das gleiche zu empfangen.« (II,102)

Wer Elise Rüdiger damals vorstellen wollte, nannte wie die Droste zunächst den Namen ihrer Mutter, Elise von Hohenhausen, die auch dichtete, vor allem aber als Übersetzerin englischer Literatur bekannt geworden war. Ihre besondere Liebe galt Byron – »niemand war eifriger besorgt, die Dichtung Byrons in Deutschland zu verbreiten, als Frau von Hohenhausen«[15]. Während ihrer Berliner Zeit (1820–1824) war ihr Salon eine »Pflanzstätte seines Dichterruhmes«.[16] Hier »wurde aus Byron vorgelesen und deklamiert, hier wurden Übersetzungen ausgetauscht und kritisiert, hier wurden die gegenteiligen Zeitungsstimmen geprüft und diskutiert«.[17] Unter dem Einfluß dieses Byronkults stilisierte sich Heine, einer der vielen Besucher des Dienstagszirkels und ein Bewunderer der ungewöhnlich schönen Gastgeberin, zum »deutschen Byron«. »Er liebte es, [. . .] mich zu necken, wenn ich als kleiner Schickedanz meiner Eltern ihm Einladungen oder Bücher überbrachte«, erinnert sich die Tochter Elise in ihren »Memoiren«. »So nannte er mich dann stets feierlich ›gnädiges Fräulein‹, was mich zum höchsten Zorn reizte, weil mein weiblicher Instinkt mich belehrte, daß ich eine sehr unpassende Handlung begangen hätte, in das Zimmer eines jungen Mannes zu gehen, wäre ich nicht noch ein Kind, sondern schon ein ›gnädiges Fräulein‹ gewesen.

Als ich zwanig Jahre später in Paris an Heine's Matratzengruft stand, hob er lächelnd sein lahmes Augenlid mit der mageren Hand in die Höhe und sagte: ›Ja, ja, ich erkenne das kleine Elischen, welches immer so böse auf mich war!‹«[18] Als Kind stand Elise im Schatten ihrer um zwei Jahre älteren, »begabten anmuthigen Schwester« Sophie und ihres »amorettenhaft schönen viel jüngeren Brüderchens« und »erfuhr auch sogar von meinen Eltern manche Zurücksetzung. Als Rahel von Varnhagen einst Zeuge davon war, regte sich in ihrem großmüthigen schönen Herzen warmes Mitleid, sie ließ mich von da an stets besonders einladen und überhäufte mich mit Güte, wobei sie in ihrer humoristischen Weise sagte: ›Das arme Kind ist gar nicht so dumm, wie die Eltern glauben.‹«[19]

Auch das hat sich Elise Rüdiger wohl mit ihrem Münsteraner Salon, dem literarischen Kränzchen beweisen wollen, von dem die Droste ihrer Schwester erstmals Ende Januar 1839 berichtet: »In Münster hat sich bei der Rätin Rüdiger (einer sehr netten, anspruchslosen Frau und Tochter der bekannten Elise von Hohenhausen) ein kleiner Klub von angehenden Schriftstellern gebildet, die jeden Sonntag abends dort zusammenkommen, um zu deliberieren und einander zu kritisieren. Er besteht aus einer Tante der Rüdiger, Henriette von Hohenhausen (die ein Bändchen sehr hübscher Erzählungen geschrieben hat), der Bornstedt, Levin Schükking, Junkmann und meiner Wenigkeit, wenn ich mal grade in Münster bin. Der Bornstedt ihre Schreiberei bedeutet nicht sehr viel, doch verdirbt sie keinen Stoff ganz, ist in alle Sättel gerecht, und liefert, wie die Verleger es verlangen, bald eine Erzählung, bald einen Operntext, Gedichte, Heiligenlegenden [. . .] Sie ist Berlinerin, Konvertitin und erinnert mich 100mal an Tante Dorly, obwohl sie zehnmal mehr Verstand und 100mal mehr Geist hat. Sie hat mich zu ihrer Herzensfreundin erwählt, ich mag sie aber nicht besonders. Dagegen gefällt mir die Tante Hohenhausen (nicht zu verwechseln mit Elise von Hohenhausen) ungemein. Sie ist schon alt, bucklig und äußerst schwächlich, aber die Güte, Freundlichkeit und vor allem die Bescheidenheit selbst.« (I,335 f.) Schücking nennt in seinen »Erinnerungen« als weitere Teilnehmer des Kränzchens den geheimen Rath Carvacchi, der als Vorleser glänzte, und Schlüter. Die Droste ist der literarische »Star«, die intrigante Bornstedt (nach Schücking) der »Hecht in unserem Karpfenteich«[20], Schücking selbst der Hahn im Korbe. Er flirtet heftig mit der Bornstedt (und sie mit ihm); mit der glücklos verheirateten Elise Rüdiger, seinem »Käthchen«, verbindet ihn bald ein romantisches Liebesverhältnis, Annette von Droste hat ihn (unter Berufung auf ihre Freundschaft mit Katharina Busch) als Sohn angenommen. »Ich habe hier die Monate des grimmen Winters recht vergnügt zugebracht.« schreibt er Anfang 1841 seinem damals besten Freund Freiligrath, »mein Käthchen hat mich lieb, mein Mütterchen, die Droste schreibt mir zweimal in der Woche einen ellenlangen Brief, der kurieusen, verzwickten und doch höchst amüsanten Bornstedt mach ich die Cour, obwohl sie verlobt ist«.[21]

Daß die Droste sich als Mütterchen Schückings versteht, erlaubt ihr und ihm ein vertrautes, zärtliches Verhältnis, wenn sie mit einander allein sind, was im Herbst und Winter 1840/41, als die Mutter in Meersburg ist, oft der Fall sein kann: Therese von Droste-Hülshoff sieht Annettes Freundschaft mit Schücking nicht gern, der seinerseits wenig Sympathien für sie hat. »Oft, sehr oft und lange« sei er bei der Droste gewesen, so Schücking am 12. 11. 1840 an Freiligrath, »neulich bin ich mit ihr allein mit vier prächtigen Schimmeln über Land gefahren, das ist nun aber auch leider das letzte Mal, daß ich mit meinem guten herrlichen ›Mütterchen‹ diesen Winter ungeniert zusammen bin: sie hat auf's ernsteste den Plan gemacht, mit uns beiden (Dir und mir) und Adele Schopenhauer ein Landgut zu beziehen [...] Sie ist jetzt auf dem Gute ihres Bruders, wohin ich [...] hinauswill; da ist sie aber natürlich nicht mein Mütterchen mehr, sondern das gnädige Reichsfreifräulein.«[22] Man merkt ihm an, daß er fast platzt vor Stolz auf die vornehme Bekanntschaft und an seinem Mütterchen nicht zuletzt ihren Stand liebt. Die Droste genießt nicht nur die Rechte einer Mutter, sie nimmt auch ihre Pflichten ernst, bemüht sich eifrig um eine Stelle für Schücking und erzieht an ihm herum; er hat Unarten, die sie ihm abgewöhnen will. An dem »Töchterchen« Elise gäbe es nichts zu erziehen, wäre da nicht die verbotene Beziehung zu Schücking, in die die Droste eingeweiht wird. Nach Schücking ist es ihr zu danken, daß sich das Verhältnis »auf eine für uns beide beruhigende Weise«[23] löst. Hinfort vermittelt sie zwischen Elise und Schücking, eine Aufgabe, die sie geradezu dazu verpflichtet, von ihm zu reden: die gemeinsame Liebe zu Schücking ist vielleicht das stärkste Band zwischen ihr und der Freundin.

Der Droste zuliebe stellt Laßberg ihn im Herbst 1841 zur Ordnung seiner Bibliothek an und läßt ihn nach Meersburg kommen; Schücking selbst spielt darauf an, daß sie ihn auf diese Weise aus Elises Nähe entfernen wollte, aber gewiß ist auch, daß sie sich damit das schönste Geschenk machte, weil sie in dieser Zeit allein, ohne mütterliche Aufsicht, in Meersburg zu Besuch war. Ihr Gedichtband von 1844, der bei Cotta erschien und von Schücking als Lektor betreut wurde, ist zu wichtigen Teilen eine Frucht der Meersburger Wohngemeinschaft. Der erotisch und pädagogisch gefärbte Kosename des »kleinen Pferdes«, den die Droste für Schükking fand, trifft das Wesen ihrer Beziehung sehr genau, die im Zeichen des beiden gemeinsamen literarischen Ehrgeizes stand, eine Arbeitsliebe war: das kleine Pferd bedurfte einer Reiterin, die es führte, die Reiterin eines Pferdes, das es zum Ziel trug. Liebe beflügelte den Ehrgeiz, Ehrgeiz strebte nach dem Lohn der Liebe. Schücking profitierte von der Droste vor allem stofflich: von ihren Gedanken, von ihrer Beziehung, von ihren Werken hat er ein Leben lang gezehrt. Die Droste profitierte von seiner Professionalität (die er ihr trotz seiner Jugend doch schon voraus hatte), von seinen Beziehungen zu Schriftstellern, Verlegern und Zeitschriftenherausgebern, von seinem eifrigen Bemühen, sie durch Artikel und Rezensionen dem Lesepublikum bekannt zu machen; am wichtigsten aber war, daß er sie für eine große Dichterin hielt – und ihr das auch sagte. Was müssen ihr solche Worte bedeutet haben: »Les ich [ein Gedicht] vom Freiligrath, vom Dingelstedt, so ist's etwa, als wenn ich etwas läse, was ich mir verwandt, ebenbürtig fühle – es kann mich wohl überraschen, aber nicht mir den Eindruck des Tiefen und Gediegenen, mit wunderbarer Intuition auf einem fremden Felde Gepflückten machen, was Poesien von Shakespeare, W. Scott (Byron nicht, Coleridge zuweilen) und von Ihnen für mich haben. Ich muß dabei bleiben, sie sind classisch, Ihre Gedichte.«[24]

Mit dem Antritt einer von Freiligrath vermittelten Hauslehrerstelle beim Fürsten Wrede im Mai 1842 beginnt Schückings Emanzipation von der Droste. »Übrigens mag es gut sein, daß Ihr beide durch mich und den Fürsten Wrede getrennt wurdet. Ihr triebt Idolatrie mit einander [...] Nun steht Jedes wieder auf eigenen Füßen und wird freier und selbstständiger dadurch.«[25] So Freiligrath; was Schücking angeht, hat er damit recht. Sein Briefwechsel mit der Schriftstellerin Louise von Gall führt zur schriftlichen Verlobung (obwohl er sie persönlich noch gar nicht kennt); er heiratet sie, tritt eine Stelle als Redakteur bei Cottas »Allgemeiner Zeitung« in Augsburg an und wechselt dann zur »Kölner Zeitung«. 1844 wird der erste Sohn, Lothar, geboren und die Droste als Patin gebeten. Versöhnen kann sie das nicht. Sie gehört (wie ihre eigene Mutter) zu den Müttern, die ihre Kinder nicht loslassen können, was natürlich mit daran liegt, daß sie im Sohn auch den Mann liebt, und fährt fort, zu erziehen und sich um ihn Sorgen zu machen. Sie erregt sich über das lasterhafte Leben des Fürsten Wrede, der eine todkranke Frau und eine Maitresse hat (erklärlich ist das für sie nur, weil in den Adern des Fürsten kein rein altadlig Blut fließt) und fürchtet für Levins Reinheit; sie versucht ihm die romantische und unvorsichtige Verlobung und Heirat mit der Gall auszureden; als er verheiratet ist, lädt sie ihre Sorgen über seinen ihrer Meinung nach allzu großspurigen Lebenswandel bei Elise ab. Ihre Verbitterung über seine Emanzipation verstärkt den Affekt gegen alle liberalen und demokratischen Bestrebungen, die immer mehr an Boden gewinnen: das Revolutionsjahr 48 ist nicht mehr weit. Freiligrath ist nach seiner politischen Radikalisierung für sie gestorben, den frommen Junkmann sieht sie schon im Lager der Gegner und selbst in Schücking wittert sie den Demagogen. Daß im Mai 1844 ein Meersburg-Besuch von ihm und seiner Frau zum Fiasko wird, ist nicht verwunderlich, immerhin schickt sie den beiden noch ein versöhnliches Gedicht nach. Das Erscheinen von Schückings Roman »Die Ritterbürtigen« (1846) führt dann zum endgültigen Bruch –

und das war auch beabsichtigt. Er ist ein Muttermord »in effigie«, die Befreiung von einer übermächtigen Autorität durch ihre Vernichtung. Schücking rächt sich für die Erniedrigungen und Verletzungen, die ihm das »gnädige Reichsfreifräulein« zugefügt hat. Er verhöhnt den reaktionären, bornierten Kastengeist und die geistige Beschränktheit des westfälischen Adels (und verwendet zur Illustration wahre Begebenheiten, die ihm die Droste erzählt hatte – auch Personen aus ihrer Verwandtschaft sind karikiert). Er trumpft den Adel des Blutes mit dem Adel des Geistes als der eigentlich legitimen Macht. In der intriganten Gräfin Allgunde von Quernheim zeichnet er eine machtbewußte Aristokratin, deren Adelstolz alle Beziehungen vergiftet; er denunziert in ihr eine Frau, die ihren Geist durch Weiblichkeit bezahlt und sich für ihr frustriertes und liebeleeres Leben durch Herrschsucht entschädigt. In Gestalt des Grafen Valerien Schlettendorf sagt er ihr, die nicht nur die Augen der Droste hat, ein für allemal die Meinung. Allgunde ist außer sich: »O schändlicher Verrat! fluchwürdiger Elender, für den ich mehr tat, als für einen Menschen auf der Welt! Schlange, die ich am Busen nährte [. . .] O welch herzloser, undankbarer Mensch! Wie vor einer Mutter sollte er vor mir auf den Knieen liegen – Dankestränen weinen!«[26] Damit hat Schücking die Reaktion seines »Mütterchens« (freilich theatralisch gesteigert) vorweggenommen. Die Droste an Schlüter: »Ich habe Schückings scheußliches Buch gelesen [. . .] Schücking hat an mir gehandelt wie mein grausamster Todfeind und, was unglaublich scheint, ist sich dessen ohne Zweifel gar nicht bewußt. Gottlob darf ich mir keine Indiskretionen vorwerfen, aber mein Adoptivsohn! jahrelanger Hausfreund! O Gott, wer kann sich vor einem Hausdiebe hüten! [. . .] Lassen Sie uns für ihn beten.« (II,473) Sie irrte sich wohl, wenn sie meinte, daß der Adoptivsohn von seinem Verbrechen nichts gewußt habe: es war ein kaltblütiger Mord. Es liegt nahe, einen Zusammenhang zu vermuten zwischen der Lektüre des Buches im Frühjahr 1846 und dem körperlichen Zusammenbruch der Droste im Sommer des gleichen Jahres, aber das ist wohl doch eine unerlaubte Dramatisierung. Ihre letzte Lebenszeit hat sie als Patientin in Meersburg verbracht, wo sie am 24. Mai 1848 gestorben ist.

Und Elise? Sie bleibt treu. Je ferner Schücking ihr rückt, desto wichtiger wird sie der Droste, die sehr unglücklich ist, als die Freundin 1845 wegen der Versetzung ihres Mannes nach Minden ziehen muß. Da es ihr an Eigensinn und Eigenwillen mangelt, muß sie sich kaum an der Droste reiben, von Emanzipationsgelüsten ganz zu schweigen. Nach dem Sündenfall mit Schücking ist sie gegenüber allen weiteren Versuchungen gefeit. Mit anmutiger Sicherheit weist sie (über die Droste, ihren »ange guardien«) Unschicklichkeiten seinerseits ab (S. 241) – wie schon als Kind die Unschicklichkeiten Heines. Vom sicheren Ufer der Konvention aus blickt sie mitleidig auf all die politisch und philosophisch Verirrten (S. 242), die sie gleichwohl brennend interessieren. Die harten Urteile der Droste über andere federt sie sanft ab, was dieser wohltut, weil sie sich ja selbst ihrer Härte schämt und Elise ihren Motiven nicht mißtraut. Dennoch ist es wohl bezeichnend, daß der häßliche Klatsch über Ottilie von Goethe an Elise geht (S. 159 f.) – wie andere böse Sätze der strengen unglücklichen Richterin. Schlüter, den die Droste so gut und mild wie Elise nannte, wäre als Empfänger schwer denkbar. Seine Milde war auf das Christentum, Elises auf den guten Ton gegründet.

Im Gesetz des guten Tons, wie sie ihn verstand, war die Moral aufgehoben, denn was unmoralisch ist, kann nicht guter Ton sein. Tonangebend ist die gute Gesellschaft, die Elise im wesentlichen mit dem Adel identifizierte, aber auch als Gemeinschaft der Gebildeten. Die Beherrschung des guten Tons, so versichert sie tröstend, sei jedem möglich, der sich Mühe gibt. Als alternde Frau hat sie selbst so ein Gesetzwerk geschrieben, ein »Brevier der guten Gesellschaft und der guten Erziehung« mit dem Untertitel: Gesetzbuch bei Uebung des guten Tones, der feinen Sitten, geselliger Talente und häuslicher Pflichten« (Leipzig 1876), dem sie erst französisch, dann deutsch das Motto vorangestellt hat: »Sage mir, mit wem du umgehst und ich will dir sagen, wer du bist.« Und programmatisch heißt es: »Wenn auch die gute Gesellschaft, wie alle menschlichen Einrichtungen, den Stempel des Unvollkommenen trägt, so ist sie doch die einzige Verwirklichung des Ideals eines würdigen Zusammenlebens der Menschen.« (5f) Wie die meisten Anstandswerke ist auch ihres für die Nachgeborenen oft von unfreiwilliger Komik. Aber nicht in jedem enthüllen sich wohl die Untiefen des guten Tons so wie bei ihr. Zu den »lebenden Bildern«, zu deren Arrangement sie Anleitungen gibt, gehört eine »Herodias mit dem Haupt des Johannes in der Schale«: »Dieses Bild darzustellen hat nicht so große Schwierigkeiten, als es scheinen möchte. Man setzt zwei gleich große Tische hinter einander und läßt soviel Raum dazwischen, daß ein Herr bequem auf einem Schemel sitzen kann, alsdann bedeckt man die Tische mit passenden Dekken oder weißen Tüchern, so daß nur der Kopf des Herrn zu sehen ist. Nun schneidet man eine Pappe, beklebt sie mit Silberpapier, so daß sie die Gestalt einer großen Schüssel erhält, diese schneidet man aus einander und macht eine Rundung hinein, welche um den Hals eines mitwirkenden Herrn paßt, und deutet mittels rothen Bandes und zerrissenen, rothen Krepps einige Blutstreifen an, schminkt das Gesicht möglichst wachsgelb und bittet nun den Inhaber des Hauptes, seine Augen fest zu schließen. Dann stellt sich Herodias, die sehr schön, aber deren Züge scharf hervorgehoben sein müssen, an den Tisch und hält das Haupt scheinbar an einigen Haaren fest. Es ist ein furchtbar schönes Bild, wenn es irgend gut arrangiert ist« (79).

Die Lyrik der Droste spielt mit den Lebensgewichten zwischen den Polen Geburt und Tod (so, daß der Tod immer schwerer wiegt), am Leitfaden ihres eigenen Leibes und Lebens. Sie hat das Bedürfnis, ihr eigenes Lebensgewicht durch das zu ergänzen, was ihm zu einem Ganzen fehlt. »Ich habe mich früher immer gern zu Aelteren gehalten« (4. u. 5. September 1843, S. 80) schreibt sie Elise, nun ist es umgekehrt. Als alternde Frau spiegelt sie sich in ihren Adoptivkindern Levin und Elise:

> So, wenn ich schaue in dein Antlitz mild,
> Wo tausend frische Lebenskeime walten,
> Da ist es mir, als ob Natur mein Bild
> Mir aus dem Zauberspiegel vorgehalten; (S. 248)

heißt es in einem Gedicht, das beiden gelten könnte (möglicherweise hat sie es erst für Schücking geschrieben und dann Elise umgewidmet).[27] Am vollkommensten ist ihr die Balance von Leben und Tod, aufsteigendem und niedersinkendem Leben in dem für Levin bestimmten Gedicht »Die Schenke am See« gelungen:

> Sieh' drunten auf dem See im Abendroth
> Die Taucherente hin und wieder schlüpfend;
> Nun sinkt sie nieder wie des Netzes Loth,
> Nun wieder aufwärts mit den Wellen hüpfend;
> Seltsames Spiel, recht wie ein Lebenslauf!
> Wir beide schaun gespannten Blickes nieder;
> Du flüsterst lächelnd: immer kömmt sie auf –
> Und ich, ich denke, immer sinkt sie wieder![28]

Was für ein elegischer Verjüngungszauber! Was hier Sterben müssen ist, wird in einem Gedicht an Elise zum Lebensopfer: die Sprecherin vergleicht sich dem mythischen

Pelikan, der die Nachkommen mit dem eigenen Blute nährt:

> Zu alt zur Zwillingsschwester, möchte ich
> Mein Töchterchen dich nennen, meinen Sprossen,
> Mir ist, als ob mein fliehend Leben sich,
> Mein rinnend Blut in deine Brust ergossen. (249)

Wenn das Herz seine Gründe hat, die die Vernunft nicht einholen kann, so gilt das auch für den Körper: die Zärtlichkeit, die wir für Junges, Kleines, Kindliches empfinden, ist uns zu seinem Schutz von der Natur eingepflanzt. Und klein ist lieb. Elise Rüdiger war nach allen Zeugnissen klein und lieb, eine Person im Diminutiv, äußerlich und innerlich, nicht schön, aber niedlich, lieb, schutzbedürftig: ein »Körperchen«, ein »kleines Frauchen«, ein »Herzchen«, ein »Gesichtchen«, Elischen, Lies. Und ein Köpfchen: sie hat einen klaren Verstand und Vernunft, aber beide leben gleichsam auf zu beschränktem Raum. In einem Brief an Sibylla Mertens, in dem sie die vielleicht genaueste »Begründung« ihrer Zuneigung gibt, schreibt die Droste von ihrer »kleinen Rüdiger«: »Ihr Gemüt ist so frisch, so was die Franzosen *novice* nennen, daß ich weiß, ihre Begeisterung wird mir alles wieder verjüngen, was mir alltäglich geworden ist. Und wenn auch nicht, es ist ein so dankbares Geschäft, einem Freude zu machen, der es versteht, sich an jedem Blatte zu freuen«. (II,197).

Daß Elise die Droste – wie schon in ihrer Kindheit Rahel Varnhagen – zur Geberin machte, ihr Herz erwärmte, ihr Zärtlichkeit einflößte, ist vielleicht ihr größtes Geschenk an die Freundin, deren Briefgaben auf den Geschmack Elises berechnet, also schicklich und poetisch sind: »Gute Nacht, mein lieb Kind, – ich hoffe Sie träumen [. . .] von Lichterglanz, und schöner schöner Musik, weit schöner wie sie mit Holz und Pferdehaaren hervor zu bringen ist.« (22. Nov. 42, S. 64) Für sie zeichnet sie die romantischsten Schweizer

Landschaften und die hübschen reinlichen Schweizerinnen des Säntis, beschreibt sie in liebevoller Ausführlichkeit das Fürstenhäuschen, macht sie das Rüschhaus zum Reich der Poesie und des Märchens, verwandelt sie sich selbst zum Kind. Bei Elise sieht sie ausnahmsweise einmal nicht schwarz und malt ihr die Zukunft in Minden in hoffnungsvollen Farben. Sie ermuntert sie in ihren literarischen Bestrebungen (literarischen Essays, Rezensionen, Erzählungen) und lobt, so gut sie kann – auch wenn sie schnell gemerkt hat, daß »ihr Talent sich nicht so entwickelt, wie ich es erwartete, und vielmehr sie gleich anfangs die Grenzen ihrer Leistungen scheint erreicht zu haben, was aber immer schon ganz hinlänglich ist, ihr eine angenehme Stellung zu sichern« (II,72). An Elise gehen ihre letzten Freundesbriefe (danach sind nur noch zwei Briefe an die Mutter erhalten), die sie schon auf den Tod krank, nur noch unter den größten Mühen schreiben konnte. Gerade noch »2–3 Zeilen am Tag« schafft sie in ihrem letzten Brief, in dem sie für sich die Korrespondenz aufkündigen muß und dann und wann ein paar Worte Elises erbittet: »Ich lebe noch, und habe Sie sehr lieb« (7. Aug. 1847, S. 215).

Elise lebte bis zum 31. Januar 1899. – Nach dem Tod ihres Mannes (1862) nahm sie ihren Mädchennamen wieder an und zog mit ihrer Nichte, die sie zu sich genommen hatte, nach Berlin, wo sie einen Salon führte und schriftstellerte, vor allem im Genre der romantisch eingekleideten Kultur- Sitten- Mode-Geschichte. Sie blieb »novice«: in der naiven Eitelkeit, mit der sie sich für sich und ihre literarischen Arbeiten begeisterte und beides bei jeder meist unpassenden Gelegenheit anpries (»Wie alle warmherzigen und selbstlosen Menschen wurde Frau von Weldern leicht zu überschwänglich in ihren Lobsprüchen«)[29] mit ihrer immer hemmungsloser werdenden Verehrung für die Poesie des Adels, die so seltsame Blüten trieb wie ihre Verse für die Kaiserin Augusta Viktoria (»Kaiser Wilhelms Lieblingsblume / Leuchtet in des Himmels Blau – / So wie diese sanfte Farbe /

Strahlt dein Auge, hohe Frau![30]); in ihrem unerschütterlichen Glauben an das Gesetz des »Guten Tons«, das auch über den Salonkonversationen ihrer Novellen herrscht:

»Merkwürdig ist mir immer gewesen, daß die originellen und geistreichen Frauen fast niemals tanzen« sagte Aurelie. »Ich suche jetzt diesen Umstand stets zu ermitteln, wenn ich die Bekanntschaft einer solchen mache, und irre mich fast nie in der Voraussetzung.«

»Nenne doch ein Beispiel, welches diese neue Entdekkung bestätigen könnte«, rief Frau von Weldern lachend.

...

»Berühmte Frauen findet man am leichtesten in Frankreich. Die Maintenon hat nie getanzt, ebenso wenig die Stael. Auch die Sand versichert in ihrer Liebesgeschichte, daß alle geselligen Vergnügungen sie nur traurig gemacht hätten.«

»Ich muß mich doch der deutschen Frauen annehmen, da sie alle Berühmtheiten in Frankreich nennen. Als bestes Beispiel müßten Sie doch gerade eine deutsche Dichterin anführen, die Sie, so viel ich weiß, noch persönlich gekannt haben, Frau von Weldern.«

»Ah, Sie meinen Annette von Droste-Hülshoff? Ja, die hat wahrlich nie in einem Ballsaal Genuß gefunden. Aber neben der Stael und der Sand ist sie doch kaum zu nennen.«

»Wir sprachen zunächst nur von äußerlichen Dingen, aber in intellektueller Hinsicht stelle ich sie kühn neben beide; sie steht sogar höher, denn ihr Genius hatte Gewalt über die Sprache der Poesie, die jenen beiden versagt war. Ich beneide sie um den Vorzug, sie gekannt zu haben; in ihr hätte ich gewiß das Ideal gefunden, welches ich mir von der Weiblichkeit gebildet habe.«[31]

Emma Vely erzählt von ihrem Besuch bei der 85jährigen Elise:

»Ich fand in Frau von Hohenhausen eine zierliche Dame in

vornehmer Haltung, die vielleicht stets mehr anmutig als schön gewesen. Sie sprach ein reines, leise ans Hannoversche anklingende Deutsch. War sehr verbindlich, streute liebenswürdige Worte aus [...] Frau von Hohenhausen hatte den ganzen Gothaischen Kalender im Kopfe, und sie beschrieb die Hofbälle als geschickte Chronistin für die Zeitungen und gedachte auch vielfach mancher neuauftauchenden Erscheinung auf literarischem Boden. Eine förderrnde, neidlose Güte lag in ihr [...]

Elise von Hohenhausen wurde alt, aber sie blieb geistig rege. Konnte sie selber nicht mehr empfangen, saß sie im grauseidenen Kleide mit weißen Blonedenhäubchen im Nebenzimmer, Halbhandschuh an den Fingern, kerzengerade und sehr ehrwürdig in der Erscheinung. Und wen sie sprechen wollte, den führte ihre Nichte zu ihr.

Sie erschien ganz frisch, ihr Gedächtnis war gut, und sie mühte sich, liebenswürdige Dinge zu sagen. Der Hauch eines ancien regime, das ja jede Zeit aufzuweisen hat, umwehte sie aus der ihrigen.«[32]

Dreieck 2 (Epilog)

Am 15. Dezember 1869 schickt Elise Rüdiger (von Hohenhausen) ein Exemplar ihres Werks »Berühmte Liebespaare« an Levin Schücking und bittet ihn um eine günstige Rezension. Sie sei in einer sehr prekären Lage, weil ihr Schwager Bankrott gemacht habe, sie mit Forderungen belagere und möglicherweise sogar die Tochter zurückverlangen würde, wenn sie ihn in Geldnot ließe. »Es ist also ein Minotaurus, der sein taegliches Opfer von mir verlangt und ich füttere ihn mit Liebespaaren und Schönen Geistern und Schönen Seelen.«[33] Gegen Ende hat sie sie noch eine Zusatzbitte: »Lassen Sie doch in Ihre Kritik der Liebespaare einfließen, daß ich bereits oft und das Beste – außer Ihnen – über die Droste geschrieben haette.«[34]

Nach dem Tod der Annette von Droste-Hülshoff haben beide, Schücking und Elise Rüdiger, viel Wert darauf gelegt, sich öffentlich mit ihrem Namen zu verbinden. Schükking wirkte als Herausgeber ihrer Schriften, schrieb Artikel und Rezensionen (über nachgelassene Werke), räumte ihr viele Seiten in seinen Erinnerungen ein und verfaßte ein liebe- und pietätvolles, sanft verklärtes »Lebensbild« (Hannover 1862), in dem von dem häßlichen Ende ihrer Freundschaft nichts zu ahnen ist. Daß die Kränkung durch das gnädige Reichsfräulein weiter schmerzte, zeigt sein Roman »Die Heiligen und die Ritter« (Hannover 1873), in dem er sich noch einmal mit ihr literarisch auseinandergesetzt hat, nun auf reifere, versöhnlichere Art. Einer von mehreren Erzählsträngen bildet die Geschichte von Gerwin und Ludmilla, die um den Konflikt Autonomie und Gehorsam kreist. Gerwin, ein junger katholischer Priester, will aus Gewissensgründen einen Befehl der kirchlichen Obrigkeit verweigern und setzt sich damit der Bestrafung und Amtsenthebung aus. Mit allen Mitteln ihres scharfen Verstandes versucht das mit ihm befreundete altadlige Fräulein Ludmilla von Uchtenberg (ein poetisches Annette-Portrait), ihn von seinem Vorhaben abzubringen, ihn zu Gehorsam, Demut und Selbstverleugnung zu mahnen, vielleicht nicht einmal aus innerster Überzeugung – »ihr kam Alles auf die persönliche Seite an [. . .] wie sie wollte, daß er es betrachte« (I,120). Als er nicht nachgibt, droht sie mit Aufkündigung der Freundschaft. Ob sie denn innerlich so gebunden und unfrei sei, daß sie den abtrünnigen Priester beurteilen würde wie der große Haufe, und sie: »Nehmen Sie immerhin an, ich sei so gebunden und unfrei, zu glauben, daß die Welt einer in feste Formen ausgebildeten Religion bedarf, daß feste Formen nicht aufrecht bleiben können ohne Gesetze und daß der Gehorsam gegen diese Gesetze eine Pflicht ist, von der uns nichts, was auch immer es sei, loslösen darf.« (II,333) Es kommt auch wirklich zur Trennung, doch am Ende siegt die Liebe, und aus beiden wird ein Paar.

Ludmilla findet den Mut, sich auch öffentlich zu Gerwin zu bekennen und in eine (nicht standesgemäße) Ehe mit ihm einzuwilligen. Selbst die mürrische Zustimmung von Ludmillas engherziger gemütloser Mutter, einem Zerrbild der Therese von Droste-Hülshoff, wird gewonnen. Kein Muttermord also, wie in den »Ritterbürtigen«, sondern eine Unterwerfung in Liebe.

Im »Morgenblatt für gebildete Leser« vom 10.–12. Juli 1848 veröffentlicht Elise Rüdiger ihren ersten biographischen Gedenkartikel für Annette von Droste-Hülshoff, oder besser, *den* Gedenkartikel, den sie Jahrzehnte lang variierte, weiterphantasierte, mit neuem Stoff anreicherte. Sein Herzstück ist die Einführung ins Zauberreich der Poesie: »Dem Besucher ward es ganz feierlich zu Sinn, wenn er über die Zugbrücke durch den stillen Garten schritt, wo bemooste Statuen im Grünen Wache hielten, die Blumen und Stauden sich an die leeren weißen Bänke schmiegten und nur aus den Baumzweigen sorglose Laute an sein Ohr schlugen.«[35] Oder: »Dem Besucher ward immer ganz feierlich zu Sinn, wenn er sich der Wohnung der Dichterin nahte; es war als wenn man ein verzaubertes Land betrete, wo die leblose Umgebung, die ihre alltägliche Gesellschaft ausmacht, von ihr durchgeistigt wäre.«[36] Die Literaturwissenschaftler haben Elise ihrer romantisierenden Schilderungen wegen hart getadelt, doch ohne darauf hinzuweisen (zu bemerken), daß die Droste an dieser kindlichen Fiktion mitgewirkt hatte: sie ist gleichsam auch das Herzstück ihrer Beziehung. (». . . wie nüchtern mir Münster ohne Sie vorkömmt, – und Rüschhaus auch – das ist dann Alles nichts mehr, und das einfältige Abendroth braucht gar nicht mehr durch die Eichen zu scheinen, wenn Sie es nicht mitsehn können.« [An Elise Rüdiger, 17. Juni 45, S. 142])

Hätte Elise eine andere Geschichte erzählen können, eine z. B., in der sie an der drückenden Überlegenheit der Freundin leidet, auf sie und auf Schücking eifersüchtig ist, sich an ihrer Originalität und Unkonventionalität stößt? Alles, was sie gegen die Droste auf dem Herzen gehabt haben mag, hat sie zu Gesetzesverstößen gegen den guten Ton verschoben, der Weiblichkeit, ein angenehmes Äußeres, gut gewählte Kleidung verlangt. Ihre Aggressionen werden mit dem »Fortschreiben« des Gedenkartikels merklicher, arbeiten sich gleichsam ans Licht. Als Frau nicht liebesfähig – und nicht liebenswürdig, lautet ihr Verdikt. Sie nennt die Droste »undinenhaft kalt«, sieht sie als »Sternenjungfrau, ein Wesen, das nach dem Volksglauben nicht lieben und sich nicht lieben lassen mag«[37]. Kinder sind Fremde: im Fazit des folgenden Roßhändler-Portraits wird deutlich, welcher Abgrund Elise Rüdiger von ihrer mütterlichen Freundin trennte: »Die kleine zierliche Gestalt vom feinsten Knochengerüst war gebeugt und neigte zum Fettwerden. Der Kopf mit hoher Stirn war zu groß für den kleinen Körper, sogar die schönen großen Augen entstellten eigentlich ihr Gesicht, weil sie sehr hervortraten und übersichtig waren [...] Die Nase hatte zwar einen feinen edlen Schnitt, aber doch die schiefe Richtung, die den Zügen den Ausdruck der Klugheit verleiht und bei dummen Leuten für häßlich gilt. Nur Mund und Zähne, Hände und Füße waren von wirklich tadelloser Form. Eine große Schönheit besaß sie aber in ihrem prachtvollen Blondhaar, das wie ein goldener Mantel, einer Lorelei würdig, sie umwallte, wenn sie es an den Flechten löste. Aber auch das gereichte ihr nicht zur Zierde, weil sie es nicht vortheilhaft zu tragen verstand, wie sie überhaupt kein Geschick besaß, sich durch den Anzug zu verschönern. Die ernste Muse war keine heitere Grazie! Es fehlte ihr ebenso an Neigung wie an Befähigung für die große Welt.«[38]

Anmerkungen

Die Briefe der Droste werden mit Band und Seitenzahl zitiert nach der Ausgabe von Karl Schulte-Kemminghausen. 2 Bde., Jena 1844.

1 Viktor Aschoff, Drei Vorschläge für nichtelektrisches Fernsprechen aus der Wende vom 18. zum 19. Jahrhundert. München 1981. Deutsches Museum. Abhandlungen und Berichte. 49. Jg. Heft 3, S. 10

2 ebda., S. 24

3 Cornelius Schröter, Die Briefe Christoph Bernhard Schlüters an Professor Braun über Annette von Droste-Hülshoff. In: Jahrbuch der Droste-Gesellschaft Bd. II (1948/50), S. 148–166; S. 162

4 ebda., S. 156

5 Elise von Hohenhausen [Elise Rüdiger], Annette von Droste Hülshoff. In: Morgenblatt für gebildete Leser. Stuttgart/Tübingen. Nr. 164–166 (10.–12. Juli 1848). Zitiert nach dem Abdruck in: Winfried Woesler, Modellfall der Rezeptionsforschung. Droste-Rezeption im 19. Jahrhundert. Frankfurt. Bern. Cirencester/UK. 1980, Bd. I,1, S. 113

6 ebda.

7 Immanuel Kant, Werke in zehn Bänden. Hrsg. von Wilhelm Weischedel. Darmstadt (Wiss. Buchgesellschaft) 1983. Bd. 9, S. 53

8 Gedichte von Annette Freiin von Droste-Hülshoff. Stuttgart und Tübingen 1844, S. 194

9 Hannover, den 19. Sept. 1820. H: UB Bonn

10 ohne Datum. H: UB Bonn.

11 Ossip Mandelstamm, Andrej Belys »Aufzeichnungen eines Sonderlings«. In: Gesammelte Essays. Zürich 1991. Bd. 1, S. 206

12 Zit. von Eduard Arnes, Neue Zeugnisse über Annette-Droste-Hülshoff. In: Die westfälische Heimat. Dortmund. Jg. 15 (1933), H. 3/4, S. 44–46; S. 45

13 Zit. von Ottmar Scheiwiller, Annete von Droste-Hülshoff in der Schweiz. Einsiedeln (Schweiz) – Waldshut (Baden) – Köln a. Rh. – Straßburg i. Els. 1926, S. 27. Die Droste war damals in Bonn bei Verwandten zu Besuch. Die Passage lautet: »Und wegen Nette ihrer Reise mit der Mertens. Diese ist wirklich im Werke gewesen, und es lag nur an meiner Einwilligung. Aber sage selbst, liebste Söphchen, konnte ich die geben? Erstens kann Nette ohne Vormund und Geschäftsführer gar nicht in der Welt bestehen. Dies ist hier Jenny, in Bonn war es Pauline. Die Mertens stelle Dir nun gerade so für, nur noch um ein Nötchen schlimmer, da sie körperlich und geistig krank (quasie halb verrückt) war. Diese beiden dusseligen Prinzessinnen wollten und sollten nun, auf ihre eigene Hand, wie paar Meteore in der Welt, im südlichen Frankreich, in der Schweiz umherziehen. Dies war Herrn Mertens Plan, der nicht halb, sondern ganz verrückt ist. Dabei sollte Nette noch die Hälfte der Reisekosten stehen, denn darum war es Mertens recht zu tun; der Geizhals wollte keine Gesellschafterin für seine Frau bezahlen, da sollte Nette die Last und die Sorge aufnehmen und ihre Gesundheit und ihr Geld zugleich aufopfern. Sie war selbst sehr angst und besorgt dabei, und ich war recht böse, betrieb auch mit Gewalt ihre Zurückkunft« ...

14 Abgedruckt in: Woesler, Droste-Rezeption (Siehe Anm. 5), Bd. I,1, S. 103

15 W. Ochsenbein, Die Aufnahme Lord Byrons in Deutschland und sein Einfluß auf den jungen Heine. Bern 1905, S. 10

16 Fritz Hackenberg, Elise von Hohenhausen. Eine Vorkämpferin

und Übersetzerin englischer und nordamerikanischer Dichtungen. Phil. Diss. Münster 1913, S. 41

17 ebda.

18 Elise von Hohenhausen (E. Rüdiger), Memoiren. In: Auf der Höhe. Internationale Revue, gegr. von L. Sacher-Masoch. Leipzig, Wien 1882/83. Jg. 2. Bd. IV. S. 524

19 ebda., S. 517

20 Levin Schücking, Lebenserinnerungen. Breslau 1886, S. 108

21 Münster, den 14. 1. 1841. H: GSA Weimar

22 Münster, den 12. 11. 1840. H: GSA Weimar

23 An Freiligrath, am 19. März 1843. Zit. von Karl Schulte-Kemminghausen in: Zum Liebesleben der Annette von Droste-Hülshoff. In: Die Heimat. Dortmund. Jg. 8 (1926). Nr. 4, S. 99–103; S. 103

24 Münster, Frühjahr 1841. In: Briefe von Annette von Droste-Hülshoff und Levin Schücking. Hrsg. von Reinhold Conrad Muschler. 3. Auflage. Leipzig 1828, S. 25

25 St. Goar, 24. Juni 1842. Zit. von Lorenz Völlmecke, Annette von Droste-Hülshoff in ihrem Verhältnis zu Ferdinand Freiligrath. Phil. Diss. Köln 1924, S. 15

26 Levin Schücking, Die Ritterbürtigen. Nach der ersten Auflage neu herausgegeben von Julius Lothar Schücking. Münster 1927, S. 247f.

27 Clemens Heselhaus, »O frage nicht ...« An Levin Schücking oder an Elise Rüdiger? In: Jahrbuch der Droste-Gesellschaft 1948/50 (siehe Anm. 3), S. 327–330

28 Gedichte 1844 (siehe Anm. 8), S. 90

29 Elise von Hohenhausen (E. Rüdiger), Der Arzt des Herzens. In: Der Roman des Lebens. Neue Novellen aus der höheren Gesellschaftsschicht. 2 Bde. Leipzig 1876, S. 32

30 zit. in: Annelinde Esche, Elise Rüdiger geb. von Hohenhausen. Ein Bild ihres Lebens und Schaffens. Phil. Diss. Münster. Emsdetten 1939, S. 47

31 Der Arzt des Herzens (siehe Anm. 29), S. 27–29

32 Zit. von Markus Hänsel, Die Frauen der Hohenhausen. In: Der Eisenbahner-Genealoge. Mitteilungen der Gruppe Familien- und Wappenkunde. Frankfurt 1984, S. 510

33 Zit. bei Annelinde Esche (siehe Anm. 29), S. 64

34 ebda; S. 65

35 Siehe Anm. 5, S. 112

36 Elise von Hohenhausen (E. Rüdiger), Annette Elisabeth Freiin von Droste-Hülshoff. In: Illustrirtes Familienblatt zur Unterhaltung & Belehrung häuslicher Kreise. Triest, Bd. 4 (1854). S. 87–91. In: Woesler, Droste-Rezeption (siehe Anm. 5). S. 180

37 ebda., S. 177

38 Elise von Hohenhausen (E. Rüdiger), Ein Bauernhaus der rothen Erde und ein Schloß am Schwabenmeer. – In: Die Gartenlaube. Leipzig. Jg. 16 (1868), Nr. 43, S. 683. Auch in: Woesler, Droste-Rezeption (siehe Anm. 5), S. 360

Namen- und Werkverzeichnis

Namentlich nicht genannte Personen erscheinen unter den in den Briefen verwendeten Bezeichnungen. Die literarischen Werke stehen jeweils unter dem Namen des Verfassers; geht der Name nicht aus dem Kontext hervor, wird der Titel in der Formulierung der Droste alphabetisch eingeordnet. Werke und Figuren aus Werken sind durch ein * gekennzeichnet.

Die literarischen Beziehungen der Droste sind detailliert dargestellt in: Bernd Kortländer, Annette von Droste-Hülshoff und die deutsche Literatur. Münster 1979. – Zur Rezeptionsgeschichte vgl.: Modellfall der Rezeptionsforschung, Droste-Rezeption im 19. Jahrhundert, Hrsg. von Winfried Woesler, 2 Bde., Frankfurt, Bern, Cirenscester/UK 1980.

chen weltberühmt wurde. Von 1835 bis zu seinem Tode entstanden über 150 Erzählungen. Am 23. Dezember 1845 saß Elise Rüdiger zufällig neben ihm im Theater (vgl. S. 246). Andersen berichtet darüber in seinem Tagebuch: »Hinter mir saß ein Ehepaar. Die junge Ehefrau ließ sich in ein Gespräch mit mir ein und fragte mich, ob ich Jenny Linds Landsmann sei. Ich sagte, daß ich Däne sei. – ›Kennen Sie dann Ihren berühmten Landsmann Andersen?‹ – ›Ja, ein wenig!‹ erwiderte ich [...] ›ich liebe seinen Roman ›Nur ein Geiger‹ und das ›Bilderbuch‹ sehr.‹ – ›Ja, Sie kennen sicher sein Porträt?‹ – ›Nein!‹ – Ich fühlte, wie ich blutrot wurde. – ›Herrgott‹, sagte sie, ›das sind Sie doch wohl nicht selbst?!‹ – Ich sagte ja, und sie pries ihr Glück usw. – Sie war eine Tochter der Dichterin Elise von Hohenhausen in Kassel.« (Aus Andersens Tagebüchern. Hrsg. von Heinz Barüske. 2 Bde. Frankfurt 1980, II, 447.) 188, 246.

* Andersens Reisen: Eines Dichters Bazar. Leipzig und Braunschweig 1843. (En Digters Bazar. 1842/43.) 187.

Anna; Dienstmädchen im Rüschhaus. 202.

Annchen: siehe Junkmann, Anna.

Anneke, Mathilde Franziska, geb. Giesler, gesch. Tabouillot (3. 4. 1817 Levringhausen/Blankenstein – 25. 11. 1884 Milwaukee/USA); Schriftstellerin. Mit 19 Jahren heiratete sie den Mülheimer Weinhändler Alfred von Tabouillot, trennte sich aber schon bald von ihm. 1843 wurde die Ehe geschiehen. Seit 1840 lebte sie in Münster und versuchte, sich als Schriftstellerin und durch die Herausgabe von Almanachen finanziell über Wasser zu halten. Der erste (»Heimatgruß«) war von Schücking angeregt worden. Zu ihrer Anthologie »Producte der Rothen Erde« (1846) steuerte die Droste drei Gedichte bei, ging aber einer näheren Bekanntschaft aus dem Wege, weil sie die Kosten fürch-

tete: »ich bin gewiß, die T. würde mich ganz aussaugen an Beutel, Geist und Körper. Sie ist nämlich blutarm und muß sich und ihr Kind allein mit Schriftstellern ernähren, kann nichts anderes, hat keine Kenntnisse zum Unterrichtgeben und kein Geschick zum Arbeiten und macht ganz wässerige miserable Gedichte, die niemand umsonst brauchen kann.« (An Jenny, 20. 12. 1844.) – Die Erniedrigungen, die die geschiedene, mittellose Frau erfuhr, weckten ihren Widerstandsgeist: noch 1843 hatte sie ein »Gebet- und Erbauungsbuch für die gebildete christkatholische Frauenwelt« herausgegeben, vier Jahre später veröffentlichte sie eine Schrift über »Das Weib im Konflikt mit den sozialen Verhältnissen«. 1847 heiratete sie den Sozialisten Fritz Anneke, wurde seine Mitarbeiterin und Mitkämpferin während der revolutionären Unruhen von 1848 und im badisch-pfälzischen Aufstand von 1849 und floh mit ihm nach Wisconsin (USA), wo sie von 1852–54 die »Deutsche Frauenzeitschrift« herausgab. 1865 eröffnete sie in Milwaukee eine Mädchenschule. (Vgl.: Wilhelm Schulte, Mathilde Franziska Anneke. In: Westfälische Lebensbilder. Bd. 8. Münster 1959. S. 120–138; Maria Wagner (Hrsg.), Mathilde Franziska Anneke in Selbstzeugnissen und Dokumenten. Frankfurt 1980; Winfried Woesler, Mathilde Franziska von Tabouillot in Münster. Zur Herausgabe der »Producte der Rothen Erde«. In: Als Westfalen lesen lernte [. . .] Paderborn 1990.) 130, 136, 155.
* Hrsg.: Producte der Rothen Erde. Münster 1846. 136.

Apollo; in der griechischen Mythologie Gott der Dichtkunst, der Sonne, des Todes. 37.

Armin, Bettine von, geb. Brentano (4. 4. 1785 Frankfurt/Main – 20. 1. 1859 Berlin). Die Schwester des Clemens Brentano und Enkelin von Sophie von La Roche war durch ihre biographische Dichtung »Goethes Briefwechsel mit einem Kinde« (1835) zu einem Idol der Jungdeutschen geworden, aber sie fand auch in christlich-konservativ gesinnten Kreisen Bewunderer (zu denen auch der Droste-Freund Schlüter zählte). 166, 167, 246.

Arnswaldt, Anna von, geb. von Haxthausen (6. 1. 1801 Bökendorf – 1. 10. 1877 Hannover), Tante der Droste, seit 1830 verheiratet mit dem hannoveranischen Legationsrat August von Arnswaldt (1798–1855). 74, 186.

Arzt in der Schweiz: vielleicht Hermann von Liebenau.

Arzt (Brunnenarzt) von Überlingen: siehe Hergt.

Ärzte in Meersburg: siehe Kraus und Scheppe.

Assessor: vielleicht Hermann von Mallinkrodt oder Georg Anton Julius Hartmann.

Baden, Karl Leopold Friedrich I., Großherzog von (29. 8. 1790 Karlsruhe – 24. 4. 1852 ebda.). Er regierte seit 1830. 90.

Bacheracht, Therese von, geb. von Struve (Pseudonyme Charlotte von Lützow und Therese) (4. 7. 1804 Stuttgart – 16. 9. 1852 Cilacap/Java); Schriftstellerin. Die Tochter des russischen Gesandten von Struve, seit 1825 verheiratet mit dem russischen Generalkonsul von Bacheracht in Hamburg, schrieb Gesellschaftsromane, Novellen, Reiseberichte. Eine Zeitlang war sie mit Karl Gutzkow eng befreundet. Nach der Scheidung von Struve heiratete sie 1849 den niederländischen Obersten von Lützow, den sie nach Java begleitete. 148.
* Falkenberg. Braunschweig 1843 (Roman). 148–150.

Baedeker, Julius Theodor (8. 12. 1814 Witten – 26. 3. 1880 Koblenz); Verlagsbuchhändler. Bei ihm erschien das Jahrbuch »Vom Rhein«, in dem Schücking seine Charakteristik der Annette von Droste-Hülshoff veröffentlichte. 209.

Bartscher, Ferdinand (14. 6. 1814 Rietberg – 1885); Geistlicher. Als junger Mann war er Hauslehrer von Werner von Haxthausens Tochter Maria, später wurde er Domkapitular in Paderborn. 29.

Bauer, Ludwig Amandus (15. 10. 1803 Orendelsall bei Öhringen/Württemberg – 22. 5. 1846 Stuttgart); Pfarrer, Gymnasialprofessor, Schriftsteller. 56.

Beckmann, Modesta, geb. Schücking (1797–1851), Tante Levin Schückings. 100.

Beda: siehe Weber, Beda.

Bellani, H. E. R.: Pseudonym für Häberlin, Karl Ludwig.

Bentheim-Tecklenburg, Moritz Casimir Graf von (4. 3. 1795–5. 12. 1872). 170.
* »Hessen-Treue«. In: Rheinisches Taschenbuch auf das Jahr 1846. S. 191. 170.

Besser, Assessor; ein mit Schücking befreundeter Jurist, zeitweise in Münster. Er nahm manchmal am Sonntagskränzchen der Elise Rüdiger teil. 20.

Bettina: siehe Armin, Bettine von.

* bezauberte Rose: siehe bei Schulze.

Birch-Pfeiffer, Charlotte, geb. Pfeiffer (23. 3. 1800 Stuttgart – 24. 8. 1868 Berlin); Schauspielerin, Theaterleiterin, Schriftstellerin. Schon mit 13 Jahren ging sie zum Münchner Hoftheater und wurde zur erfolgreichen Darstellerin.

1825 heiratete sie Christian Birch aus Kopenhagen. Von 1837–43 leitete sie das Zürcher Theater, seit 1844 war sie am königlichen Theater zu Berlin engagiert. Sie verfaßte zahlreiche, meist nach Romanen bearbeitete Bühnenstücke, die viel gespielt wurden; außerdem Romane und Novellen. 121.

Bischöfe von Konstanz: sie residierten seit der Reformationszeit bis 1800 in Meersburg (siehe auch Fugger und Rodt). 90.

Bismarck, Florine Henriette von, geb. Derling (1785 Magdeburg – 28. 4. 1855 Leipzig), eine Tante der Luise von Bornstedt. Sie kam 1839 nach Münster und reiste mit der Nichte an den Rhein, den Bodensee und in die Schweiz. 18, 75.

Boas, Eduard (18. 1. 1815 Landsberg a. d. Warte – 29. 6. 1853 ebda.); Kaufmann, Schriftsteller. Nach ausgedehnten Reisen lebte er in Dresden, Berlin, Weimar. Für die Literaturwissenschaft sind seine zahlreichen literarhistorischen Arbeiten (u. a. zu Schiller und Goethe) von Bedeutung. Am 9. 2. 45 schrieb er der Droste, er habe sie um einen Beitrag zu einem geplanten Album (»Die Stammverwandten«) bitten wollen, erfahre aber nun von Schücking, daß dieser noch ein »treffliches Manuscript von Ihnen besitzt, welches Sie ihm für den Musenalmanach, den er mit Emanuel Geibel herausgeben wollte, anvertraut haben«. Schücking sei aber bereit, ihm den Beitrag der Droste zu überlassen. Er bitte sie um ihre Genehmigung zum Abdruck. Am 5. 3. 45 erkundigte sich die Droste bei Schücking nach Boas; sie befürchtete, daß die Herausgabe des Albums lange auf sich warten lassen würde und daß sie schon anderswo abgedruckte Texte für eine Neuauflage ihrer Gedichte bei Cotta nicht mehr verwenden dürfe. Schücking ging auf diese Bedenken nicht ein und übergab Boas das Manuskript des Gedichtes »Gemüt«, das, weil aus dem Projekt der »Stammverwandten« tatsächlich nichts wurde, schließlich in den »Charitinnen« erschien (hrsg. von Waldemar Nürnberger. Landsberg a. d. Warthe 1847). (Vgl. dazu: Bernd Kortländer, Zeitschriftenherausgeber an die Droste. In: Kleine Beiträge zur Droste-Forschung. 1972/73. S. 100–118.) 137.

Bocarmé, Gräfin, Paris. »1845 folgte sie [Louise von Bornstedt] einer Einladung der Gräfin Bocarmé (der Mutter des durch die Abwendung des Nicotin so bekannten Giftmischers) nach Paris.« (David Heinrich Rosenthal, Konvertitenbilder des 19. Jahrhunderts. 1 Bd., 2. Abt. Regensburg 1852. S. 30.) 220.

Bodelschwingh-Plettenberg, Ludwig Karl (16. 2. 1800 Hamm – 10. 5. 1873 Berlin). Am 27. 5. 1845 wurde er Regierungs-Vizepräsident in Münster, als Nachfolger des nach Erfurt versetzten Du Vignau. 142.

Bönninghausen, Clemens Maria Franz von (12. 3. 1785 Herinckhave b. Overyssel – 26. 1. 1864 Münster); Regierungsbeamter, Agronom, Botaniker, Homöopath. Der Cousin der Droste, zeitweilig Generalkommissar des Katasters für die Provinzen Westfalen und Rheinland (und 1819 Vorsitzender der Untersuchungskommission, die die stigmatisierte Nonne Katharina Emmerich zur Betrügerin erklärte), war seit 1828 ein Anhänger der Homöopathie, der er sich nach der Entlassung aus dem Staatsdienst ganz verschrieb. 1843 wurde ihm nach vielen Widerständen die Erlaubnis zur ungehinderten Praxis erteilt. Er veröffentlichte zahlreiche Schriften zur Homöopathie und Botanik. Die Droste war seit 1829 seine Patientin. (Vgl.: Friedrich Kottwitz, Clemens Maria Franz von Bönninghausen (1785–1864). Diss. Berlin 1983.) 191, 193.
– Maria Amalia von, geb. von Hamm (12. 10. 1797 Coesfeld – 7. 4. 1850 Münster), seine zweite Frau. 193.

Bornstedt, Louise von (11. 12. 1806 Teltow – 3. 9. 1870 Potsdam); Schriftstellerin. »Einer der wunderlichsten Frauencharaktere, der mir je vorgekommen ist. Ein wirkliches lyrisches Naturell, Gemüt und aufrichtiger Enthusiasmus vereinigte sich in ihr mit Schlauheit, Komödiantentum und einem Geist der Intrige, der alles gegeneinander zu hetzen liebte. Sie war der Hecht in unserm Karpfenteich; später im Leben ist sie Karl Gutzkow begegnet, und der hat ihre Züge zum Charakter seiner Lucinde in dem Zauberer von Rom entlehnt.« (Schücking, Lebenserinnerungen. Bd. I, S. 108.) Die durch den Tod des Vaters (1832), eines preußischen Offiziers, in finanzielle Bedrängnis geratene Louise von Bornstedt kam 1836 mit ihrer Mutter Julie Caroline, geb. Derling, nach Münster. Beide waren zum Katholizismus konvertiert und hofften auf Hilfe der Gräfin Stolberg, die Louise Sprachschüler(innen) vermittelte. Mit der Droste traf sie zuerst bei Schlüters zusammen. 1839 machte sie mit ihrer Tante (von Bismarck) eine Reise in die Schweiz und besuchte unterwegs Laßbergs in Meersburg. Ein Reisebericht (vermutlich aus Ausschnitten von Reisebriefen an Elise Rüdiger) erschien im »Damen-Almanach« (Wesel 1841). Die Verlobung mit einem »Schweizermann« aus Luzern, einem dubiosen Grafen von Seigliere, bestand wohl nur in ihrer Phantasie. 1842 verließ sie Münster. Nach vielen Irrfahrten kam sie 1854 nach Dresden, wo sie »in innigen Verkehr« mit Karl Gutzkow trat. Ihre poetischen Werke sind mehr schlecht als recht. Sie debütierte mit dem Lyrikband »Pilgerklänge einer Heimathlosen« (Berlin 1836) und veröffentlichte Bearbeitungen von Legenden, die Plagiaten nahe kommen. (Vgl.: Willi Heinz Velthaus, Louise von Bornstedt. Ein Frauenbild aus dem Kreise der Annette von Droste-Hülshoff. Diss. Münster 1917.) 13, 15, 16, 18, 20, 26, 27, 30, 32, 34, 40, 42, 43, 47–49, 62, 63, 66, 72, 74, 75, 89, 112, 113, 118, 180, 190, 220, 222, 224, 238.

* Legende von der Gnadenreichen Lebensführung und dem glorreichen Martertode der h. Jungfrau und Märty-

ten von Annette von Drostes Tante Pauline von Droste-Hülshoff. 229.

Bruchhausen: siehe Brockhausen.

Brüggemann, Karl Heinrich (29. 8. 1810 Hopsten – 1. 7. 1887 Köln); Journalist. In seiner Jugend war er engagierter Burschenschaftler. 1832 wurde er verhaftet, 1836 zum Tode verurteilt, dann zu Festungsarrest begnadigt. Seit 1845 war er politischer Schriftleiter der »Kölnischen Zeitung«. 168, 180.

Bücker (Clara, [geb. 1795 Münster]?); Botenfrau zwischen Rüschhaus und Münster. 10, 32, 33, 34, 53, 58, 69, 71, 78, 81, 84, 123, 134, 176, 187, 191, 196, 198.
– Sohn; Schneider. 194.

Bürgermeisterstochter in Meersburg: siehe Honstetter.

Carva(c)chi, Karl (23. 8. 1791 Braunsburg/Ostpreußen – 10. 5. 1869 Münster); Finanzbeamter. Er studierte in Königsberg Mathematik und Architektur und veröffentlichte Schriften zu Themen der Staatswirtschaft. 1832 wurde er Steuerrat bei der Provinzial-Steuer-Direktion in Münster und stieg bis zum Geheimen Oberfinanzrat (1855) auf. Carvachi war Sammler von germanischen und römischen Altertümern, Inkunabeln, alten Drucken, Handschriften. Er nahm mit seiner Frau an den literarischen Kränzchen der Elise Rüdiger teil, wo er gern als Vorleser nach dem Vorbild Tiecks auftrat. Schücking nennt ihn einen Mann, »der, obwohl ein wenig von dem, was die Franzosen Blagueur nennen, durch sein vielseitiges Interesse und seine in einem bewegten wechselreichen Leben gewonnene Weltbildung höchst anregend wirkte, dabei einen höchst unermüdlichen Diensteifer für alle seine Freunde hatte« (Lebenserinnerungen. Bd. I, S. 107). 14.

Chérouit, Madame. Ihr Mann war Hofmeister beim Prinzen Hatzfeld, später bei den Söhnen des Prinzen Friedrich von Preußen. Das Ehepaar wohnte in Münster. 105.

Cicero, Marcus Tullius (106 v. Chr. Arpinum bei Rom – 43 v. Chr. Caeta); römischer Politiker, Redner, Schriftsteller. Etwa 800 Briefe sind von ihm erhalten. 197.

Columbus, Christofero Bartolomea (1451 Genua – 1506 Valladolid). 76.

* Comtesse de Rudolstadt: siehe bei Sand, George.

Coppenrath, Friedrich August (18. 12. 1791 Münster – 8. 10. 1862 ebda.); Mitinhaber einer Buchdruckerei, Buch- und Kunsthandlung in Münster. 51, 134.

Cotta (von Cottendorf), Georg Freiherr von (19. 7. 1796 Stuttgart – 1. 2. 1863 ebda.). Der Sohn des berühmten Verlegers Johann Friedrich Cotta (1764–1832) führte das Unternehmen seines Vaters weiter. Viele Gedichte der Droste und »Die Judenbuche« erschienen in dem von ihm herausgegebenen »Morgenblatt für gebildete Leser«; bei ihm kam auch ihr zweiter Gedichtband heraus. 100, 101, 102, 103, 108, 110, 111, 114, 115, 116, 118, 119, 122, 167, 204.

Damokles, Günstling am Hof des Dionysios I. (um 430–367 v. Chr.) oder II. (367–344 v. Chr.) von Syrakus, der den Tyrannen um seinen Reichtum, seine Macht und sein Glück beneidete. Als dieser ihm ein festliches Mahl vorsetzte, bemerkte Damokles über seinem Kopf ein Schwert, das an einem Roßhaar aufgehängt war: Zeichen für das stets vom Tode bedrohte Leben des Tyrannen. Das »Damoklesschwert« ist sprichwörtlich geworden. 186. 224.

schen Hof- und Nationaltheaters München (1851) und zum Direktor des Wiener Hofburgtheaters (1872) auf; 1867 wurde er geadelt, 1876 vom österreichischen Kaiser in den Freiherrnstand erhoben. Er schrieb Gedichte, Novellen, Romane, Reiseskizzen; am bekanntesten wurde seine Sammlung politischer Lyrik, die »Lieder eines kosmopolitischen Nachtwächters« (1840). 189, 245.

* L. Schücking. In: Allgemeine Zeitung (Augsburg). 1844. Nr. 32; 1845. Nr. 350; 1846. Nr. 6, 7. 189.

* Dombausteine. Von einem Vereine deutscher Dichter und Künstler. Als Beitrag zum Ausbau des Kölner Domes. Hrsg. von August Lewald. Karlsruhe 1843 (eine Sammlung belletristischer und essayistischer Beiträge). 107, 116.

Dräxler-Manfred, eigentlich Dräxler, Carl Ferdinand (17. 6. 1806 Lemberg – 31. 12. 1879 Darmstadt); Journalist, Schriftsteller, Dramaturg. Er studierte in Prag, zunächst Jura, dann Philologie und Philosophie; ab 1829 lebte er in Wien (dort war er mit Lenau, Bauernfeld u. a. befreundet); von 1834–36 leitete er das bei Brockhaus erscheinende »Pfennig-Magazin«. Nach ausgedehnten Reisen ließ er sich 1845 in Darmstadt nieder, wo er die Redaktion der »Darmstädter Zeitung« leitete und das »Rheinische Taschenbuch« herausgab. Von 1853 bis zu seinem Tod war er Dramaturg des Darmstädter Hoftheaters. – Als Redakteur des »Rheinischen Taschenbuchs« forderte er die Droste 1844 zur Teilnahme am »Rheinischen Dichtersalon« des Taschenbuchs auf, erhielt aber keine Antwort. Schücking, den er 1845 kennenlernte, überließ ihm ihr Gedicht »Mondesaufgang«, wofür Dräxler-Manfred die Dichterin um Druckerlaubnis bat. Die Droste erteilte sie in einem Schreiben an Schücking (5. 3. 1845) und versprach weitere Beiträge, die allerdings ausblieben. 137, 140, 169, 170.

1861 Köln); Verlagsbuchhändler. Die von seinem Vater Marcus begründete »Kölnische Zeitung« wurde unter seiner Leitung zu einem der bedeutendsten Blätter Deutschlands. 167, 168, 189.

Du Vignau, Justus Wilhelm von (30. 6. 1793 Magdeburg – 13. 9. 1866 Erfurt); seit 1836 Regierungs-Vizepräsident in Münster, seit 1845 Präsident der Regierung in Erfurt. 126.

Eisen, Julius. 169, 170.

* Ein Geisterseher. In: Rheinisches Taschenbuch auf das Jahr 1846. S. 119–176. 169.

Engländer-Student: siehe Story.

Erzbischof: siehe Droste zu Vischering.

* Falkenberg: siehe bei Bacheracht.

* Faust: siehe bei Goethe, Johann Wolfgang von.

Feuerbach, Ludwig (28. 7. 1804 Landshut – 13. 9. 1872 Rechenberg bei Nürnberg); Philosoph. Sein bedeutendes Werk »Das Wesen des Christentums« erschien 1841. 242.

Figel, Johann Baptist (gest. 1859); Wirt des Glaserhäusle (so genannt nach einem früheren Besitzer, dem Glaser Kern) auf dem Ödenstein über Meersburg. Die Droste hat ihn in ihrem Gedicht »Die Schenke am See« verewigt:
»Ist's nicht ein heit'rer Ort, mein junger Freund,
Das kleine Haus, das schier vom Hange gleitet,
Wo so possierlich uns der Wirth erscheint,
So übermächtig sich die Landschaft breitet;
Wo uns ergötzt im neckischen Contrast

Das Wurzelmännchen mit verschmitzter Miene,
Das wie ein Aal sich schlingt und kugelt fast,
Im Angesicht der stolzen Alpenbühne?
Sitz nieder. – Trauben! – und behend erscheint
Zopfwedelnd der geschäftige Pigmäe«. (HkA I, 1; S. 76.) 90.

Frau, heilige: Lombard, Caroline?

Freiligrath, Ferdinand (17. 6. 1810 Detmold – 18. 3. 1876 Cannstatt); Kaufmann, Lyriker, Übersetzer. Mit seinem ersten, 1838 bei Cotta erschienenen Lyrikband wurde Freiligrath so berühmt, daß er beschloß, das Dichten zu seinem Beruf zu machen. Nach seiner Heirat (1841) lebte er erst in Darmstadt, dann, nachdem ihm 1842 der preußische König Friedrich Wilhelm IV. eine Pension von 300 Talern im Jahr ausgesetzt hatte, in St. Goar. Schon zwei Jahre später sah er sich gezwungen, auf diese Pension zu verzichten, die unpassend war für den politischen, radikal-demokratisch engagierten Lyriker, zu dem er sich mittlerweile entwickelt hatte; die Wandlung dokumentiert sein Gedichtband »Ein Glaubensbekenntnis« (1844). Schon 1843 hatte er mit seinem Spottgedicht an Herwegh (»Ein Brief«) die liberale Presse gegen sich eingenommen (darauf spielt die Droste in ihrem Brief an Elise Rüdiger vom Juli 43 an). 1844 ging er ins Ausland (Belgien, Schweiz, England); die revolutionären Unruhen führten ihn 1848 nach Deutschland zurück. Wegen seines Gedichts »Die Toten an die Lebendigen« machte man ihm den Prozeß, doch wurde er freigesprochen. Einer bald wieder drohenden Verhaftung entzog er sich und ging 1851 mit der Familie nach London ins Exil, wo er als Kaufmann arbeitete; literarisch wirkte er hier fast ausschließlich als Übersetzer englischer, französischer, amerikanischer Lyrik. Erst 1868 kehrte er wieder nach Deutschland zurück. Eine Zeitlang war er eng mit Schücking befreundet, den er 1839 kennengelernt hatte. Er vermittelte dessen Hauslehrerstelle beim Fürsten Wrede und den

»Deutsche Poesie. Frauenlyrik. Vom Rhein«. In: Allgemeine Zeitung (Augsburg) 13. Februar 1844. Nr. 44. S. 347 f. (darin einige lobende Sätze über die Droste und ein Hinweis auf ihren demnächst erscheinenden Gedichtband). 116.

* Herausgegeben:
Karl Immermann, Blätter der Erinnerung an ihn. 1842. 62, 224.

* Geplant:
Britannia (eine Zeitschrift für deutsche und englische Literatur und Kultur). 45, 46.

Freiligrath, Ida, geb. Melos (20. 12. 1817 Weimar – 1899 Düsseldorf). Idas Vater war Gymnasialprofessor in Weimar, die Mutter gründete und leitete eine Anstalt zur Erziehung junger Mädchen. Nach dem Tod des Vaters arbeitete Ida als Erzieherin in Weimar, in Warschau, schließlich im Hause des Obersten von Steinäcker in Unkel. Dort lernte sie Freiligrath kennen, den sie am 20. 5. 1841 heiratete. Sie hatte 5 Kinder: Katharina (1845), Marie (24. 9. 1846–1. 11. 1846), Wilhelm Wolfgang (geb. 1847), Luise (1849), Otto (1850), Percy (1852). 41, 45, 123, 159.

Fouqué, Friedrich Baron de la Motte (12. 2. 1777 Brandenburg – 23. 1. 1843 Berlin); Schriftsteller. Die Dramen und Ritterromane des »märkischen Don Quichote" sind vergessen; sein Nachruhm gründet sich auf die Märchendichtung »Undine«. 170.

Friedrich V., Kurfürst von der Pfalz (26. 8. 1596 Amberg – 29. 11. 1632 Mainz). 1615 trat er an die Spitze der protestantischen Union, 1619 wurde er zum König von Böhmen gewählt, im November des Jahres gekrönt. Ein Jahr später, am 8. 11. 1620, erlitt er in der Schlacht am Weißen Berg bei Prag

war. Die Familie des Grafen von Thurn-Valsassina gehörte zum näheren Bekanntenkreis der Laßbergs. 110.

Gellert, Christian Fürchtegott (4. 7. 1715 Hainichen, Erzgebirge – 13. 2. 1769 Leipzig); Theologe, Schriftsteller, seit 1751 außerordentlicher Professor für Poesie und Beredsamkeit in Leipzig. Gellert war zu seiner Zeit eine Autorität in moralischen und ästhetischen Fragen und trug zur Entwicklung der deutschen Literatursprache bei. 99.

Glass, Philippine, geb. Egeling (1. 5. 1805 Hamm – 23. 3. 1846 Münster), Witwe des Kaufmanns Johann Heinrich Glass; Hauswirtin der Louise von Bornstedt. 190.

Goethe, Johann Wolfgang von (28. 8. 1749 Frankfurt – 22. 3. 1832 Weimar). 63, 139, 159, 161.
* Die Leiden des jungen Werthers. 2 Teile. 1774. 61.
* Faust. Ein Fragment. 1790. – Faust. Der Tragödie erster Teil. 1808. 179.
– Christiane von, geb. Vulpius (1. 6. 1765 Weimar – 16. 6. 1816 Weimar). Goethe heiratete sie am 15. 10. 1806. 63, 161.
– August von (25. 12. 1789 Weimar – 27. 10. 1830 Rom), beider Sohn. 159, 161.
– Ottilie von, geb. Pogwisch (31. 10. 1796 Danzig – 26. 10. 1872 Weimar), die Frau Augusts. Das junge Mädchen kam 1809 mit der Mutter nach Weimar und erfreute sich der besonderen Zuneigung Goethes. Die Ehe mit seinem Sohn war unglücklich, in ihren Liebesaffären erlebte sie viele Enttäuschungen, aber sie hatte treue Freundinnen: Adele Schopenhauer, Sibylle Mertens-Schaaffhausen, Anna Jameson. 1840 zog sie nach Wien, das bis 1869 ihr ständiger Wohnort war. Der Arzt Romeo Seligmann war hier ihr unentbehrlicher Freund und Finanzverwalter. (Vgl.: Ruth Rahmeyer, Ottilie von Goethe. Stuttgart 1988.) 159, 160, 161.

Kinder:

Gretchen: siehe Verflassen, Margarethe.

* Gretchen, Figur aus Goethes »Faust«.

Grimm, Jacob (14. 1. 1785 Hanau – 20. 9. 1863 Berlin); Germanist. Jacob gilt als Begründer der historischen Sprachwissenschaft, erforschte Märchen und Sagen, germanische Mythologie und Rechtsaltertümer. Mit seinem Bruder begründete er das »Deutsche Wörterbuch«. Jacob und sein Bruder Wilhelm, Professoren an der Universität Göttingen, gehörten zu den »Göttinger Sieben«, die 1837 gegen den Verfassungsbruch des hannoveranischen Königs protestierten und ihre Stelle verloren. 1840 wurden sie von Friedrich Wilhelm IV. nach Berlin berufen. 12, 246.

– Wilhelm (24. 2. 1786 Hanau – 16. 12. 1859 Berlin); Germanist, engster Mitarbeiter seines Bruders. Durch Annette von Drostes Onkel August und Werner von Haxthausen kam der junge Wilhelm Grimm nach Bökendorf, einem Stammsitz der Haxthausens, und machte dort (1811) die Bekanntschaft der Schwestern Jenny und Annette von Droste-Hülshoff. Jenny gefiel ihm sehr (sie hat ihn wohl geliebt), Annette stieß ihn durch ihre »vordringliche« Art ab. Beide trugen wie ihre Tanten Ludowine und Anna von Haxthausen zur Sammlung der »Kinder- und Hausmärchen« bei. 12, 103, 246.

– Dorothea, geb. Wild (1793–1867), Wilhelms Frau. 246.

Gundel: siehe Laßberg, Hildegunde von.

Gutzkow, Karl (13. 3. 1811 Berlin – 16. 2. 1878 Frankfurt/M.); Schriftsteller, Journalist. 1835 fielen seine Schriften unter das Druckverbot gegen die »Jungdeutschen«, er selbst saß für zweieinhalb Monate wegen »Sittenverderbnis« im Gefängnis. Gutzkow war einflußreich als Journalist und Zeitschriftenherausgeber, schrieb Dramen, dickleibige »Zeitromane« und eine interessante Autobiographie. Mit Schük-

king verband ihn eine (gelegentlich getrübte) Arbeits-Freundschaft. 49, 75, 76, 107.
* Werner, oder Herz und Welt. 1842 (Schauspiel). 107.

Häberlin, Karl Ludwig (25. 7. 1784 Erlangen – 4. 1. 1858 Potsdam) (Pseud. Bellani, H. E. R.); Schriftsteller. 187.
* Josephine. 3 Bde. 1844. 187.

Hahn-Hahn, Ida Gräfin von, geb. Gräfin von Hahn (22. 6. 1805 Tressow/Mecklenburg-Schwerin – 12. 1. 1880 Mainz); Schriftstellerin. 1826 heiratete sie ihren Vetter Graf Friedrich Hahn-Basedow (deshalb Hahn-Hahn), von dem sie sich drei Jahre später scheiden ließ. Die reiche Gräfin machte viele Reisen und schrieb viele Bücher: Salonromane, Novellen, Reiseskizzen. 1850 konvertierte sie zum katholischen Glauben; davon berichtet sie in der Bekehrungsgeschichte »Von Babylon nach Jerusalem« (1851). Ihre Liebesbeziehung zu dem Juristen, Politiker, Schriftsteller Heinrich Simon hat Elise Rüdiger, die einige Romane der Hahn-Hahn rezensiert hat, in ihrem Buch »Berühmte Liebespaare« geschildert. (Rezensionen Elise Rüdigers: Gräfin Faustine, Ulrich, Reisebriefe. In: Humoristische Blätter. Oldenburg 1842. Nr. 25f.; Sigismund Forster. In: Humoristische Blätter. 1843. Nr. 30; Zwei Frauen. In: Kölnische Zeitung 1845. Nr. 189.) 107.
* Gedichte in »Dombausteine«. 107.

Hamma; Organist in Meersburg, Klavierlehrer der Töchter Laßberg. 49.

Hannover, Ernst August König von (5. 6. 1771 London – 18. 11. 1851). 22.

Hartmann, Anna von, geb. Daldrup, verheiratet mit dem Bankier Friedrich von Hartmann. 146.

– Dorothea von (Tante Dorly) (1779–1854), verh. mit Philipp Freiherr von Wolf-Metternich. 9, 151, 186.
– Karl August von (1779–1855); Domherr. 25, 30, 31, 148.
– Werner von (1780–1842); Regierungsrat (siehe unten), verh. mit Elisabeth, geb. Freiin von Harff.
– Ferdinandine (Dine) von (1781–1851), verh. mit Engelbert Freiherr von Heereman-Zuydtwyk. 184, 185, 186, 191.
– Damian Wilhelm Maria von (1782–1835); k.k. Oberstleutnant.
– Luisa von (geb. und gest. 1784).
– Friedrich Wilhelm von (1785–1809).
– Sophie von (1787–1862); Stiftsdame. 184, 185, 191, 230.
– Franz Egon von (1788–1789).
– Caroline von (1790–1861); Stiftsdame. 186.
– August von (1792–1866); Preußischer Geheimer Rat (siehe unten).
– Franziska von (1793–1879), verh. mit Hermann Graf von Bocholtz-Asseburg. 186.
– Ludowine von (1794–1877); Stiftsdame. 186.
– Anna von (1800–1877), verh. mit August von Arnswaldt. 74, 186.

Haxthausen, August Freiherr von (13. 2. 1792 Bökendorf – 1. 1. 1867 Thienhausen) ist in Fachkreisen bekannt geworden durch Schriften über die deutsche und russische Agrarverfassung, die er nach ausgedehnten Reisen im Auftrag der preußischen Regierung und des Zaren Nikolaus verfaßte. Er war ein Liebhaber der Literatur, der schon in seiner Göttinger Studienzeit als guter Bekannter Wilhelm Grimms Volkslieder gesammelt und sich auch als Dichter versucht hatte. Seine »Geschichte eines Algerier Sklaven« behandelt den Stoff, den die Droste dann in der »Judenbuche« aufgriff. (Vgl.: Josepha Grauheer, August von Haxthausen und seine Beziehungen zu Annette von Droste-Hülshoff. Altena 1933.) 55, 58, 145, 161, 185, 229, 230.

sucht wurde, so von Heine, Varnhagen, der Rahel, Chamisso, Fanny Mendelssohn. (1852 hat sie mit ihrer Tochter den schwerkranken Heine in Paris noch einmal besucht.) Ihr literarischer Ruhm bei den Zeitgenossen gründete vor allem auf ihren Übersetzungen (Byron, Scott u. a.). Nach dem Freitod ihres Sohnes Carl (1833) wurde sie fromm bis zur Frömmelei; ihre selbständigen literarischen Arbeiten waren seitdem Erbauungsschriften, angefangen mit dem Denk- und Mahnmal, das sie (von) ihrem Sohn errichtete: »Carl von Hohenhausen, Untergang eines Jünglings von achtzehn Jahren zur Beherzigung für Eltern, Erzieher, Religionslehrer und Aerzte« (Braunschweig 1836). Die Droste, die die Mutter ihrer Freundin nicht mochte, gab dennoch ihren Gedichtszyklus »Volksaberglauben aus den Pyrenäen« zum Druck an die »Kölnische Zeitung«, um damit die Veröffentlichung einer Novelle der Hohenhausen zu erreichen. 1846 bereiste Elise von Hohenhausen mit ihrer Schwester Minna von Ochs die Schweiz und besuchte auch Laßbergs in Meersburg. (Vgl.: Marcus Händel, Elise von Hohenhausen 1789–1857. Frankfurt 1964.) 58, 65, 66, 73, 114, 132, 136, 137, 138, 139, 141, 151, 163, 173, 174, 177, 186, 210, 219, 224, 231, 232, 233, 235, 246.

* Frühlingsblumen. Münster 1816 (Gedichtsammlung). 132.

* Erzählung. 65, 66, 128.

* Die Gattin. Eine Alltagsgeschichte. In: Kölnische Zeitung. 1845. Nr. 10–113. 128, 137, 138, 139.

* Eduard Young's Nachtgedanken. Ins Deutsche übertragen. Kassel 1844. 132.

– Leopold von (16. 5. 1779 Herford – 22. 12. 1848 Kassel). Leopold von Hohenhausen war ein leichtlebiger Mann mit vielfältigen Interessen, der eine Reihe von Schriften zu sozialen und wirtschaftspolitischen Fragen verfaßt hat und auch journalistisch tätig war. Zur Zeit der französischen Herrschaft residierte er als Unterpräfekt des Königs Jérôme von Westfalen auf Schloß Eschwege. 1815/16 war er Mitgleid der provisorischen Regierung zu Mün-

Huber, Victor-Aimé (10. 3. 1800 Stuttgart – 19. 7. 1869 Wernigerode). Nach einem Medizinstudium und ausgedehnten Reisen war der Sohn von Ludwig Ferdinand und Therese Huber Journalist, Lehrer, Professor der Literaturgeschichte und neueren Geschichte in Rostock (1833), Marburg (1836) und Berlin (1843), schied 1850 aus dem Universitätsdienst aus und zog sich nach Wernigerode zurück (1852). Zugleich brach er mit der konservativ-protestantischen Partei, in deren Geiste er auch die Zeitschrift »Janus, Jahrbücher deutscher Gesinnung, Bildung That« (Berlin 1845–48) geleitet hatte. Auf die Bedingungen, von denen die Droste eine Mitarbeit am »Janus« abhängig machen wollte, antwortete Huber am 23. 5. 1846: »ein Hauptwunsch des Janus wäre dem edelsten, freisten, mildesten, aber immer römischkatholischen Katholicismus eben so gut als dem edelsten freisten Protestantismus zum Organ zu dienen« (Kortländer, S. 112; Quellenangaben bei Boas). 145, 151, 161.

* Skizzen aus Spanien. 4 Bde. Göttingen 1828–35. 145.

* Rezension der »Gedichte 1844« in: Janus Bd. 1. 1. März 1844 (darin heißt es: »Endlich wieder einmal in Wüste und Moor eine erquickliche Quelle frischer, unmittelbar aus den Tiefen eines edeln, wahren, ernsten unsophistisirten, ächt volksthümlich-adlichen Gemüths hervorrauschender Poesie«). 161.

Hüffer, Johann Hermann (26. 1. 1784 Münster – 12. 1. 1855 ebda.); seit 1842 Oberbürgermeister von Münster; Inhaber der Aschendorffschen Buchhandlung in Münster, bei der der erste Gedichtband der Droste erschien. 58.

– Eduard (13. 5. 1813 Münster – 1899), sein Sohn: Verlagsbuchhändler. Er war ein Klassenkamerad Junkmanns und gut mit Schlüter befreundet. 227.

Hutterus, Johann Martin (28. 7. 1810 Brakel – 3. 12. 1865 Trier); Jurist, Schriftsteller. Während seiner Referendarzeit in Münster war er mit Schücking befreundet. 238.

Immermann, Karl Leberecht (24. 4. 1796 Magdeburg – 25. 8. 1840 Düsseldorf); Schriftsteller, Jurist. Seit 1817 war Immermann Beamter im preußischen Staatsdienst; 1827 wurde er Landesgerichtsrat in Düsseldorf, wo er auch von 1835–38 das Theater leitete. Sein umfangreiches literarisches Werk umfaßt Gedichte, Dramen, Romane, Satiren, Essays, autobiographische Schriften. Nach seinem Tod gab Freiligrath ein Immermann-Album (»Blätter der Erinnerung«) heraus, in dem Schücking den Aufsatz »Über Immermanns Merlin« veröffentlichte (Immermanns mythisches Drama »Merlin« war 1832 erschienen). 62.

* Münchhausen. Eine Geschichte in Arabesken. 4 Teile. Düsseldorf 1838/39. 216.
* Karl Immermann. Blätter der Erinnerung an ihn. Stuttgart 1842. 62.

* Indiana: siehe bei Sand, George.

Irving, Washington (3. 4. 1783 New York – 28. 11. 1858 Sunnyside bei New York); Schriftsteller, Diplomat. Er bereiste ganz Europa und den amerikanischen Westen und wertete seine Eindrücke literarisch aus, ebenso seine Erlebnisse als Gesandter in Spanien. Über sein »Skizzenbuch« (1820) schrieb 1821 das »Morgenblatt für gebildete Stände«: »Dies ist das erste, in der Literatur zu erwähnende Produkt eines Amerikaners.« Die Droste wollte ihr Westfalenwerk »Bei uns zulande auf dem Lande« zeitweise nach dem Muster von Irvings »Bracebridge Hall« schreiben.

* Bracebridge Hall, or the Humorists. London 1822. Aus dem Englischen übersetzt von S. H. Spiker. Berlin 1823. 188.

* Isolde, Heldin der keltischen Tristan-Sage, deren berühmteste Fassung Gottfried von Straßburg um 1210 geschaffen hat. 187.

– Wilhelm (2. 7. 1811 Münster – 3. 11. 1886 Breslau), Annas Bruder; Historiker, Dichter. »Er selbst ein wunderlich Gedicht, / Begriffen schwer, doch leicht gefühlet«, charakterisierte die Droste den Freund (»Gruß an Wilhelm Junkmann«), der als Person poetischer war als sein schmales lyrisches Werk. Junkmann studierte Jura in Bonn, kam dort in Verbindung mit Burschenschaftlern, wurde aber nach internen Zwistigkeiten ausgeschlossen und kehrte nach Münster zurück (1831), wo er sich Christoph Bernhard Schlüter anschloß. Seine Liebe zu dessen Schwester Therese wurde erwidert, doch da er ohne Stellung und Einkommen war, kam eine Heirat nicht in Frage, ein für die Liebenden quälender Zustand. Nach dem Staatsexamen für das höhere Lehramt ging Junkmann nach Berlin, um zu promovieren, wurde aber wegen seiner Verbindungen zu Burschenschaftlern angeklagt und zu sechs Jahren Festungshaft verurteilt, doch bald begnadigt. Von 1839 bis 1843 war er Hilfslehrer am Gymnasium Coesfeld, 1844 ging er wieder nach Bonn, wo er in Geschichte promoviert wurde (1847) sich habilitiert (1850). 1855 erhielt er einen Ruf auf den Lehrstuhl für Geschichte an der Universität Breslau, den er bis zu seinem Tode inne hatte; drei Tage nach Antritt seiner Professur konnte er endlich Therese Schlüter heiraten. Junkmann war Mitglied der 2. Kammer des preußischen Abgeordnetenhauses. (Vgl.: Josefine Nettesheim, Wilhelm Junkmann. Dichter, Lehrer, Politiker, Historiker. 1811–1886. Münster 1969; Christoph Bernhard Schlüter an Wilhelm Junkmann. Briefe aus dem deutschen Biedermeier. 1834–1883. Münster 1976.) 13, 16, 17, 20, 29, 32, 34, 36, 37, 39, 43, 52, 56, 57, 58, 84, 95, 108, 122, 150, 151, 156, 157, 169, 179, 180, 181, 188, 204, 205, 220, 222, 225, 227, 229, 235, 245.

* Elegische Gedichte. Münster 1836. (2. vermehrte Auflage 1844). 156.
* Der Meyer. In Westfalen. In: Rheinisches Jahrbuch. 1846. 181.

Kappelhoff, Lisette. Sie war eine Angestellte der Familie von Droste-Stapel und wurde Therese von Droste-Hülshoff für die Zeit des Meersburg-Aufenthalts ab Oktober 1843 als Kammerjungfer »geliehen«. Danach wurde sie an Ferdinandine von Heereman-Zuydtwyk (nach Herstelle an der Weser) weitervermittelt. Am 19./20. Mai 1845 reiste sie mit der Droste zum Haxthausenschen Stammgut Abbenburg (im Paderborner Land) und von dort nach Herstelle. (Nach Auskunft der Droste-Forschungsstelle Münster.) 95, 96, 119, 146, 147, 148, 149, 216?

Kellermann, Georg (11. 10. 1776 Freckenhorst – 29. 3. 1847 Münster); Professor der Theologie an der Universität Münster, 1840 Domkapitular. 13. 12. 1846 wurde er zum Bischof von Münster gewählt, doch starb er vor der Weihe. 43.

Kerssenbrock, Hermann (auch Kerssenbroick, Kerßenbroick) (1519 Mönchshof bei Barntrup – 5. 7. 1585 Prüsten). Nach dem Studium in Köln war er von 1550 bis 1575 Rektor des Paulinischen Gymnasiums in Münster. Ab 1567 arbeitete er an seiner Geschichte der Münsterschen Wiedertäufer, deren Publikation verboten wurde, aber handschriftlich große Verbreitung fand. Um ihretwillen mußte er schließlich Münster verlassen. Ein lückenhafter Druck des »Hermanni a Kerssenbrock Anabaptistici furoris Monasteriensum inclitam Westphalie Metropolim evertentis historica narratio« und eine fehlerhafte Übersetzung »Die Raserey der Wiedertäufer welche Münster die berühmte Hauptstadt in Westphalen zerstört hat« erschienen nach seinem Tod. 58, 62, 230.

Kind, krankes: siehe Droste-Hülshoff, Ferdinand von.

Kinkel, Gottfried (11. 8. 1815 Oberkassel/Bonn – 13. 11. 1882 Zürich); Schriftsteller, Kunsthistoriker. Kinkel, Sohn eines protestantischen Pfarrers, lehrte ab 1837 als Dozent für Kirchengeschichte an der Universität Bonn; 1846 wurde er Professor für Kunstgeschichte. Hauptgrund für diesen Wechsel waren die Angriffe, denen Kinkel wegen seiner Heirat mit der geschiedenen Johanna Mathieux (1843) ausgesetzt war. Mit ihr zusammen gründete er 1840 den literarischen »Maikäferbund«. Dem zu lebenslänglicher Festungshaft verurteilten Demokraten Kinkel gelang 1850 mit Hilfe von Karl Schurz die Flucht aus dem Spandauer Zuchthaus. Bis 1866 lebte er im Londoner Exil, danach in Zürich. Kinkels poetische Werke sind heute vergessen, auch das bei den Zeitgenossen beliebte Versepos »Otto der Schütz« (1846). In dem von Kinkel herausgegebenen Jahrbuch »Am Rhein« (1847), in dem auch Schückings Charakteristik der Dichterin erschien, sind zwei Gedichte der Droste abgedruckt (»Der sterbende General« und »Sylvesterabend«). 170, 181, 205, 209.

* »Eine Lebensstunde«. In: Rheinisches Taschenbuch auf das Jahr 1846. S. 209. 209.

– Johanna, geb. Mockel, geschiedene Mathieux (8. 7. 1810 Bonn – 15. 11. 1858 London); Schriftstellerin, Pianistin. Die Tochter eines Bonner Gymnasiallehrers heiratete 1832 den Musikalienhändler Mathieux, den sie 1833 verließ; 1840 wurde die Ehe geschieden. 1842 konvertierte sie zum Protestantismus, um Kinkel heiraten zu können. Sie war seine Mitarbeiterin, eine begabte Pianistin, schrieb eine Anleitung für den Klavierunterricht, Lieder, Gedichte, Erzählungen und hinterließ einen Roman. Die Droste hatte sie bei einem ihrer Verwandtenbesuche in Bonn (1830/31) kennengelernt. 170, 181, 209.

* Novelle über die Bonner Gesellschaft: Kortländer vermutet, daß damit die Erzählung »Der Musikant« gemeint sein könnte. In: Der Maikäfer. Jg. 1845. Nr. 7.–Nr. 23.

* »Rheinfahrt«. In: Rheinisches Taschenbuch auf das Jahr 1846. S. 211. 209.

Klavierlehrer in Meersburg: siehe Hamma.

Klövekorn, Theobald; Arzt in Münster, Hausarzt in Hülshoff. Die Droste nennt ihn einen »ekligen, grämsigen Patron«. »Leider Gottes habe ich gar kein Zutrauen zu Klövekorn, und es hat mich oft ganz trostlos gemacht [. . .] daß er hier das einzige Orakel im Hause ist.« (An Jenny, 9. 2. 44.) 193.

Köchling, Marie Antoinette, geb. Schücking (1783–1862), Tante Schückings. 100.

Kölner Schlingel: siehe Püttmann.

König: siehe Württemberg.

Kolb, Gustav Eduard (6. 3. 1798 Stuttgart – 16. 3. 1865 Augsburg); Hauptschriftleiter der Augsburger »Allgemeinen Zeitung«, bei der Schücking von 1843–1845 angestellt war. 1845 reisten Kolbs und Schückings gemeinsam nach Ostende. 103, 113, 118.

Kotzebue, August von (3. 5. 1761 Weimar – 23. 3. 1819 Mannheim); Schriftsteller, Dramatiker.
* Der Wildfang. Leipzig 1798. 49.

Kraus, Dr.; Hausarzt von Laßbergs in Meersburg. 212.

Kühnast (Kynast), Eugen Christoph Benjamin von (1816–1868); schlesischer Literat und Jurist, der 1844 als Assessor nach Münster versetzt worden war. Droste nennt ihn »einen seltsamen, heftigen Menschen, der vor Aufgeregtheit zitterte wie Espenlaub«. (An Schücking, 5. 3. 1845.) »Er war ein intimer Freund im Rüdigerschen Hause und machte den Postillon d' amour zwischen mir und der Rüdiger, auch wie sie fort war, brachte er mir wöchentlich Bücher und Nachrichten«. (An Jenny, 7. 8. 46.) Über seine Familie, seine Verlobte Kläre und deren Mutter ist mir nichts näheres bekannt. 155, 165, 178, 179, 180, 187, 188, 190, 193, 194, 200, 201, 203, 209.

Kusine: siehe Droste-Hülshoff, Pauline von.

Landesherr von Schücking: siehe Hannover.

Langewiesche, Wilhelm (4. 12. 1807 Schwelm/Westf. – 24. 3. 1884 Godesberg); Verlagsbuchhändler; Schriftsteller. 77.
* Märchenwald: Sagen und Märchenwald im Blüthenschmuck. II. 1842. 77.

La Rochefoucauld-Liancourt, Frédéric Gaëtan (1779–1863); Politiker, Publizist, Schriftsteller. 135?

Laßberg, Joseph Freiherr von (10. 4. 1770 Donaueschingen – 15. 3. 1855 Meersburg). Der Sechzehnjährige war der letzte Deutsche, der zum Ritter geschlagen wurde; als Ritter in einer unritterlichen Zeit hat er sich zeitlebens gefühlt. In erster Ehe war er verheiratet mit Maria Ebinger von der Burg (1774–1814) und hatte mit ihr 4 Söhne. Wie sein Vater diente Laßberg nach Schule und Studium dem Fürsten von Fürstenberg: er wurde Landesoberforstmeister, Geheimer Rat und Oberjägermeister. Als Elisabeth von Fürstenberg nach dem Tode des Fürsten 1805 mit ihrem Sohn, dem 9jährigen designierten Fürsten Karl Egon, nach Donaueschingen kam, wurde Laßberg zu ihrem Vertrauten und intimen Freund. Mit dem Regierungsantritt Karl Egons nahm er seinen Abschied, ließ sich in Eppishausen im Thurgau nieder und widmete sich seiner Sammlung mittelalterlicher Handschriften (darunter einer des »Nibelungenliedes«), alter Urkunden, Münzen usw. 1822 starb Elisabeth von Fürstenberg, die mit Laßberg zwei Kinder gehabt hatte. 1834 heiratete er Jenny von Droste-Hülshoff. Ende 1838 zogen

ten Lenaus zum Geschenk gemacht, als sie von dessen Geisteskrankheit erfuhr: »Aber, ach Gott, welch schreckliches Unglück mit dem! Wissen Sie etwas Näheres über seinen jetzigen Zustand?« (An Schücking, 31. 10. 44.) 108, 115, 242, 245.

* Die Albigenser. Stuttgart 1843 (Versepos). 242.

Lesage, Alain René (8. 5. 1668 Sarzeau/Bretagne – 18. 11. 1747 Boulogne-sur-mer); Schriftsteller.
* Der hinkende Teufel. (Le Diable boîteux. 1707.) Zur Handlung: Der Teufel Asmodeus, durch den Studenten Cleophas aus der Flasche befreit, in die er gebannt gewesen war, wird ihm zum Führer durch die abgedeckten Häuser von Madrid. 91.

Liebenau, Hermann von (3. 10. 1807 – 28. 7. 1874); Arzt. Der Sohn der Fürstin Elisabeth von Fürstenberg und Laßbergs wurde von Pflegeeltern aufgezogen. Er praktizierte in Luzern. 42?

Line: siehe Droste-Hülshoff, Caroline von.

Liszt, Franz (22. 10. 1811 Raiding bei Ödenburg in Ungarn – 31. 7. 1886 Bayreuth); Komponist und berühmter Klaviervirtuose. 172.

Lohmann, Friederike, geb. Ritter (29. 3. 1749 Wittenberg – 21. 12. 1811 Leipzig); Verfasserin zahlreicher Erzählungen und Romane. Ihre Tochter Emilie Friederike Sophie (29. 5. 1783? Schönebeck/Elbe – 16. 9. 1830 Leipzig), war gleichfalls eine produktive Schriftstellerin (ihre »Sammtlichen Erzählungen» [1843/45] umfassen 28 Bände). 169.

Lombard, Caroline, geb. Ständek (1802–1881); Schriftstellerin und Übersetzerin, die nach dem Tod ihres Mannes, des

Geheimen Revisionsrats August Lombard, nach Münster übergesiedelt war. 1845 zog sie nach Köln. Sie war eine Freundin und Mitarbeiterin Schlüters. »Bei Schlüters ist alles beim alten [. . .] nur hat die Lombard – die alle französischen Theologen nacheinander übersetzt – den steif gelehrt frommen Ton dort sehr gesteigert. Wenigstens gibt sie ihn an und hält ihn fest, wenn sie dort ist, d. h. täglich.« (An Schücking, 5. 3. 45.) Und: »Die Lombard schriftstellert, daß es pufft, nur anonym, und Übersetzungen erbaulicher Werke aus dem Französischen, die ihr horrendes Geld einbringen, mehr wie uns jemals unsre Originalkleinodien.« (An Schücking, 27. 12. 42.) (Übersetzungen u. a.: Malabranche, Christlich-methaphysische Betrachtungen. Münster 1842; Dante und die franz. Philosophie des 19. Jahrhunderts von Ozanam. Münster 1845; St. Martin, Der Dienst des Geist-Menschen. Münster 1845.) 43, 48, 72, 77? 155, 173, 222.

Lützow, Antonia (Tony) von (Pseudonym: Cordelia), verh. Schäfer (November 1804 Czaslau/Böhmen – 1887 Königswinter). Die Tochter des kaiserlich österreichischen Hauptmanns Lützow, die bei Verwandten in Aachen und Königswinter aufwuchs, schrieb katholische Tendenzliteratur. Als reife Frau heiratete sie den Arzt Dr. Schäfer. Laßbergs hatten eine der beiden Schwestern Lützow als Frau für Laßbergs Sohn Karl ins Auge gefaßt, am 30. 6. 41 gab die Droste, die mit Tony 1830 bekannt geworden war, ihrer Schwester über sie und ihre Vermögensverhältnisse Auskunft. 40.
* Emilie oder die getrennte Ehe. Münster 1846. 40.
* Gemischte Ehe: vielleicht: Alwina, oder die Proselytin. 1840. 40.
– Fanny (Franziska) von, ihre Schwester. 40.

Luischen: siehe Delius, Luise.

Lutterbeck, Johann Anton Bernhard (23. 4. 1812 Handort bei Münster – 1882); Theologe und klassischer Philologe;

Schüler und Freund Schlüters. 1842 wurde er Professor für Theologie in Gießen. Lutterbeck verkehrte auch im Rüschhaus; die Droste, die ihn in vielen Briefen erwähnt, sagt von ihm, er sei »ein braver, kühner, kräftiger Mensch, vielleicht der kräftigste von allen, obgleich nicht der geistreichste, doch auch daran fehlt es nicht«. (An Sophie von Haxthausen, 27. 1. 39.) 20, 39, 42, 50, 220.

Lutzer, Jenny; Sängerin in Stuttgart. 245.

Macpherson, James (27. 10. 1736 Rathven – 17. 2. 1796 Belville). Der Schotte Macpherson gab sich als Übersetzer der altgälischen Sagen und Legenden des Dichters Ossian aus, die die Literatur des späteren 18. Jahrhunderts stark beeinflußten; daß er selbst der Verfasser war, wurde erst nach seinem Tode entdeckt. 38.

Male: siehe Hassenpflug, Amalie.

Mallinkrodt, Georg von (21. 10. 1819 Minden – 11. 4. 1880 Böddeken), ältester Sohn des Christian Detmar Karl von Mallinkrodt (1769–1842) und der Bernhardine von Hartmann (1787–1834); Gutsherr auf Böddeken bei Paderborn. Er heiratete am 20. 5. 1845 seine Cousine Bernhardine von Hartmann. 146.
– Hermann (5. 2. 1821 Minden – 26. 5. 1874 Berlin), Georgs Bruder; Politiker. 146?

Marie (Mariechen?); Kammerzofe der Therese von Droste-Hülshoff. 186, 235?

Menzel, Wolfgang (21. 6. 1798 Stuttgart – 23. 4. 1873); Schriftsteller, Historiker. Menzel, einer der einflußreichsten Kritiker der Zeit, wurde berühmt-berüchtigt zunächst durch seine Angriffe auf Goethe, dann durch Attacken auf das

Ossian: siehe Macpherson, James.

Padberg, Louise, geb. Busch (1800–11. 10. 1870 Münster), Schwester von Levin Schückings Mutter, verheiratet mit dem Steuerrechnungsrat Carl Friedrich Adam Gottfried Padberg. Sie lebte in Münster. 100, 140, 168.

Pauline: siehe Droste-Hülshoff, Pauline von.

Pauline: siehe Schücking, Pauline.

Paulus, ursprünglich Saulus; Apostel, zu Beginn des 1. Jhds. n. Chr. in Tarsus geboren. Er war zunächst ein eifriger Pharisäer und Christenverfolger. Auf dem Wege nach Damaskus erschien ihm Christus; danach wurde er sein glühender Anhänger und Missionar. 103.

Pearsall, Robert Lucas of Willbridge (14. 5. 1795 Clifton/Gloucester – 5. 8. 1856 Wartensee); englischer Baron, der das Schloß Wartensee im Kanton St. Gallen gekauft hatte. Seit Ende 1842 lebte er dort mit einem Sohn und der Tochter Philippa. 90, 120.

– Philippa (6. 2. 1824 – 7. 2. 1917 London), seine Tochter, die die Droste am 18. Januar 1844 kennenlernte. »Miß Philippa Pearsall, Tochter eines englischen Baronets, der sich im Kanton St. Gallen angekauft hat, ein höchst geniales, liebenswürdiges Mädchen von zwanzig Jahren, in der eine tüchtige Malerin und Gesangskomponistin steckt. Sie entwirft ganz reizende Skizzen, sowohl im Genre als nach der heiligen Geschichte, ist von ihrem Vater, einem originellen Musikenthusiasten, in alle Geheimnisse des Kontrapunktes eingeweiht und singt ihre einfachen, aber rührenden Kompositionen mit einer wunderbar tiefen, erschütternden Stimme. Hübsch ist sie nicht, aber sehr angenehm, bescheiden und geistreich und so frisch in allen ihren Gefühlen, daß es einem wohlthut, nur ihr Gesicht zu sehn, wenn sie etwas interessiert. Die Gelegenheit wird bestimmen, ob sie mal einen bedeutenden Ruf erlangen oder ihre Talente halb ausgebildet fürs Haus verbrauchen wird.« (An Luise Schücking, 29. 2. 1844). Später trat Philippa zum Katholizismus über und widmete sich in Wartensee der Malerei religiöser Stoffe. 1857 heiratete sie den Rechtsanwalt John Hughes und kehrte nach England zurück. 90, 120.

Person: siehe Amalia von Löw (bei Wrede).

Pfeiffer, Franz (27. 2. 1815 Bettlach bei Solothurn – 29. 5. 1868 Wien). Der Germanist Pfeiffer, ein Korrespondent Laßbergs, war seit 1846 königlicher Bibliothekar in Stuttgart, 1857 wurde er Professor für deutsche Literatur in Wien. Er veröffentlichte zahlreiche Arbeiten zur mittelalterlichen deutschen Literatur. Seine Ausgabe des Briefwechsels zwischen Laßberg und Uhland wurde von Karl Bartsch aus dem Nachlaß herausgegeben. 89.

Plönnies, Luise, geb. Leisler (7. 11. 1803 Hanau – 22. 1. 1872 Darmstadt). Die Tochter des Naturforschers Philipp Achilles Leisler veröffentlichte Gedichtsammlungen, biblische Dramen u. a.; auch als Übersetzerin englischer Literatur trat sie hervor. 166, 167, 179.

* Gedichte. Darmstadt 1844. 166, 167, 179.

Präsidentin: siehe Scheibler, Henriette.

Professor, Meersburg: siehe Weber.

Professor(chen): siehe Schlüter, Christoph Bernhard.

Prosper: siehe Schücking, Prosper.

* Pseudo-Mystères, Roman in der Nachfolge der erfolgreichen »Mystères de Paris« (siehe Sue). 141

Püttmann, Hermann (17. 8. 1811 Elberfeld – 24. 12. 1874 Richmond, Australien); Journalist und Schriftsteller. Bis 1845 leitete er das Feuilleton der »Kölnischen Zeitung« und bemühte sich in dieser Zeit um die Mitarbeit der Droste. 133, 136, 138, 167.

Pylades; in der griechischen Mythologie Freund des Orest; später generell Bezeichnung für einen treuen Freund. 225.

Reckmann, Christian Johann Hermann (8. 12. 1804 Neuenkirchen –13. 1. 1856 Paderborn); Pfarrer in Bellersen; ab 1847 Subregens am Priesterseminar Paderborn. Als Anhänger der Volksmission und der Mäßigkeitsvereine verfaßte er pädagogische Schriften (»Buer, paß up!« Paderborn 1848; »Wie wirds besser?« Paderborn 1850; »Weg mit dem Branntwein!« Paderborn 1850). 16, 17.

Redakteur, Kölnische Zeitung: siehe Brüggemann.

Reinbeck, Emilie, geb. Hartmann (20. 1. 1794 Stuttgart – 15. 8. 1846 ebda.); Landschaftsmalerin; eine gute Freundin Lenaus, der viel bei den gastfreundlichen Reinbecks in Stuttgart wohnte. 245.
– Georg (1766–1849), ihr Mann; Professor der deutschen Literatur und Ästhetik am Oberen Gymnasium in Stuttgart, auch Dramatiker und Novellist. 245.

Renesse, Gräfin; Arbeitgeberin von Tony Galieris. Nach Mitteilung der Droste-Forschungsstelle vielleicht Antoinette Reichsgräfin von Renesse-Breidbach, geb. Freiin von Stockem, verh. mit Ludwig Reichsgraf von Renesse-Breidbach, Freiherrn von Elderen (gest. 1863). Allerdings wird die Gräfin in einem Brief der Droste als Witwe bezeichnet. 186.

Reuchlin, Hermann (9. 1. 1810 Marktgröningen – 14. 5. 1876 Stuttgart); Pfarrer (Lindau, Friedrichshafen, Tübingen) und Geschichtsschreiber, der durch Veröffentlichungen zur Kirchengeschichte bekannt wurde. Seine »Geschichte von Port Royal« (2 Bde. 1839/44) sandte er der Droste zu. »Und dann war neulich Reuchlin aus Lindau hier, ein [...] berühmter, sehr lebhafter und interessanter Mann, zwar nur protestantischer Pfarrer in Lindau, aber bekannt und angesehen im markgräflichen Hause zu Salmannsweiler.« (An die Mutter, 26. 1. 1842). 56, 61.

Riehl, Wilhelm Heinrich (6. 5. 1823 Biebrich a. Rhein – 16. 11. 1897 München); Journalist, Kulturhistoriker, Romanschriftsteller. Sein Hauptwerk ist die »Naturgeschichte des Volkes als Grundlage einer deutschen Sozialpolitik« (4 Bde. 1851–1869). 189.

Rochefoucault: vielleicht La Rochefoucault-Liancourt?

* Rodin, Pater; eine Figur aus dem »Juif errant« von Eugene Sue.

Rodt, Maximilian Christoph von (1717–1800); seit 1776 Fürstbischof von Konstanz. 90, 91.

Rolewink, auch Rolevinck, Werner (1425 Laer bei Horstmar/Westf.– 26. 8. 1502 Köln); theologischer und historischer Schriftsteller; Mönch im Karthäuserkloster St. Barbara in Köln. 41, 42, 46.

* De moribus Westphalorum: »De laude veteris Saxo-

niae nunc Westphaliae dictae«. Köln 1474. Spätere Ausgabe: »De Westphalorum sive antiquorum Saxonum situ, moribus, virtutis et laudibus libri III«. Köln 1602. Deutsche Übersetzung: »Von der Lage, den Gebräuchen, Tugenden und dem Lobe der Westphalen oder Alt-Sachsen in drei Bänden von W. Rolewink von Laer«. Übersetzt von J. V. Kurscheid. Lemgo 1834. 41, 42, 47.

Rüdiger, Carl Ferdinand von (1800 Wettin – 1862 Frankfurt/Oder); Jurist. Von Berlin (1827) wurde der Kammergerichtsassessor 1828 nach Minden versetzt, kam von dort 1833 als Regierungsrat nach Münster, 1845, nach dem Tod des Oberpräsidenten von Westfalen, Ludwig Freiherr von Vincke (1774–1844), als Oberregierungsrat wieder nach Minden zurück. 1854 wurde er nach Frankfurt/Oder versetzt. 11, 12, 20, 29, 43, 52, 57, 58, 61, 95, 126, 134, 135, 136, 152, 154, 163, 174, 190, 199, 211, 221, 222, 224, 227, 229.

– Elise Friedrike, geb. von Hohenhausen (3. 3. 1812 Eschwege – 31. 1. 1899 Berlin); Schriftstellerin; seit 1831 mit Carl Ferdinand Rüdiger verheiratet. Die Ehe blieb kinderlos. Später nahm Elise ihre Nichte, Helene von Düring-Oetken, zu sich. Nach dem Tod ihres Mannes zog sie 1866 nach Berlin, wo sie einen Salon führte. Aus ihren finanziellen Bedrängnissen suchte sie sich durch Vielschreiberei zu retten. Ihr größter Erfolg waren ihre »wahren« Liebesgeschichten: »Schöne Geister und schöne Seelen oder Denkmale der Freundschaft berühmter Männer und Frauen« (Leipzig 1873); »Berühmte Liebespaare« (Braunschweig 1870); Neue Folge Leipzig 1876; 3. Folge Leipzig 1882; 4. Folge Leizpig 1884. (Vgl.: Annelinde Esche: Elise Rüdiger, geb. von Hohenhausen. Ein Bild ihres Lebens und Schaffens. Diss. Münster 1939.)

* Erzählungen:
Die Hochzeitsreise. Ein qui pro quo aus der letzten Dampfschiffahrtssaison. In: Der Salon. 2. Jg. 1842. Nr. 52. 49?

Biographische Episoden in Novellenform. In: Der Salon. 2. Jg. 1842. Nr. 81–87. 49?

* Aufsatz über Frauenzimmer-Schriftstellerei. 62.

* Rezensionen:
Anna, von Adele Schopenhauer. in: Kölnische Zeitung. 1845. Nr. 189. 150, 159.
Dingelstedts Gedichte. In: Kölnische Zeitung. 1845. Nr. 220. 174.
Rezension für Brockhaus. 98.

Salm-Reifferscheidt-Krautheim, Charlotte Sophie Mathilde Fürstin von, geb. Prinzessin zu Hohenlohe (2. 9. 1808 Haltenbergstetten – 9. 11. 1873), eine gute Bekannte der Droste, die nahe bei Meersburg auf Schloß Herschberg bei Immenstadt wohnte. »Fürstin Salm, anderthalb Stunden von hier, kömmt jeden Sonntag, ist eine sehr gute und durchaus fein gebildete Frau von etwa sechsunddreißig Jahren: eine geborne Hohenlohe – malt sehr hübsch, liest viel, ist passioniert für Musik«. (An Luise Schücking, 29. 2. 1844.) Laßberg, der zunächst die Fürstin Salm nicht mochte, nahm sie später ebensosehr »in Affektation, als sie ihm früher fatal war«. (An Pauline von Droste-Hülshoff, 14. 10. 1846.) 89, 105, 120, 208.

– Konstantin Fürst von (1798–1856), seit 1826 mit ihr verheiratet. 1838 hatte er das Schloß Herschberg gekauft. 89, 105.

Kinder:
– Franz von (1827–1860).
– Auguste von (geb. 1828).
– Otto von (geb. 1829).
– Leopold von (1833–1883).

Bonn); Schriftstellerin; Freundin der Droste. Adele verlebte ihre Jugend in Weimar, Goethes spätere Schwiegertochter Ottilie war und blieb ihre engste Freundin. Sie heiratete nicht und wohnte mit der Mutter zusammen, in Weimar, ab 1829 in Bonn (dort hat sie die Droste kennengelernt) und schließlich in Jena. Die Jahre nach deren Tod waren mehr und mehr getrübt durch finanzielle Not und Krankheit (Unterleibskrebs). 1844–46 lebte sie mit Sibylle Mertens, die die Freundin finanziell unterstützte, in Italien, 1847/48 hielt sie sich noch einmal in Florenz zu Kunststudien auf, mußte aber viele Monate im Bett verbringen. Bald nach ihrer Rückkehr nach Deutschland ist sie gestorben. 1840 hatte sie die Droste im Rüschhaus besucht, es war ihre letzte Begegnung. Drei Monate nach Annettes Tod schenkte Adele Sibylle Mertens die Ausgabe der Droste-Gedichte von 1844 zum Namenstag, mit einem Gedicht, das beginnt: »Sie war die reichste von uns dreien«. 62, 63, 80, 150, 157, 158, 160, 162.

* Anna. 2 Bde. 1844. 150, 162.

– Johanna, geb. Trosiener (9. 7. 1766 Danzig – 7. 4. 1838 Jena), Adeles Mutter; Schriftstellerin. Johanna wuchs in Danzig auf, heiratete 1787 den Großkaufmann Heinrich Floris Schopenhauer und zog 1803 mit ihm und den Kindern Arthur (dem Philosophen) und Adele nach Hamburg. In Weimar, wo sie sich 1806 nach dem Tod ihres Mannes niederließ, führte sie ein gastliches Haus, das Goethe oft besuchte. Als Autorin von Reisebeschreibungen, Romanen, Novellen war sie sehr produktiv und erfolgreich. Ihre »Sämtlichen Schriften« erschienen (in 34 Bänden) 1830/31. 63, 158, 159.

Schott, Albert (27. 5. 1809 Stuttgart – 21. 11. 1847 ebda.); Gymnasialprofessor in Stuttgart. Die Droste lernte Schott auf der Meersburg kennen, wo er sich im Sommer 1842 längere Zeit aufhielt, »um allerlei Exzerpte für irgendein Werk, was er unter der Feder hat, zu machen. Er ist noch jung oder scheint es, hat ein feines, blondes, kränkliches Aussehn, ist im Umgang etwas überzart, aber gemütlich und spricht vorzüglich gern von seiner jungen Frau und seinen drei Kinderchen«. (An Schücking, 7. 7. 1842.) 89.

– Henriette Albertine, geb. Pfeiffer (10. 10. 1813 Dörzbach – 2. 7. 1845 Stuttgart), seine Frau. 89.

Schücking, Catharina Elisabeth (gen. Cathinka), geb. Busch (6. 1. 1791 Ahlen – 2. 11. 1831 Sögel/Kr. Aschendorf), die Mutter Levin Schückings, seit 1813 verheiratet mit Paulus Modest Schücking. Sie stand der »sacra familia« der Fürstin Gallitzin nahe und galt als Dichterin, obwohl sie kaum etwas veröffentlicht hat. Die Bekanntschaft mit der jungen Annette von Droste vermittelte der Freund Sprickmann. 15, 100, 125.

– Paul Nicolaus Bernhard Joseph, gen. Paulus Modestus (14. 3. 1787 Münster – 16. 6. 1867 Bremen). Der Jurist wurde 1815 Richter der Kgl. Hannoverschen Justizkommission mit Amtssitz auf Schloß Clemenswerth. Nach dem Tod seiner ersten Frau heiratete er 1832 Anna Gesina Sophie Ottilia Brück (1807–1850). Seine finanziellen Verhältnisse verschlechterten sich zunehmend. 1837 legte er nach Differenzen mit der Regierung in Hannover seinen Posten nieder. Ein Jahr (Juni 1837–38) lebte er in Münster, Im Juli 1838 wanderte er mit seinem Sohn Alfred nach Amerika aus, kehrte aber schon 1840 zurück und wohnte seitdem in Bremen, wo er sich auch schriftstellerisch betätigte. 241.

Kinder aus erster Ehe:

– Christoph Bernhard Levin (6. 9. 1814 – 31. 8. 1883) (siehe unten).
– Petrus August Gerhard (6. 8. 1816 – 24. 5. 1817).
– Anton Matthias Franz Alfred (4. 7. 1818 Dülmen – 12. 10. 1898 Washington). Er wanderte 1838 nach Amerika aus, studierte Jura, wurde amerikanischer Staatsbürger und ließ sich als Anwalt nieder. 137.

Gall, der zu einer Verlobung führte, noch bevor die beiden einander gesehen hatte. Am 7. 10. 43 heirateten sie, im gleichen Jahr wurde Schücking Redakteur der Augsburger »Allgemeinen Zeitung«, 1845 wechselte er zum Feuilleton der »Kölnischen Zeitung«. 1852 zog er sich mit der Familie auf ein Landschlößchen nach Sassenberg (in Westfalen) zurück. Die nach der Heirat – und erst recht nach einem Besuch des Ehepaars Schücking auf der Meersburg – immer kühler gewordenen Beziehungen zur Droste brachen nach dem Erscheinen von Schückings Roman »Die Ritterbürtigen« (1846) ganz ab. Seine überaus zahlreichen Romane, Novellen, Dramen, Gedichte sind vergessen. Lesenswert sind seine Droste-Monographie (1862) und die »Lebenserinnerungen« (1886). 10, 11, 13, 15, 22, 23–25, 29, 35–39, 41, 42, 44–57, 62, 65, 67, 72, 77, 100–103, 107, 110, 111, 113–118, 121, 123–125, 129, 130, 137, 140, 150, 162, 167–170, 181, 182, 189, 190, 203, 204, 205, 218.

* Gedichte:

Eine erste Sammlung der seit 1838 in verschiedenen Zeitschriften gedruckten Gedichte Schückings erschienen im Herbst 1845 (mit der Jahreszahl 1846) bei Cotta (Stuttgart und Tübingen). 162, 182, 190.

Darin Gedichte an Louise von Gall-Schücking: An Luise. (Widmung)

Die Tanne. S. 3 (zuerst im »Morgenblatt«, 27. Juni 1843).

Gesegnet sei ... S.5 (zuerst im »Morgenblatt«, 27. Juni 1843).

Du bist das Licht. S. 7 (zuerst im »Morgenblatt«, 27. Juni 1843).

Nachts im Park. S. 9 (zuerst im »Morgenblatt«, 10. Okt. 1843).

Zum 19. September. S. 11 (zuerst im »Morgenblatt«, 10. Okt. 1843).

Waldsprache. An L. S. 18 (zuerst im »Morgenblatt«, 15. März 1843).

Gedichte an Louise von Bornstedt: »Über die andern Liebesgedichte läßt sich noch manches vermuten, doch nichts mit Bestimmtheit behaupten, wie z. B. über das leidenschaftliche ›Waidwerk‹ (S. 24) oder das zauberisch schöne ›Du standest vor mir‹ (S. 33).« (In: Heinrich A. J. Schulte, Levin Schücking und Wilhelm Junkmann als Lyriker. Diss. Münster 1916. S. 21.)

Meinem Lothar. In: Rheinisches Taschenbuch auf das Jahr 1846. S. 230. 170.

Gedicht für Coppenrath. 51.

Gedicht auf Uhland. 37.

* Dramen:

Ulrich von Lichtenstein. (Nur als Handschrift überliefert.) Um 1835. 117.

Günther von Schwarzberg (Schauspiel). 1844. (Später zum Roman umgearbeitet.) 113, 117, 118, 121.

* Romane, Erzählungen:

Ein Schloß am Meer. 2 Bde. Leipzig 1843, 116.

Das Stiftsfräulein. In: Dombausteine. Karlsruhe 1843; bearbeitet unter dem Titel: Eine dunkle Tat. 2 Bde. Leipzig 1846. 116.

Die Ritterbürtigen. 3 Bde. Leipzig 1846, 162?

Swift: Schückings geplanter Swiftroman kam über Fragmente nicht hinaus, es erschienen lediglich Fragmente: »Aus Swifts Jugend«. In: Telegraph Mai 1840. Nr. 75–77. – »Swift im Moor-Park«. In: Morgenblatt (1840). 6.–10. Juni. 39, 45.

Monsieur La Fleur. Entstanden 1842 (in einer Figur der Erzählung wird Louise von Bornstedt karikiert). (In: Novellen. 1846.) La Fleur ist eine Figur aus Sternes »Sentimental Journey«. 46, 222, 223.

* Novellen. 2 Bde. 1846. 162.

* Verschiedenes:

Selig, richtig Seligmann, Franz Romeo (30. 6. 1808 Nikolsburg/Mähren – 15. 9. 1892 Wien); Arzt, seit 1847 Professor an der Universität Wien. Als Ottilie von Goethe 1834 nach Wien kam, wurde er zu ihrem Arzt und engstem Vertrauten. Das Gerücht, er habe sie ausgeplündert und gar Almas Tod auf dem Gewissen, ist völlig grundlos. 160.

Settchen: siehe Kappelhof, Lisette.

Shakespeare, William (1564–1616 Stratford-upon-Avon). 67.

Sierstorpff-Driburg, Caspar Heinrich Graf von (19. 5. 1750 Hildesheim – 29. 3. 1842 Braunschweig); Oberjägermeister im Herzogtum Braunschweig, Begründer des Bades Driburg, Kunstkenner und Sammler. 1840 wurde er in den preußischen Grafenstand erhoben. 106, 149.
– Ernst von (24. 7. 1813 Bad Driburg – 18. 3. 1855 Bad Driburg), sein Sohn. 148.
– Caroline von, geb. Freiin von Vincke (4. 9. 1822 – 2. 7. 1855), seit 1844 mit ihm verheiratet. 161, 162.
Sohn:
– Bruno von, geb. 1845 (wohl als Kind gestorben). 162.

Simrock, Karl (28. 8. 1802 Bonn – 18. 7. 1876 ebda.); Germanist und Schriftsteller, Übersetzer mittelhochdeutscher Dichtungen. Er war mit Freiligrath befreundet und gehörte Kinkels Maikäferbund an. Die Droste lernte ihn kennen, als sie 1842 auf der Rückreise von Meersburg in Bonn Station machte: »Simrock, ein langer schwarzen zugleich lebhaft und düster aussehender Mann von einigen Dreißigern«. (An Jenny, 5. 9. 1842.) Simrock lobte ihre Judenbuche, äußerte, »er sei überzeugt, daß ich in diesem Genre das Beste leisten würde, was sich nur leisten ließ«. (An Schücking, 11. 9. 1842.) 181.

Suckow, Emma von, geb. Calatin (12. 7. 1813 Pappenheim – 7. 4. 1876 Rom); Schriftstellerin. 245.

Sue, Eugène (eigentlich Marie-Josèphe) (10. 12. 1804 Paris – 3. 8. 1857 Annecy); Romanschriftsteller. Er wurde berühmt durch den 10bändigen Roman »Les Mystères de Paris« (1842/43) (deutsch 1843); auch seine andern Romane (die zünächst in Fortsetzungen in Zeitschriften erschienen) waren sehr crfolgreich; deutsche Übersetzungen folgten stets auf dem Fuße.

* Le Juif errant. 1844/45 (deutsch: Der ewige Jude. 1844/45). 150.

Swift, Jonathan (30. 11. 1667 Dublin – 19. 10. 1705 ebda.); Geistlicher, satirischer Schriftsteller und Publizist. Siehe bei Schücking. 39.

Tantalus (Tantolos); im griechischen Mythos König von Lydien oder Phrygien, Sohn des Zeus und der Pluto, der als Liebling des Zeus an den Göttermahlen teilnehmen durfte. Das machte ihn übermütig: er lud die Götter zum Mahle und setzte ihnen das Fleisch seines eigenen Sohns Pelops vor, um ihre Allwissenheit zu prüfen. (Nach andern Überlieferungen soll er geheime Beschlüsse des Zeus ausgeplaudert oder Nektar und Ambrosia vom Göttertisch entwendet haben.) Zur Strafe wurde er in die Unterwelt verbannt und mußte hier beständig quälenden Hunger und Durst leiden, in einem Teiche stehend, über sich Bäume mit fruchtbeladenen Zweigen; wenn er essen oder trinken wollte, wichen Bäume und Wasser zurück. 155.

Tante Ittchen: siehe Hohenhausen, Henriette von.

Tante Minna: siehe Ochs, Minna von.

Tante Nanny (Maria Anna Elisabeth), geb. Busch, Schwester von Catharina Schücking. 44, 100, 137.

Tante von Tony Lützow: siehe Weichs.

Tanten von Annette von Droste: siehe Haxthausen.

Tanten von Schücking: siehe Beckmann, Köchling, Padberg, Schücking, Schwick, Tante Nanny.

Tennyson, Alfred (6. 8. 1809 Somersby, Lincolnshire – 6. 10. 1892 Aldworth, Sussex); Dichter, »Meister der Metrik und der Melancholie« (Eliot). Seine ersten Gedichtbände erschienen 1832 und 1842. 234.

T(h)abouillot: siehe Anneke.

Theissing, Conrad (11. 12. 1798 – 3. 4. 1873 Münster); Verlagsbuchhändler in Münster. 42.

Thereschen: siehe Schlüter, Therese.

Thielmann, Julie Wilhelmine von, geb. von Charpentier (6. 2. 1772 – 9. 5. 1842 Koblenz). Wilhelmines Mann, Adolf Freiherr von Thielmann (1765–1824) war von 1815–1820 als Kommandeur eines Armeekorps in Münster stationiert; in dieser Zeit war die Droste mit Wilhelmine, der Schwester von Novalis Braut Julie, gut befreundet. Später zogen Thielmanns nach Koblenz, wo die Droste sie einigemale besucht hat, zuletzt im Herbst 41. Nach deren Tod schrieb die Droste an Schücking: »Den Tod der Thielmann wußte ich schon, requiescat in pace! Sie war einmal sehr liebenswürdig und beinahe glücklich, seit Jahren aber keines von beiden mehr, da eine periodische Geistesverwirrung, die alle 7–8 Jahre auf einige Wochen eintrat und früher nur ein gesteigertes inneres Leben, einen höchst anziehenden Phantasie- und Gemütsreichtum hinterließ, nach dem letzten Anfalle (vor 3–4 Jahren) ihr einen fortwährenden Zustand von Konfusion und Grillenhaftigkeit zuwege gebracht hatte, so daß sie sich selbst und andern zur Last war und mein letztes Zusammentreffen mit ihr auf unsrer Herreise mir einen traurigen und unheimlichen Eindruck hinterlassen hat. Übrigens hat sie unendlich viel erlebt, ihren Mann als Unterleutnant gegen den Willen ihrer Verwandten geheiratet, ihr erstes Kind in einer elenden Hütte geboren und ist eine sehr glückliche arme und eine sehr unglückliche reiche Frau gewesen. Ihre Erfahrungen, sowohl was Lebens- und Zeitverhältnisse als Beziehungen zu bedeutenden Menschen betrifft, waren höchst merkwürdig und ausgebreitet; sie hat mir früher vieles mitgeteilt.« (An Schücking, 25. 5. 42.) 83.

Thiers, Louis Adolphe (15. 4. 1797 Marseille – 3. 9. 1877 St. Germain en Laye); Politiker und Geschichtsschreiber. Sein bekanntestes Werk ist die »Histoire de la Révolution française« (1823–27). Die Droste hatte sich einen der Bände ausgeliehen, die Belgien behandeln, um Material für eine Erzählung zu exzerpieren (sie war für den Band bestimmt, den sie mit Elise Rüdiger zusammen machen wollte).

Thomas a Kempis (Familienname eigentlich Hemerken) (1379 oder 1380 Kempen, Niederrhein – 25. 7. 1471 St. Agnetenberg); theologischer Schriftsteller, einflußreicher Vertreter der religiösen Erneuerungsbewegung »Devotio moderna«. Sein berühmtestes Werk ist das Andachtsbuch »De imitatio Christi« (um 1427). 227.

Tieck, Ludwig (31. 5. 1773 Berlin – 28. 4. 1853 Berlin); Schriftsteller. 246.

Tiedge, Christoph August (1752–1841); Schriftsteller. 133.

* Urania. 1806 (Versepos). 132.

Tony: siehe Galieris.

* Torfteufel: siehe Helms.

Uhland, Ludwig (26. 4. 1787 Tübingen – 13. 11. 1862 ebda.); Schriftsteller, Publizist, Literaturhistoriker. Uhland, einer der berühmtesten Lyriker seiner Zeit, ein guter Bekannter Laßbergs, war seit 1829 Professor für Philologie an der Universität Tübingen. 37, 40, 41, 115.

Ungern-Sternberg, Alexander von (10. 4. 1806 Noistfer bei Reval – 22. 4. 1868 Stargard/Dannenwalde); Schriftsteller. Der studierte Jurist lebte in Berlin und Dresden, zuletzt auf Gut Gramzow in der Uckermark. Er schrieb zahlreiche, zu seiner Zeit sehr erfolgreiche Romane, Erzählungen, Dramen, Biographien. 67.
* Der erste Akt des Schauspiels »Alfieri«. In: Morgenblatt für gebildete Leser. 1842. Nr. 195–200. 67, 68.

Verflassen, Margarethe (Gretchen) (17. 4. 1808 Koblenz – 2. 4. 1845 Koblenz). Die strenggläubige Katholikin widmete ihr Leben dem Dienst am Nächsten. Zu Verwandten der Droste stand sie in enger Beziehung: Sie arbeitete in der Waisenanstalt St. Anna bei Brakel (dem »Klösterchen«), die Ludowine von Haxthausen führte, lebte eine Zeit in Herstelle an der Weser auf dem Landsitz der Fernandine Heeremann-Zuydtwyk (geb. Haxthausen) und begleitete die leidende Amalie von Zuydtwyk auf einer Italienreise. Sie war eine gute Freundin der Amalie Hassenpflug, die eine Biographie ihrer Freundin geschrieben hat: Margarethe Verflassen. Ein Lebensbild aus der katholischen Kirche. Hannover 1870. 157.

Velten. 134.

Verona, Meersburg. 108.

Voß, Johann Heinrich (20. 2. 1751 Sommersdorf bei Waren in Mecklenburg – 29. 3. 1826 Heidelberg); Schriftsteller, Philologe, Übersetzer (u. a. der »Ilias« und der »Odyssee«). Populär wurde er vor allem durch die Idylle »Luise« (Königsberg 1795). 68.

Weber, Beda (21. 10. 1798 Lienz/Pusterthal – 28. 2. 1858 Frankfurt); katholischer Theologe, Schriftsteller. Nach der Priesterweihe wurde er 1825 Professor am Gymnasium Meran, 1849 Domkapitular der Limburger Diözese und Pfarrer der katholischen Gemeinde zu Frankfurt. Literarisch beschäftigte er sich vor allem mit der Tiroler Geschichte und veröffentlichte einen Band mit religiösen Gedichten (»Blüten heiliger Liebe und Andacht«. Innsbruck 1845). 66, 77.

Weber, Professor am Lehrerseminar in Meersburg.

Weichs, Frau von, Tante von Tony Lützow in Königswinter. 40.

Wendt-Papenhausen, Juliane Josephine Theodora (14. 8. 1812 Gevelinghausen – 4. 1. 1886 Münster), Schwester der Schwägerin der Droste. 140.

* Werther: siehe bei Goethe, Johann Wolfgang von.

* Wiedertäufergeschichte: siehe Kerssenbrock.

Wiese, L., Pseudonym von Wilhelm Langewiesche.

Kinder:
- Maria Walburga (geb. 1826). 53, 54.
- Carl Friedrich (7. 2. 1828 – 22. 12. 1897). 53, 54, 233.
- Otto Friedrich (29. 4. 1829 – 14. 2. 1896). 53, 54, 233.
- Emma Sophie (geb. 1831). 53, 54.

- Amalia Fürstin von, geb. Löw, zweite Frau des Fürsten Wrede. 54.

Württemberg, Wilhelm I. König von (27. 9. 1781 Lüben, Schlesien – 25. 6. 1864 Schloß Rosenstein); seit 1816 auf dem Thron. Franz von Dingelstedt hatte zeitweilig (1843–1846) die Aufsicht über seine Privatbibliotheken und war sein Vorleser. 245.

Yorick, Erzählerfigur von Sternes »Sentimental Journey«.

Zedlitz, Joseph Christian Freiherr von (28. 2. 1790 Johannisberg (Oberösterreich) – 16. 3. 1862 Wien); politischer Beamter und Schriftsteller. Seit 1837 diente er im Ministerium des Auswärtigen, später vertrat er verschiedene deutsche Länder als Geschäftsträger am österreichischen Hof; er verfaßte Dramen, Erzählungen, Lyrik. Die Gedichte der Droste rezensierte er in der Beilage zur Augsburger »Allgemeinen Zeitung« vom 26. 11. 1844: »In Anette von Droste besitzt Deutschland eine Dichterin, der kein Erfordernis wahrer poetischer Begabung fehlt – eine Dichterin der seltensten Weihe, die mit den Dichtern um jeden Preis zu ringen befugt ist, und der man, wenn sie ihn erringt, wird zugestehn müssen, es habe ihr denselben ebenso ihr Verdienst als männliche Courtoisie zuerkannt. Wenn wir die reichhaltige Sammlung dieser Poesien durchgehen, ist es zunächst die Eigentümlichkeit und Ursprünglichkeit ihres Talents, die wir darin anerkennen müssen.« (Zit. in: Modellfall der Re-

Werksverzeichnis Annette von Droste-Hülshoff

Das Verzeichnis listet die in den Briefen erwähnten Werke der Droste auf. Die Abkürzung E steht für Erstdruck. Detaillierte Angaben finden sich in der Droste-Bibliographie der HkA (XIV, 1).

DRAMATISCHES

Perdu! oder Dichter, Verleger und Blaustümpfe. Lustspiel in einem Akte. Zu Lebzeiten der Droste ungedruckt. 39.
Szenen aus Hülshoff. Zu Lebzeiten der Droste ungedruckt. 104, 105.

GEDICHTE

Gedichte von Annette Elisabeth v. D . . . H . . . Münster 1838. 49, 147.
Gedichte von Annette Freiin von Droste-Hülshoff. Stuttgart und Tübingen 1844. 49, 95, 99, 100, 111, 113, 114, 115, 116, 147.
Darin:
An die Schriftstellerinnen in Deutschland und Frankreich. 123.
An die Weltverbesserer. E unter dem Titel »Warnung an die Weltverbesserer« in: Morgenblatt, 26. März 1842. 222.
An Elise. Am 19. November 1843. 88.
Der Knabe im Moor. E: Morgenblatt, 16. Februar 1842. 101.
Die junge Mutter. 220.
Die Schenke am See. An Levin S. E mit der Widmung »An Eugen M« in: Morgenblatt, 25. Februar 1843. 72.
Die Taxuswand. E: Morgenblatt, 12. August 1842. 101.
Im Turme. E: Morgenblatt, 25. August 1842. 101.
Nachruf an Henriette von Hohenhausen. E: Kölnische Zeitung, 21. Mai 1843. 70, 72.

Stammbuchblätter. 2. An Henriette von Hohenhausen. 70.
Gedichte, die nicht in der Ausgabe von 1844 enthalten sind:
Grüße. E: Kölnische Zeitung, 14. Nov. 1844. 72, 136.
Im Grase. E: Kölnische Zeitung, 24. Nov. 1844. 72, 136, 138.
Die Golems. E: Kölnische Zeitung, 15. Dezember 1844. 7, 136.
Mondesaufgang. E: Rheinisches Taschenbuch, Frankfurt 1846. 137, 169, 170.
Volksglauben in den Pyrenäen. E: Kölnische Zeitung, 16.–22. April 1845. 72, 138, 162.
Das Bild. E: Produkte der Roten Erde. Münster 1846. 136.
Das erste Gedicht. E: Produkte der Roten Erde. Münster 1846. 136.
Durchwachte Nacht. E: Produkte der Roten Erde. Münster 1846. 136.

Sämtliche geistliche Lieder. 39, 49.
Einige zu Lebzeiten gedruckt in: Gedichte ... Münster 1838.
Aus dem Nachlaß herausgegeben:
Das geistliche Jahr. Nebst einem Anhang religiöser Gedichte von Annette von Droste-Hülshoff. Hrsg. von Christoph Bernhard Schlüter in Zusammenarbeit mit Wilhelm Junkmann. Stuttgart und Tübingen 1851.

PROSA

Bei uns zu Lande auf dem Lande. Zu Lebzeiten ungedruckt. 39, 49, 99.
Die Judenbuche. Ein Sittengemälde aus dem gebirgichten Westfalen. E: Morgenblatt, 22. April – 10. Mai 1842. 101, 133, 232.
Pläne für einen gemeinsamen Erzählband mit Elise Rüdiger. 119, 120, 133, 137, 145, 155.
Brief an Junkmann: Abbenburg, 26. August 1839. 58.

Verzeichnis der Zeitungen, Zeitschriften, Periodika.

Abendblatt = Abend-Zeitung. Dresden 1817–1857. 76.
Allgemeine Moden-Zeitung. Eine Zeitschrift für die gebildete Welt. Jg. 1–105. Leipzig 1799–1905. 75, 107?
Allgemeine Zeitung. Augsburg. 116, 124, 189.
Dazu: Beiblatt = Beilage zur Allgemeinen Zeitung. 117.
Ausland = Das Ausland. Ein Tagblatt für Kunde des geistigen und sittlichen Lebens der Völker. Jg. 1–66. Stuttgart und Augsburg (Cotta) 1828–1893. 75.

Blätter für literarische Unterhaltung. Leipzig (Brockhaus) 1826–1898. 49.

Cornelia. 133.

Frankfurter Konversationsblatt. Frankfurt a. M. 1834–1863 (belletristische Beilage zur »Postzeitung«). 189.

Janus. Jahrbücher deutscher Gesinnung, Bildung und Tat. Hrsg. von V. A. Huber. Jg. 1–4. Berlin 1845–1848. 145, 146, 161.

Karlsruher Zeitung. 50.
Karnevalsblätter. Köln. 159.
Kölnische Zeitung. 72, 136, 138, 159, 167, 168, 180, 203, 210.
Königsberger Literatur-Blatt. Jg. 1–5. Königsberg (Jg. 2 Danzig) 1841. 1843–1845. 75.

Merkur: siehe Westfälischer Merkur.
Modejournal: vielleicht Allgemeine Moden-Zeitung?
Modezeitung: siehe Allgemeine Moden-Zeitung.

Weitere Titel aus der Reihe
›Die Frau in der Literatur‹